名师名校名校长

凝聚名师共识
固态名师关怀
打造名师品牌
培育名师群体

程明远题

学生成长导向

——东莞中学南城学校优质教育探索

朱忠明 著

中国文联出版社

图书在版编目（CIP）数据

学生成长导向：东莞中学南城学校优质教育探索 / 朱忠明著. — 北京：中国文联出版社，2024.3
ISBN 978-7-5190-5462-5

Ⅰ. ①学… Ⅱ. ①朱… Ⅲ. ①中学教育—教学研究—东莞 Ⅳ. ①G632.0

中国国家版本馆CIP数据核字（2024）第060286号

著　　者　朱忠明
责任编辑　刘　旭
责任校对　秀点校对
装帧设计　刘贝贝　李　娜

出版发行　中国文联出版社有限公司
社　　址　北京市朝阳区农展馆南里10号　　邮编　100125
电　　话　010-85923025（发行部）　010-85923091（总编室）
经　　销　全国新华书店等
印　　刷　三河市龙大印装有限公司

开　　本　710毫米×1000毫米　1/16
印　　张　16.5
字　　数　287千字
版　　次　2024年3月第1版第1次印刷
定　　价　58.00元

序 言

六年不短，回望却如白驹过隙。慢快恍惚间，记忆却依旧清晰，每天都那么充实：前进着、实践着、学习着……偶有闲暇，总在追问自己：做了什么，改变了什么，意义何在?

每次追问都会带来一段思考，于是一次次累积着答案。积聚六年，就如在一张白纸上不停地涂画，墨迹有轻有重，图景时而朦胧时而清晰，真是千头万绪，繁杂琐细，难以言明。

犹记得，2017年元旦后的第一次国旗下讲话，勉强克服身体颤抖的我，凝聚所有力气向全校师生发出“南中必然向好”的呐喊，操场一片沉寂。紧接着的全校教职工会议上，我再次喊出这个口号，会场依旧寂然，大家不是低着头，就是用怀疑的眼光看着我。说实在的，当时的我并非如现在这般充满信心，那时对这句话真正有信心的或许只有黄灿明校长一人而已。

这六年来在东莞中学南城学校的探索，也不过是做着一些我认为做教育应该坚守的本分而已。学校因学生而存在，也因学生的发展而发展。如今，我们的教育可以有多元的发展方向，作为学校管理者的一分子，我也希望不断地创造出最适合学生发展的优质教育。我相信促进学生的成长是学校的发展中心，学校的管理无论理念还是实践都应该围绕着让每一个有个性的学生实现全面发展的目的而努力。我们要让教师获得幸福，然后教师才能创造幸福的课堂，这样学生在课堂上才能真正有所收获。通过陪伴学生，真正地满足学生成长的需要，这样我们的学生才能真正做到有理想、有本领和有担当。我相信无论是为人师者还是学校都会从学生的成长中获得幸福与慰藉。

准备发言稿，上台讲话，这些并非我的强项，却是我工作中必不可少的一部分。为此，我大多都会提前两个月进行发言准备，甚至开学初就在思考学期末的全校教师会议内容，手机备忘录里有一个专用文件夹，及时记录日常碰到、想到、交流到的灵感。六年历练，六年打磨，我已习惯了上台发言。六年积淀，六年生发，正因为坚持学生成长导向，所以我的呼喊不再苍白，不再缺乏信心。

目标、毅力、坚持，是我最常用来勉励学生的三个词语，回想起来又何尝不是自己和身边人内心的映照？这六年，是一个个眼前任务的驱使，是一个个惊喜和感动的慰藉，也是这些普通却满怀温情的话语的激励，使我和我的同伴们不断奋进，砥砺前行。

是以为序。

朱忠明

2022年9月10日

目 录

第六章　让学生学有方法

第七章　学生的责任担当

第八章　寻找前行的力量

第九章　向着未来出发

第一章

学生是学校的发展中心

朝抵抗力最大的路径走

2016年6月29日，“东莞中学南城学校”正式揭牌。从这一天开始，南中正式加入莞中的队列；从这一天开始，莞中与南中休戚相关、荣辱与共。

莞中建校于1902年，百多年来，其灵魂与核心就是忧国忧民的意识，和为国为民的爱国情怀。莞中学生蒋光鼐投笔从戎，黄侠毅、莫纪彭等积极参加辛亥革命；在五四运动中，莞中学生在东莞积极响应北京的学生运动；在抗日战争、解放战争、抗美援朝等历史时期，莞中的优秀学子始终积极投身于报国抗敌的前沿。在新中国的建设中，众多的出自莞中的人才更是主动投身于建设祖国、建设家乡的洪流中，积极主动地承担起相应的社会责任。这便是莞中传统，我们将其概括为“追求真理，思考人生，服务社会，报效祖国”。

多年来，莞中一直秉承“对每一位学生的终身发展负责”的办学宗旨，坚守“自主、和谐、共同发展”的办学理念，以教育生态平衡来定义我们的办学特色，追求与社会发展相适应的、能与世界先进教育对话的、国内一流学校的办学目标，这便是莞中的办学思想。

在莞中，众多的师生有着共同的身份认同——“莞中人”。“莞中人”这个概念不仅仅意味着在莞中教过书、读过书，更意味着我们认同一种共同的文化理念，坚守一种共同的价值追求。这种理念和追求，包括对国家和社会担当的情怀；包括自觉主动、努力进取的品质；包括团结协作、和谐发展的价值信念。

经过一代又一代莞中人的不懈努力，东莞中学已成为东莞的教育名牌，成为全省乃至全国都颇具知名度的一所学校。今天，对于东莞中学南城学校，我们也有一个强烈的愿望，就是尽最大的努力，让每一位南中同学和所有的“莞中人”一样，尽可能拥有自主和谐的学习空间，拥有更加开阔的视野、更加广博的知识、更加灿烂的笑容、更加充分的自信、更加完善的人格，找到适合自己的发展道路，获得属于自己的发展目标和动力，为自己的终身发展奠定一定的基础（包括思想基础、能力基础和价值观基础等）。同时，南中也会尽最大的努力，让教师能在这里收获事业的成功，共同创造和分享我们更加美好的精神家园。

我们希望南中在接下来的3—6年中，无论是校园文化、办学业绩、社会赞誉度，还是师生的归属感和荣誉感等方方面面都能有较大的提升，成为南城乃至东莞的知名教育品牌，迈入省一流学校之列。

当下，南中迎来了难得的发展契机，我们有上级领导的大力支持，有莞中先进的办学思想和办学经验的支撑。当然，一所学校的发展，内因才是最主要的，要把南中办成我们愿景中的学校，更需要南中全体师生的共同努力。作为南中人，我们准备好了吗?

朱光潜先生在《朝抵抗力最大的路径走》一书里面写道："人之所以为人，就在能不为抵抗力所屈服。我们如果要测量一个人有多少人性，最好的标准就是他对于抵抗力所拿出的抵抗力。""因为世间大多数人仍是惰性大于意志力，欢喜朝抵抗力最低的路径走，抵抗力稍大，他就要缴械投降。"惰性强而意志力弱的人在道德、学问、事功各方面都很难有所成就。因而"抵抗力最低的路径常是一种引诱"，它最能迎合人的惰性。而惰性是我们的敌人，要"克服惰性，我们必须动员坚强的意志力，不怕朝抵抗力最大的路径走。走通了，抵抗力就被征服，要做的事也就算成功了"。所以，朱光潜先生认为："生命就是一种奋斗，不能奋斗，就失去生命的意义与价值；能奋斗，则世间很少有不能征服的困难。""一个人的生命之强弱，以能否朝抵抗力最大的路径走为准。一个国家或是一个民族也是如此。"

在我看来，一所学校的发展也是如此，在往后的教学和学校管理过程中，我们会做出一系列调整和改革，会碰到诸多的问题和困难。可能会对学生的效率和素养提出更高的要求，需要教师更多的投入和付出，需要学校不断提升和完善教育教学的管理能力，需要选择一种更加科学合理的教育生态平衡体系。这些都需要我们具备更为坚强的意志力。

因此，从现在开始，全体师生都要树立一种观念、坚定一种态度：从外而内的是压力，从内而外的是动力。不管面对工作上、学习上、生活上的任何困难和挑战，都不要轻易放弃，务必要不怕困难，不懈努力，以坚强的意志朝着抵抗力最大的路径走。走着走着，路就通了，我们就成功了！

化用著名学者、北京电影学院崔卫平教授的话，我想说：我们所站立的这个地方，正是我们的南中。我们怎么样，南中便怎么样。我们是什么，南中便是什么。我们有光明，南中便有美好的未来。

老师们、同学们，莞中精神的传承，南中美好家园的建设，需要我们所有的人一起参与。希望我们每一位同学刻苦钻研，独立思考，承受磨砺，昂扬向上；希望我们每一位老师都能以实际的行动为更加美好的南中增光添彩，为南中加分！

最后，我代表全体教职员工向同学们承诺：

我们将恪守师德，诚信严谨，尽心尽力地做同学们的良师益友，为同学们德智体美全面发展助力。

我们会努力完善各方面的硬件设施和管理服务，为同学们的学习生活提供更便利的条件，为同学们的自主发展搭建更多元、更广阔的平台！

集团化办学带来了哪些变化?

前几天，级长对我讲，部分家长希望能了解学校近来的情况，特别是托管以来的变化。今晚，借此机会，向各位家长汇报半年来学校的一些情况。

首先，是关于托管。2016年6月，经市人民政府批复，在市教育局的主持下，南城街道办和东莞中学签订了委托管理南城中学的协议，增挂“东莞中学南城学校”校名。南中就此成为东莞市首个公办学校托管公办学校的试点，这是公办学校办学模式创新的一大尝试。根据协议内容，在委托管理期间，东莞中学南城学校仍然是归属南城街道办管辖的公办学校，学校的一切资产归属南城街道，学校的办学经费来源、财务管理和监督、招生方式、教育质量督导等仍由南城街道负责。

为什么要由莞中来托管南中?

一是东莞教育“十三五”发展规划中的重点工作之一就是深化教育综合改革，这包含了初、高中教育协同发展，明确了委托管理等办学模式。这些都为莞中与南中的合作提供了依据，指明了方向。

二是南城街道对教育非常重视，再加上南城街道有明显的区位优势、人口素质优势和经济实力优势。

三是东莞中学也希望能有属于莞中直接管理的初级中学，为初高中的协调发展、初高中的贯通教育创设条件。

因此，在教育局的支持和指引下，南城与莞中很快达成了合作意向，签订了托管协议。协议签订后，莞中派出了四人组成的管理团队来到南中，其中莞中的黄灿明校长兼任南城中学的校长，我兼任南城中学的副校长，另有两名非常优秀的中层来南中担任德育处主任和教导处主任。

托管以来，学校的工作得到了上级领导的高度关心与重视，市教育局局长、南城街道党委书记等领导曾多次到学校调研和指导工作。

一学期以来，总的来讲，在全体教职工的共同努力下，我们秉持了东莞中学的“自主、和谐、共同发展”的办学理念，加强了学校文化建设，增强了德育工作的实效性，优化了常规教学管理，推进了教学研究，提升了教育效能，各项工作正按我们的办学目标和办学理想逐步推进，顺利展开，取得了较好的成绩。

其次，我将从四个方面向大家汇报一学期以来南中所做的工作和所取得的成绩。

一、所取得的成绩

1. 2016年，南城中学被评为“东莞市2016年度初中教育综合考核优秀单位”（全市近100多所的公、民办学校中，只有三分之一的学校获得此项荣誉）。

2. 荣获了“2016年东莞市青少年科技创新大赛特别贡献奖”。

3. 在学期期末市统考中，学校的初中三个年级的总平均分均超过了市总平均分。这也是学校近几年来一个相当不错的成绩。

4. 南中老师在教研方面也取得了很好的成绩。本学期学校新增加了5个市级立项课题，其中包括一个高水平的市级招标课题。在各级各类教育行政部门组织的各类评比中，全校有多位教师的论文、微课、优课、视频分别获得国家、省、市级奖项。其中，足球教练褚衍峰老师荣获东莞市初中组唯一的广东省第八届中小学体育教学展示活动一等奖。

二、教师队伍建设方面所做的一些工作

1. 招聘了相当数量的高水平教师。

2. 加强了对教师的培训。

开学前，学校利用莞中的资源，请来教育部中学校长培训中心、华东师范大学万恒教授和杨全印博士，以及在初中课程建设方面具有重要建树和影响力的上海第三女子中学的李德元校长，分别从课程设计、教育教学观念的改变、校园文化建设等方面，对全校教职员工进行了为期数天的培训。

开学后，从第4周开始，各学科分别邀请了市内一批名师、专家、骨干教师来校讲座交流，其中有教育局教研室的老师，也有东莞中学初中部、东莞中

学松山湖学校、可园中学等一些市内教育界的名师、专家。讲座交流活动共计20多次，学校还选派了部分教师到教育发达的上海、江苏、浙江等地的一些学校参观学习。我们希望通过这样的活动，在一定程度上更新学校教师的教育观念，提升学校教师队伍的素质。

3. 进一步深化了学校教师的课堂教学研究。

上个学期，每位教师都上了2节录像自评课。所谓录像自评课，就是教师上完课后自己再看自己上课的录像，从中发现自己教学中的优缺点。每位教师每周写一篇教学反思，以通过反思不断提高自己的课堂教学能力、教学艺术和教学水平。

学校还于2016年11月举行了“教学展示月”活动，挑选各学科33位教师上公开课，各科组的教学骨干为全校教师做了一次集中展示。

三、在教育教学方面所做的工作

1. 积极开设了有利于学生全面发展的校本课程。我们知道学校不能超越应试教育的现实和生存与发展的要求，我们也不能推卸帮助学生获得升入更好学校学习深造的责任，但这些绝不能成为我们背离教育本真的理由。本着为学生的终身发展负责的宗旨，这个学期虽然工作比较忙，但我们还是尝试以大课程观整合了学校课程文化活动，将以往零散的第二课堂活动整合在一起，开设了深受学生喜欢的校本课程44个，如围棋、象棋、旅游、街舞、七巧板、动漫、素描、机器人、话剧、舞蹈、合唱、播音主持等。初一、初二年级共900多人参与了校本课程的选课和上课。

2. 加强了学生的艺术教育。艺术对于提升人的精神境界有着非常重要的作用。上学期，学校组织开展了学校首届艺术节活动，艺术节主要包括文艺晚会、师生艺术摄影作品展、学生插花比赛三大部分学校艺术活动。

2016年12月25日晚，艺术节“莞音篁韵，春和凤舞”文艺晚会华丽绽放，晚会得到了出席领导、嘉宾、家长和社会各界的高度赞誉。我们相信这样的晚会、这样的艺术节一定会对孩子们的一生产生非常积极的影响。

3. 进行了初一的动态分层教学可行性的研讨、论证和前期的准备工作。由于初中学生层次之间还是有一些差别的，我们发现以往的授课方式，有的孩子“吃不饱”，有的孩子又听不明白，很难在课堂上照顾到所有的同学（特别是英语和数学这两科）。在江浙一带教育比较发达的地区，大都在试行分层走班教学这种模式。所谓分层走班，就是原来的行政班不变，上数学和英语这两门课时，按学生的层次重新编班，分三个层次，基础较差的那个层次实行小班教学。为了稳妥起见，我们计划在初一年级部分班级试行，将分层的班和不分层的班进行对比，看看效果究竟怎么样。上个学期我们主要进行了可行性的论证，本学期已进入实验操作阶段。

4. 力推学校的特色发展。托管后，学校一直在思考南中的特色发展之路，寻找发展的突破口。由于东莞中学在信息学奥赛辅导方面是非常厉害的，所以我们首先就想到了信息这方面，我们的想法也得到了南城教办和各公办小学的理解和大力支持。目前我们开了三个信息学奥赛班，小学五年级一个班，六年级一个班，初一、初二一个班，初三的在东莞中学那边培训。我们想让更多的学生思维得到更好的训练，同时也想让更多的学生通过信息特长生这条路进入东莞中学和其他重点高中学习。我想一定会有很好的成绩的，就在我们现在初二这一届就会看到效果。

当然，我们的足球特色仍然保留，上学期我们还组建了两支女子排球队。希望能在中考特长生招生中让更多南中学生入选。

5. 让部分优秀的学生到莞中参观学习。学校借助莞中优质资源，利用周末时间组织了4次共计500多名学生到莞中参观学习。通过交流活动，同学们了解了莞中的历史、文化和精神，更加明确了自己的学习目标。

四、加强了学校的宣传工作

加强学校的宣传，让家长乃至更多的人了解学校的动态，了解学校所做的一些工作，争取得到更多的人对学校工作的支持和配合。基于此，上学期初，学校成立了学校宣传组，建立了学校微信公众号，出版了4期校报，加强了学校的宣传力度。公众号关注量达到2000多，浏览阅读量超过30000次。

在此，也呼吁大家积极关注东莞中学南城学校的微信公众号，从里面大家将能及时地了解学校的校园动态。

最后，向大家汇报一下学校本学期接下来的一些重点工作。

1. 做好分层动态走班教学。这个学期在初一1—12班做试点，成熟后我们计划在全校范围内推广数学、英语这两科的分层走班教学。

2. 认真抓中考的备考工作，应该能交出一份满意的成绩。

3. 食堂的改建和管理模式的改变。一个普通食堂、一个特色食堂。

4. 直饮水工程。现在的情况，桶装水、简单的过滤水。接下来要建设大型的直饮水过滤机房、水质监测室，以保证学生的饮水质量。

5. 校园的改造和升级。

努力奔跑，为幸福奋斗

一个忙碌、充实的学期转眼间又结束了，我想我们在座的每一位同事都会有这样的感受：这个学期好快啊！在大家的共同努力下，南中每天都在发生变化，我们取得了非常不错的成绩，同时也收获了许多感动！

这里我举几个例子。

2月28日晚8点27分，高春秋老师发了一条信息给我“朱校，我今晚晚修，看到颜开老师在这里辅导学生现在才回家”。看后，我非常感动，真的，在我们南中，在我们身边，这样的教师非常的多。当时，我就在想，是什么样的力量在支撑我们?

6月6日那天，有几百个近两年南中毕业的高一、高二学生回校看望老师和为初三的学弟学妹们加油，我还看到了有几个同学穿着崭新的莞中校服，当时非常地感动。这也从一个侧面反映出了我们办学的成效，我们为学生创造比较好的成长的环境，让学生有一个比较美好的学习体验，学生毕业后就会对母校有更多的认同感，有更加强烈的归属感。我们的学生能记得母校，感恩老师，这也是做老师最大的成就和骄傲。

上次教育教学会议，刘校也提到。东华的录取放榜后，准信息班家长群里家长们的讨论非常激烈，大多数学生都参加了民办学校小升初的考试，好多孩子都被公办班甚至公费生录取，个别家长还比较纠结，但绝大多数家长都表示放弃民办学校，选择南中，一边倒地表达了对南中的认同。看完后，我自己都感觉热血沸腾，这不是我们自己说自己好，而是来自南城优秀学生的家长对我们的认同，我由此感到了我们工作的价值之所在，也更对南中的未来充满信心。

6月26日派位的现场，我亲耳听到一位到场的妈妈跟她丈夫在微信里开心地讲“老公，老公，开心死了，你儿子被派到南中了”。这就是信任，我听到也很激动，顿时觉得我们所有的付出都值得。

几年来，我听得最多的话就是“确实比以前累，但值得，因为我们都是为学校好，学校好了我们才能好！”这些话语让我感到非常的温暖，在这样的氛围中，想松懈、想偷懒都会觉得不好意思。所以，我要感谢我们在座的每一位南中人，感谢大家辛勤的付出，感谢大家对学校工作的支持、信任和包容。

上次我提到了莞南精神，随着时间的推移，我的感受真的是越来越深。不知大家是否感觉到，这几年我们一直都在快速地奔跑，没有观望，没有等待，没有抱怨，我们一直都在努力地奔跑。

南中的巨大进步，就是源于这种奔跑，不是姿态，而是行动。也许我们的水平不是最优秀的，甚至还有所欠缺，包括我们学校管理团队的管理水平，但是我们用足够的努力，弥补了我们的缺陷。在前进中，我们也发现许多先前认为很难的事，其实并不是那么难，人家能做到的事，我们也能做到，甚至我们还能做得更好。同时，在努力的探索中，我们也积累了丰富的经验，我们方方面面的水平和能力也得到了巨大的提升，我们也逐渐拥有了强烈的自信，我们更深层次地理解和明白了幸福都是奋斗出来的这一至理。这些是我们全体南中人最大的收获，这种收获的价值远远大于我们所取得的成绩。这便是南中精神的重要部分。

同时，在奔跑的队伍中，我们也真的不希望有掉队的人。我们也在用各种大家能接受的方式，在不断地提醒和鼓励每一位同事，希望每位同事都能主动地适应学校发展的新需要，为学校的发展竭尽所能。

下面，由我对学校本学期的工作做一个简单的回顾和展望。

一、回顾

第一，是中考成绩。

前几天，学校发的喜报大家都看到了，这几天，大家关注的焦点就是中考成绩了。今年我们中考成绩均有创新。

坦诚地讲，三年来，我们都有一种感觉，那就是我们现在比以往要累一些，有时效果还不是那么明显。但我们选择了坚持，再坚持，如果没有这种坚持，可能我们今天所面临的处境将会和周边的一些公办学校一样。我坚信所有的付出都将有丰硕的收获！谢谢大家，特别要感谢这一届毕业班的全体老师。

这里还想向大家报喜的是，我们的教工子弟也都表现得很棒，11个孩子参加高考，大多数都超过了高分保护线，最好的排到了全省2000名左右。希望我们的教工子弟能将这种勇于坚持的精神传承下去。

第二，我们在教师专业发展方面也取得了不错的成绩。

去年，我们获得了200多项区级以上的奖励和荣誉。

这半年，我们也留意到我们的教师队伍中，获得国家奖的有了，获得省奖的也多了，获得市奖的更不用说了。看到这组数据，我常常既兴奋又感动。

这些数据让我们感受到了我们的教师对专业的尊重和追求，在这里要为我们的教师点赞！

第三，我们在特色办学方面也取得了不错的成绩。

我们的信息培训班影响逐步扩大，如6月30日的小学五升六的学生信息班的选拔，有近500人来参加考试，高分的人数比去年同期增加了一倍，寒假我们还要招一个小学六年级的班，这样我们就可以为明年的初一储备相当数量的优秀学生了。

在一些竞赛活动中，学校信息班也有不错的表现：

第八届（2019）东莞市中小学无线电测向比赛中学校信息班获团体总分第1名，获得2金、2银、1铜。一等奖9个，二等奖5个，三等奖13个，卫冕中学组团体总分第一名（含高中、初中）。在5月的省赛中，获得了学校的省赛首枚金牌，一等奖2个，二等奖11个，三等奖27个。参赛的三个项目，两个获团体第三名，一个获团体第6名。

2019年东莞市校园足球夏令营选拔活动中，学校13人入选市最佳阵容，居全市之首，在后来的省最佳阵容选拔中，东莞市共3人入选，其中我校占2人。

还有我们的合唱队，在南城的“七一”献礼合唱比赛中获得金奖。

第四，我们在学校文化建设方面迈出了重要的步伐（年鉴）。

学校文化建设，特别是校史文化建设方面，具有里程碑的意义。（电子稿和印刷稿，主要内容，涉密，可以到档案室查询）

第五，校园改造取得巨大进展。

目前，大家已经感受到了校园的巨大变化，我们为日益漂亮的校园自豪。

为期三年的改造也进入了收官攻坚阶段。2、3、5三栋教学楼和学校大门、学生宿舍（含消防改造）、风雨长廊等改造将在8月底前完成，整体校园改造预计在年前完成。三年来，真的不容易，耗费了我们很大的精力，全体教职工都为之付出很多，特别是负责和参与的相关同事尤其如此。校园改造也给学校的正常教学工作和师生生活带来了一定的困难和影响。但是在困难面前我们表现出了非常优秀的团队素养。我们全体师生主动克服了种种困难，积极支持校园的改造工程，齐心协力保障了常规教学、初三的英语听说考试、信息考试、中考等各项校园活动的正常开展。真的很了不起，大家辛苦了！

改造接近尾声了，但还没有结束，我们还要继续努力。我相信我们的付出是值得的。

第六，完成了分等级聘任的各项工作。

学期初，我们集中集体智慧，反复修订方案，多次讨论，顺利完成了该项任务。这里要再次提醒其中关于续聘的一些具体要求。我们的首聘是三年，三年后要重新续聘，续聘的时候是有一些门槛条件的，共计有15条，包括班主任任职、校本课程开设、论文、公开课、工作量、教学成绩等方面的要求，大家要一条一条逐一对照完成，不然下次续聘的时候会很麻烦。

二、展望未来

这几年，在外面我们抓住一切机会宣传南中，让更多的人相信我们，选择我们；在校内我们相互鼓励、激励，为成绩欢呼，为进步喜悦，为荣誉自豪。

但是，我们一定要有清醒的头脑，千万不能关起门“自嗨”，要不断地反思我们的不足，要有危机意识，要不断地提醒我们自己不能松懈。“生于忧患、死于安乐。”真的，我们面临的危机非常的大，狼真的来了。

不知大家感觉到没有，目前公办初中危机四伏，已经进入了新的一轮洗牌，非常的残酷。说是生死存亡真的一点都不过分。大家看一看今年中考的成绩，看一看民办学校是怎么在招生的，众多的民办学校一轮一轮地搜刮优质生源。我们南城周边的一些传统优质公办学校如今何在？如果，我们在新一轮的洗牌中再次倒下，我们可能真的就没有机会了。

我们要把南中建设成为市一流学校，但目前我们距市一流学校还有很大的差距。另外，我们还有个不能回避的现实，那就是我们与阳实的比较。阳实的全体教职员工也是憋了一股劲儿，很拼的，不是说喊喊口号就可以超越的。比如今年的中考成绩，虽然我们能排到全市公办学校的前十名，虽然阳实的优秀率和合格率没我们高，但是他们的均分和优生群体都非常不错。所以，我们的压力真的非常的大。中考成绩出来后，我的第一感受就是我们的爬坡路还很长。如果，我们老不能超过阳实，我们也许仍能得到政府的扶持，但是，我们将再一次失去南城家长的支持。没有好的生源，进入良性循环是不可能的，我们的前进之路将更加漫长。

所以，回顾这几年走过的历程，我们的确有着不错的办学成绩，也因此收获了不少的荣誉。但如果我们因此而沾沾自喜，真的认为自己已经是一所不错的学校了，那将是最典型的不成熟的表现。我们非常有必要关起门，一起来为我们的现状和未来的发展做深刻的反思。

一方面，我们要努力抓住目前有利于南中发展的大好机遇。

集团化办学以来，我们得到了南城街道和莞中的大力扶持和帮助。还有市教育局，南城街道和教办，这几年也是大力支持学校的发展。很多时候，一些在南中工作时间比较长的同事都会比较，以前街道对南中什么态度，现在对南中什么态度。我这里举一个例子，三年一届的东莞市最美教师评选，连续两届我们学校都有老师入围20强，这说明了这几年我们确实超常态地付出了，学校也进步了。我们的努力、付出和成效得到了社会各界的认同，得到了社会各界特别是教育界对我们的鼓励。说实在的，东莞的优秀教师确实非常的多，有的远远在我们之上，为什么只有我们可以连续两届上榜入围呢？所以，我觉得我们把这些问题想清楚了，我们就会更客观地对待我们的现状，更加珍惜我们的现状。我们要抓住这千载难逢的机会，把我们南中顶上去。

另一方面，我们还要明白我们怎样才能得到社会的尊重。

真的，我们的努力不仅仅是为南中好，也是为我们自己好。我们做老师的最敬畏的就是我们的教学效果和成绩，其他方面可以不好面子，但这方面是一定好面子的，我们都不愿人家讲自己教书不行。也就是说，我们的尊严来自我们每个人的教学成绩，学校的尊严来自学校的办学效果。否则，我们就不能期望得到学生、家长和社会的认可。

所以，只有我们每一位南中人都保持奋斗的状态，我们才能实现真正的蜕变，才能真正捍卫我们的尊严。

另外，这一段时间，我反思得更多的还有，我们应该实现怎样的内涵式发展？

其实，只要我们清醒地反思客观地诊断我们目前的办学现状，就不难发现，有太多太多的问题存在。

第一，我认为学校的管理还需要更加科学、系统、规范和有效。

回顾这些年来的管理工作，我们也有不少成功的体会。比如，“以人为本”的管理意识，营造了教职工之间相互尊重的和谐氛围；再如，“打造精品”的质量意识带来了工作责任的落实，获得了学生和家长的信任；又如，提倡团队的“合作意识”，促进了教学智慧的集中和工作效能的聚合。但我们只要实事求是地分析我们管理工作的现状，就不难发现，学校管理的确还有许多不成熟的地方。

比如，学校至今还没有一个完整的发展规划，也没有系统的规章制度，这显然是一所学校不成熟的表现。没有整体的规划，学校每年的工作计划就会缺乏前瞻性和连贯性，发展也将缺乏方向感；没有系统的规章制度，学校管理的科学化、规范化就难以真正落到实处。

谈到学校的教学管理。客观地说，这些年来，学校的教学管理始终保持较为有序的运行，也取得了较为丰硕的教学成果。但我这个人有一种思维定式，那就是对任何一项工作，总习惯以一种更高的标准去衡量、去评判。于是，教学管理中的“不成熟”一再进入我的视线。比如，几年来，我们就以高效课堂为主题，每学期举行一次教学开放月活动，至今已经举办过6届了。但如果有人就“课堂高效率”的问题向我们提问，我们到底能拿出哪些有价值的积累与同行们分享？

比如，开设校本课程是我们实施新课程的重要举措，也确实对拓展学生的学习空间、满足学生个性化学习的需要产生过效果。但三年后的今天，虽然大部分学科组开设了校本课程，却没有留下必要的积累，我们还拿不出经过整合的、有一定质量水平的课程资料。

再比如，两年前我们就建立了信息课程实验班，但如果我们追问实验班的实验目标、实验方案是什么，不知是否能收到令人满意的答案。这里提到的，只是我个人所有观察和发现中的一部分，我想，工作在第一线的教师，将有更多的机会更敏感地去发现我们在教学中的“不成熟”，我期待着大家共同去关注这些存在的问题，并在解决这些问题的过程中逐步地走向成熟。

第二，我还想谈谈教师队伍的建设和管理。

虽然我们一直都重视教师队伍的建设，在团队精神、教学基本功等方面也取得了一定的成效，教师队伍的整体素质也有一定程度的提升。但这方面我们的欠账还非常的大。比如，对青年教师，我们并没有系统地跟踪培养，许多青年教师处于一种“自由式”的发展，对他们存在的问题，也基本上是“头痛医头，脚痛医脚”的状态。此外，所有学科我们都还没有“名师”层次的学科带头人，不能占据东莞市各学科的专业“高地”，这对我们这样一所具有一定规模的大校来说，显然也是一种不成熟的表现。

在教师队伍的管理上，学校的管理层也存在不成熟的地方。有的时候我们会误读“以人为本”。“以人为本”不能异化为“以人情为本，以个人为本”，对待错误的人和事，讲情面、不伤感情，不要原则，这样的“人情味”，表面上是对某个“个人”的尊重，其实是丢失了管理的公平公正，是对一个群体的反人文。比如说，有些教师不认真备课，课堂教学敷衍了事，甚至随意不上课。这种行为如果不通过执行制度予以坚决的惩戒和制止，那学校管理丢掉的就是对几十甚至上百名学生的“人文关怀”，而这种行为在社会上造成的影响，更是对全体教师师德尊严的伤害。

其实，只要我们用认真、客观的态度去反思、去审视，我们还会发现更多急需完善的地方。比如，我们制订的各种计划和方案是不是都能落实，有没有相应的跟踪督办机制做保证？以科技节、艺术节、体育节为龙头的校园文化活动，能否通过逐年的积累形成一批高品位的传统项目，打造出具有学校属性的校园文化品牌？

因此，我们必须都认识到，大到学校的整体发展，小到每一个成员经营的那“一亩三分地”，都需要我们用高标准要求和鞭策自己，我们一定会实现我们一流学校的目标，这是对我们生命价值的礼赞。

老师们，又一学年结束了，我们取得了许多的成绩，也有不少的不足。未来怎么样，关键还是我们的态度和我们的行动，我们要在成绩面前保持冷静，也要在困难面前保持冷静。要把南中办成我们愿景中的学校，需要南中全体教职员工的共同努力。在往后的教学和学校管理过程中，我们依然会碰到诸多的问题和困难，需要老师们更多的投入和付出。幸福都是奋斗出来的，没有人能随随便便成功，只有付出艰辛的努力，才可能取得巨大的进步。希望在望，未来已来。希望我们全体南中人在任何时候都要不怀疑过去努力的价值，不惧怕未来工作的难度，不停止对更好方法的探索，不失去对美好南中的信心。只要我们凝聚智慧，汇聚力量，我们的愿景一定指日可待。

如何超越同区域内的竞争学校

我们的同区域内有两所性质一样的学校，但是这几年他们所取得的成绩都比我们好，我们如何与这两所同区域内的学校进行竞争？如何超越他们？结合这一次的考试成绩分析，我想谈一谈自己的看法。

一、关于初三段考的成绩分析

应该说这次考试我们取得了较好的成绩，在优生方面也有大幅度的提升，正如刚才邱级长所讲的“以往我们都说我们没有优生，现在我们改变了这种现状”。这里可以向大家透露一个信息，我们这一届优生还不是最多的，以后将一届比一届多。刚才徐主任也讲到这次所有科目都是我们自己命题，有影响，但我认为不会很大，现在的命题都还是比较适度的，我们命题的水平也越来越高。

当然还有一些问题和隐患值得我们认真分析。比如，这次初三的考试我们均分差值悬殊比较大，班的均分最大差值有57.7分，较以往小一些，但还是比较大，往届的最大分差一般在30分以内，还有学科备课组内的分差也比较明显，以前曾讲到某学校的情况，同一备课组内分差超过5分则取消其所有的评优，这一规定并非不合理，现在我们有的年级有的学科正在逐步地进入这一目标范围。另外，对于相比同样参与考试学校的优势，是不值得我们沾沾自喜的，我们都知道，即便是初三下学期第一次段考超过他们10分，中考成绩还是比不过他们。所以，接下来我们要认真分析，不同层面都要落到实处，找增分点，找增分策略，落实增分办法。

二、关于与同区域内学校的比较

以往，我都不太愿意谈这个话题，因为我们都是兄弟学校，大家好才是真的好。但是前一段时间街道的主要领导来学校视察工作时明确表示，南中有没有大的进步就看南中的中考成绩能不能超过某某学校。其实关于中考均分能否超越同区域内的竞争学校这个问题，我们心里是一直憋着的，想喊出来，却又不敢喊出来，多年不服气，但现实又让人无可奈何。

无论我们带着怎样的情绪，这一目标对于我们来说都非常重要和有意义。能否超越同区域内的竞争学校，是上级对托管效果评价的重要指标，也是社会和南城百姓对我们评价的重要指标，更是我们自身发展的重要目标，和我们南中人内心的呼唤。

所以，我们必须超。问题是我们能不能超？我想，对于绝大部分人来说，能不能超？他们不会看我们忽悠，他们要先看到我们超了同区域内的竞争学校，然后才会相信我们能超同区域内的竞争学校。但是对于我们每一位南中人来讲，这样是不行的。如果我们都袖手旁观，看看其他人能否做到，再选择我们相不相信，这样我们永远实现不了这一目标。我们要先相信，然后为之不懈地努力，最后才能看见。

所以，对于我们这一多年的梦想，以往我们有想法但一直不是很自信。前年喊了，实现了，去年不敢喊。但是，今年，我们感觉到我们离目标如此之近，在上学期的期末市统考中我们折后总分只比同区域内的竞争学校低0. 31分，我们与他们之间的距离从来没有如此拉近过，这说明我们这一届初一、初二的时候虽然困难重重，但是我们初一、初二的老师们还是尽力帮学生打好了基础，再加上我们这一届初三老师的配置，正如邱级长在今年中考分析会表态时所讲的那样“学校对我们这一届初三老师的配备是有诚意的，我们初三的老师都是精兵强将”。所以，现在我们一定要大声地喊出来。明年中考成绩的比较，是两所学校的比较，是我们两所学校初三年级的比较，更是我们两所学校精英教师团队的比较。

我们要有清醒的认识，没有人会让着我们，能不能超越同区域内的竞争学校，在于我们努力的程度。同区域内的竞争学校的很多做法、很多学科、很多老师都是非常厉害的，要超越他们仅靠自信、喊口号是不够的。我们每一位教师都要拿出自己看家的本领，需要我们超常的付出，需要我们的集体智慧，每一个备课组都不能拖后腿，需要我们全体南中人的责任和担当。我们要挺直我们的脊梁，就必须用成绩来说话。

最后，我坚定地相信我们这一届初三一定能实现这一目标。前几天，某学校的部分老师来校交流，他们离开的时候，他们的校长告诉我，说他找到南中这几年快速发展的奥秘了，他讲他在问他的一位在我们学校工作的老同学南中的奖金是多少，我们的老师没有直接告诉他，而是对他说我们才不管什么奖，我们所关注的是先把事情做好。这就是现在我们南中的精神，我想我们不会错失这么好的一次机会，只要2019年超越了同区域内的竞争学校，我们20届，21届，往后的每一届都大有希望。

如何打造一流品牌学校

今天，我们在这里召开学校第三届奖教金颁奖大会，为过去一年来，在各级各类教育、教学、教研活动中取得突出成绩的同事颁发奖状，给予鼓励。在此，首先祝贺今天获得表彰的所有教职员工！

过去的一年，全校有182位教职工获得奖励和表彰，奖项共计627项。所有的成绩和荣誉，都来之不易，全都凝聚着我们这个团队共同的努力，连接着我们每一位教职工辛勤的付出，源自我们全体南中人的无私奉献和辛勤奋斗。

学校举行这样一次活动，既是对一段发展历程的回望，更是表达我们对奋斗精神的敬意。尽管设立了众多的奖项，尽管有近七成的教职工都有获奖，但依然无法涵盖所有的成绩和贡献，也难以传递学校对所有辛勤付出的敬意。因此，我们不仅要感谢今天获得奖励的教职员工，也要感谢今天暂时没有走上领奖台的同事，你们的付出，同样是学校向前迈进不可或缺的动力和潜力。

学校从托管特别绩效中设立奖教金，奖教金的意义绝不在于这笔奖金的物质价值。我们看重的是这份奖励的精神价值，它代表了学校对大家的尊重、感谢和期待。我们相信，在以后的奖教金颁奖大会上，一定会有更多的成绩闪耀在我们的荣誉榜上。

开一次会也不容易，借此机会，我也想与各位同事交流我近期的一些思考。

这一段时间，我一直在思考，接下来的一年，我们应该做好哪几件事情？今年的中考要再创辉煌，要做好校园改造的收尾工作，要进一步实现办学功能设施的完善，要加快教师培训的力度，等等。在思考这些具体问题的时候，总有一个不是很清晰，但又感觉非常重要的问题在脑海里面晃动，那就是我们学校的内涵发展到了怎样的程度和阶段，我们距一流学校、品牌学校的距离还有多远?

过去的几年，我们确实啃下了不少硬骨头，通过全面发力，多点突破，纵深推进，我们的确取得了不错的办学成绩，我们也因此而收获了不少的荣誉和尊严。但是要打造一所真正的精致、有品位的一流品牌学校，就需要我们对任何一项工作，都习惯以一种更高的标准去衡量、去评判。基于这样的一种思维，学校中的一些“不成熟”就经常进入我的视线。

在今后的一段时期，打造一所精致、有品位的一流品牌学校将成为我们常要谈到的一个重要话题，成为我们谋求发展的一个重要工作方向 。为此，今天我想与大家做一个坦诚的交流，希望能以此引出大家更多有价值的思考与探索。

第一，我认为，打造一流的品牌学校，要遵循教育的基本规律。这些年来我们一直都感受着中考的巨大压力，我们非常清楚，在这场激烈的竞争中，应试的成绩是怎样地关乎着我们这所新学校的前途与命运，我们不敢有丝毫的懈怠。今天，反思我们教育的全过程，在应试的大环境下，我们是否能把我们的教育工作做得更有温度，更加符合学生成长的基本规律?

学校教育的定力，表现在对我们教育理念的坚守。学校以“对每一位学生的终身发展负责”为办学宗旨，它不应该只是一句冠冕堂皇的口号，也不应被束之高阁，而应该成为我们每一项日常教学行为的准则。它要求我们在任何情况下，都不能有严重违反教育规律、损害学生身心健康的不良教育行为。它要求我们所有的教育教学活动都要以有利于学生的成长和发展为基本准则。比如，我们要坚持让孩子们在校三年的学习生活过得丰富多彩，让孩子们享受他们这个年龄应该有的快乐和幸福。比如，对学生，我们要坚持正面管教，坚持友善而坚定，不能辱骂学生，更不能殴打学生。又比如，学校必须营造勤奋和适度紧张的学习氛围去创造优异的成绩，同时也必须守护住孩子们的健康和心里的那份阳光，等等。这是我们教育工作者的本分，是我们必须保留的底色，底色打不好，我们就得不到应有的尊重，我们的学校就成不了一流的品牌学校。

学校教育的定力，还表现在面对成绩的竞争、荣誉的考验，有一份自信和淡定。历届中考的磨砺，我们有了宝贵的积累，这其中有团队的精神，有教学的智慧，有备考的策略，这些都提升了我们的自信。但同时，我们还需要有一种胸襟和气度，不为一时的成功忘乎所以，让荣誉成为一种包袱，也不为暂时的点滴“不如意”而惊恐不安，乱了自己的阵脚。不论外界有怎样的声音，不论别人在如何行动，都不应该造成我们的飘浮和摇摆，不能骄傲自满，更不能轻易地否定自我。碰到问题和困难，可以调整，但大的方向更需要我们坚持，只要坚持了，就一定会有积累，出成绩。正如我们常说的“只有坚持才会有希望”。千万不能东一下、西一下。这是一种自信，更是一种教育的定力。只有这样南中才能最终树起一面标记着自己鲜明个性的品牌。

第二，我认为，打造一流的品牌学校，还要追求学校管理中的理性，即实现管理的科学性、系统性、规范性、有效性。

短时间内，凭着感性，凭着理想的召唤、激情的涌动，我们创出了一个不错的开局。但随着办学进程的深入，办学层次的提升，就必定要求学校的管理更为理性。

回顾这些年来的管理工作，我们也有不少成功的体会，我们已经有了令人信服的发展。比如，提倡团队的“合作意识”，提升了我们团队的战斗力。但我们只要实事求是地分析我们的现状，其实也还有很多不成熟、不和谐、不团结的地方。任何一个组织内，其所有成员在人格上都应是平等的，都必须得到应有的尊重，但是作为组织，它一定是有一个组织架构的，是有上下级的。大家在讨论的时候可以畅所欲言，在过程中我们力争最大的民主，但是在形成决议后，大家一定要步调一致，服从安排和指挥。千万不能你当时没有采纳我的意见，我就跟你对着干，甚至拉几个人同你对着干，这样是绝对不行的，无论是学校、科组、级组层面，还是备课组层面，这样做是没有出路的。不然组织的运行效率就会非常低下，乱成一团糟，我们的精力就会被一些无谓的事情牵扯。家和万事兴，团结就是力量，团结才能进步，只要是为学校好，对学校的发展有利，个人的一点小亏、一点气不顺，我们都不要太计较。

同样，我们如果实事求是地分析我们管理工作的现状，就不难发现，学校管理的确也还有许多不理性、不成熟的地方。比如，学校至今没有一个完整的发展规划，还没能推出系统的规章制度，这显然是一所学校不成熟的表现。没有整体的规划，学校每年的工作计划就会缺少超前性和连续性，发展也将缺乏方向感；没有系统的规章制度，管理的科学化、规范化就难以真正落到实处。学校已经开始意识到这些问题的重要性，并正在组织开展相关工作，希望能尽快完成。这里说到的“完成”，不应该单纯是文本意义上的完成，而是全体教职工在参与规划与制度的制定过程中对它的关注、理解、认同，并由此在学校的发展方向上、在学校的管理方针上达成的共识。这一过程对每一个成员来说，既是一个学习提升的过程，也是一个培养团队成员主人翁意识和归属感的过程。而对我们的学校来说，这是走向理性迈出的关键一步。

除了规划和制度建设以外，我们的教育教学活动也有许多不成熟的地方。

比如，从2016年下半年起，我们就以“追求高效课堂”为主题，每学期举行一次教学开放月活动，至今已经举办过七届了。但如果有人就“课堂高效率”的问题向我们提问，我们到底能拿出哪些有价值的积累与同行们分享？

比如，开设校本课程是我们实施新课程“个性化”教学理念的重要举措，学校每学期都有近70门校本课程推出，但是今天，有多少校本课程留下必要的积累？又有多少拿得出手，经过整合的、有一定质量水平的课程资料？

再比如，从20届初一年级开始，我们就设立了信息课程实验班，但如果有人追问我们实验班的实验目标、实验方案是什么，不知能否收到令人满意的回答？

还有，我们教师队伍的建设和管理，也有不成熟的地方。

虽然我们一直都重视教师队伍的建设，在教师团队精神、教学基本功等方面，学校做了一些工作，也取得一定的成效，教师队伍的整体素质也有一定程度的提升。但我们始终认为，我们还有很大的努力空间，绝不能盲目自信。比如，目前我们还没有“名师”层次的工作室主持人，极少能占据东莞市各学科的专业“高地”，这对我们这样一所具有一定规模的大校来说，显然也是一种不成熟的表现。

在教师队伍的管理上，学校的管理层也存在管理不成熟的倾向。有的时候，我们淡化了对制度刚性约束的重视，对工作中出现的不良倾向和表现，过于迁就而留下太多的“情面”，导致不断出现新的问题，而且不能得到有效、及时的解决。比如说，有些老师不认真备课，课堂教学敷衍了事，甚至随意不上课。这种行为如果不通过执行制度予以坚决的惩戒和制止，那学校管理就丢掉了对我们教师这个职业最起码的尊重和敬畏，而这种行为在社会上造成的影响，更是对全体教师师德尊严的伤害。我想，经过这些年的实践与探索，我们在对人的管理上必须走向理性，走向成熟。

其实，只要我们用认真、客观的态度去反思、去审视，我们还会发现更多走向成熟的迫切需要。比如，我们制订的各种计划和方案是不是都能落实，有没有相应的跟踪督办机制做保证？以阅读节、科技节、艺术节、体育节为龙头的校园文化活动，能否通过逐年的积累形成一批有高品位的传统项目，打造出具有学校特性的校园文化品牌？这些都是我们管理运作是否成熟的重要表现。

第三，我认为，打造一流的品牌学校，我们还必须善于做好对自己和本部门所做工作的总结和提炼。扪心自问一下，我们每个人、每个部门，甚至我们学校的教育理念是什么？我们是如何践行我们的教育理念的？我们的教育特色是什么？我们的教育风格是什么？我们的特色和风格是否鲜明？我们做了哪些有意义的实践？取得了哪些令人骄傲的成绩？我们的这些成绩又与我们的教育理念、特色和风格有关系吗？如果有，我们能用思维导图把相关链条画出来吗？我们能用PPT把它展示出来吗？我们能流畅地对外交流宣讲吗？能够自信而又有内涵地向他人介绍自己或者所在的部门吗？

这些也是需要我们思考和审视的问题，我们需要在提炼中发现我们教育的缺陷，在提炼中回归我们教育的初心，在提炼中完善我们的教育行为。通过总结、提炼，我们一定能更快地走向成熟、走向理性，变得更加精致、更加有品位。

这里提到的只是我个人所观察、发现和思考中的一部分。我想，工作在第一线的教师，将有更多的机会，更敏锐的感觉去发现我们当中的“不成熟、不理性”。我期待着大家共同去关注这些存在的问题，并在解决这些问题的过程中让我们变得更加成熟、更加精致、更加有品位，让我们的学校更快地迈入一流品牌学校的行列。

为办一所好学校而努力

今天是我们初一新生的第一次家长会。首先，感谢大家对学校工作的支持和信任，把你们的孩子送到了东莞中学南城学校，让我们有幸能成为这些孩子的老师，未来我们将一起携手度过生命中这非常重要的三年。

我想，未来的三年，我们一定不会辜负大家的托付。

在注册之前，我曾向大多数家长简单汇报过学校的一些基本情况，为了让各位家长更好、更全面地了解东莞中学南城学校的办学思想和理念，形成教育的合力，今天，我想借用这一次机会再向大家简单介绍一下我们对学校办学的一些思考。

我们常讲，要办一所学校，怎样才能办好？办一所学校什么是最重要的？

我们认为要办好一所学校，办学的思想最重要，办学思想就是要把一所学校办成什么样的学校，要把我们的学生培养成什么样的人，也就是我们常讲的办学宗旨和办学理念。

那么，东莞中学南城学校的宗旨办学是什么呢？

托管后我们秉持了莞中的办学宗旨，就是要“对每一位学生的终身发展负责”。

对学生的终身发展负责有两个方面的价值取向，一个是要把学校教育的关怀指向在校学习的每一个学生，为每一个学生提供最适合自身的教育。这样讲可能有人会问：有没有办法做得到？如果说要很具体地讲，还真没有办法做到那么极致。但是我们是按照这个思路去做的，那么这个思路是基于什么样的理论指导呢？我们认为是基于多元智能理论的指导。（多元智能理论是由美国哈佛大学教育研究院的心理发展学家霍华德·加德纳在1983年提出的，他认为我们每个人都拥有八种主要智能：语言智能、逻辑—数理智能、空间智能、运动智能、音乐智能、人际交往智能、内省智能、自然观察智能）一个人的智能是多元的，有专家把它分为8个方面的智能，可能有的人学习特别好，考试很厉害，可能有的人考试不是很厉害，但他的逻辑思维能力很强，有的人动手能力很强，有的人球打得很好，有的人唱歌、跳舞很厉害，等等。这一切都是学生的智能。所以如果我们用同一把尺去衡量所有的学生，是不公平的。我们认为每一个学生都是独一无二的，那么我们怎样为学生提供最适合学生的教育呢？我们认为首先对同学的评价应该客观，我们不能说这位同学考试成绩好就什么都好，人的能力有大小，只要每个同学都尽力了，那么每个同学都是值得我们尊重的。还有，学校也要提供各种各样的平台，各种各样的机会，让每个同学都有机会去发挥他的长处，让每个同学都能从中找到做人的自信。我们都知道，一个人自信心强了，实际上做什么都会比原来做得好一些。所以我们认为，让每一个来到我们学校的同学，在原来的基础上都有较大的进步，每个人都对自己充满信心，那就OK了。这就是我们在考虑的。

另外一个价值取向，就是我们要把我们学校教育的视线穿越学生一生的发展，要为学生未来的一生的可持续发展奠定思想基础、能力基础、情感基础和生活基础。

我们的学生，除了在我们南中读三年以外，未来还要读高中，读大学，还要出来工作，组建家庭。他们除了工作，还要生活，还要娱乐，还要教育小孩，还要孝敬老人，还有很多的事情要做。那么，在那么长的时间里，他们怎么去度过？我们应该为他们的未来做好什么样的准备？

我们认为，作为学校来讲，我们教育的视线就得穿越学生一生的发展，为学生往后的生活打下坚实的基础，而不仅仅是让他们在中考中考得好成绩。我们还希望同学们能学会做人，学会锻炼，学会生活，学会审美，还希望他们有较强的自学能力，能培养终身学习的习惯和兴趣。说实话，知识是学不完的，但是能力是至关重要的。

讲到这里，有一组数据令我们比较欣慰，去年由南中考入东莞中学的学生，在东莞中学高一第一学期期末考试中，有4名同学总分排在年级前50名，估计这样的成绩在所有的初中毕业生群体中，是排在前列的，这也体现了一脉相承的学校办学思想对学生的影响。

有时候，我们还在思考，在如今知识更新如此快速的时代，学生应该怎样去面对他们的未来？可能等到他们大学毕业的时候，他们大学所学的知识，可能只能支撑他们工作几年的时间。如果不继续学习，很快就会被淘汰了。所以，能力比知识更重要，我们一定要帮助学生培养起终身学习的能力和兴趣。

刚才我们所讲的情感基础、生活基础，这里面就需要我们学校为孩子们提供各种各样的活动，让孩子们学会和其他人合作，学会妥协，学会体会方方面面的知识和情感。我们学校有很多的活动和节日，像科技节、体育节、艺术节，还有各种各样的社团，各种各样的校本课程，等等，这些实际上就是帮助每一个同学在方方面面都有一些提升，就是为了对学生的终身发展负责。

东莞中学的办学理念是“自主、和谐、共同发展”。

我们非常强调自主，一个人能走多远，很关键的是他的自主学习、独立学习能力有多强，老是让老师来抱着，让老师来安排所有的学习和生活，那么学生的能力就没办法提升。这里的和谐有两层意思，一是和谐校园，二是我们教和学的知识和能力也要有一个和谐的发展。共同发展是学校、老师和学生都要发展。

这些便是莞中的办学理念，这些理念我们都会在南中来推行，因为我们相信这样培养出来的学生会不一样。很多时候我们在讲莞中学生的时候，会讲与众不同的莞中学生这样一个表达，因为我们发现，像东莞中学的学生，他们考上大学，不只是考上一个大学就可以了，他们考上大学后会有比较清晰的想法、规划和目标，所以很多时候，他们去到大学里面，会从大一开始，甚至从暑假就开始规划。比如说大一怎么样，大二怎么样。他们知道自己想要什么，他们有目标、有理想、有梦想、有思想。所以在中学的这几年，在这种理念、这种文化氛围中培养出来的学生，相对来讲，他们的想法会更成熟一些，他们的人生规划会更清晰一些，他们适应新环境的能力也会更强一些。很多时候，我们不要小看这一点点，有一种效应叫隧道效应，就是一列火车进隧道，火车头在前面，它出来的时候，火车头还是在前面。他在大学虽然仅仅只比别人领先一点点，但他会步步领先，所以他的机会会更多一些，慢慢地，由小优秀可以变成大优秀。

我们用这样的理念来办南中，我们希望传承莞中的办学理念。我们希望秉承莞中的办学理念，并根据南中的实际情况，找到属于南中的道路。我们不仅要帮助孩子们在中考中取得好成绩，我们还希望他们学会做人，学会思考，学会规划自己的未来和人生，希望他们各方面的能力都得到很好的培养和提升。

由莞中来办南中以后，莞中的品牌力量也会对南中的办学产生很大的影响。

比如，在这一两年里，南城街道就拨出大笔的经费对南中校园进行升级改造。今年初一的同学应该是比较幸运的，因为很多设施设备，他们是第一批使用者。

比如，我们南中的体育馆、课室和实验室都装上了空调，教室的空调是在今年7月初才装好的，学生学习的环境有了很大的改善。

上学期我们改造了学生宿舍的热水系统，现在宿舍安装的是太阳能、空气能和电能混合供能的供水系统，只要一打开水龙头就有热水，而且水量非常充足。另外，宿舍卫生间的门也换了，接下来我们还会利用假期继续对宿舍进行改造，希望能为学生提供更好的休息环境。

上个学年，南城政府投入了800多万元对学校食堂进行了改造，目前食堂的设施设备非常先进。另外，我们食材的采购也是高标准的，我们的米、油都是由中粮供货，全部为非转基因食品。我们还安装了高品质的直饮水供应系统，前不久才开始正式使用，水质非常好。

还有很多项目，整个校园的升级改造工程已经完成了一大半。估计还有大半年的时间就可以全部竣工。待剩下的工程全部完成后，整个校园布局会更加合理、美观，会更具有文化气息，更加现代化。学生在校园的每一个角落都能感受到浓浓的文化氛围，学校方方面面的教学条件都会有较大提升。

这些都还不是最重要的，最重要的是我们会在教学方面，无论是课程，还是方法等方面都正在进行较大的改革，我们会努力使我们办学能力得到快速的提升，我们的老师也会团结一致把南中办好。就以社会关注度极高的中考来说，在这两年的中考中，我们学校都取得了非常优秀的成绩。因为我们学校一些比较突出的进步和突出的表现，最近连续两年被评为东莞市初中教育综合考核优秀单位，这是市教育局对初中学校的最高评价，连续两年获此荣誉是非常难得的。

随着学校各项工作的推进，未来我们的中考成绩一定还会有更大的提升。我们希望我们这一届初一的孩子中考的时候，能取得更加辉煌的成绩，能有更多的同学进入莞中，进入五大校。

以上就是我对学校部分情况的介绍。

各位家长，从大家领着孩子走进我们东莞中学南城学校那一刻开始，我们就有了共同的目标和任务。我们真诚地希望未来的三年，我们能共同努力，让我们的学生，您的孩子，无悔初中三年，无悔南中三年，我们将用三年的时间，在孩子们现有的基础上为他们整个人生的发展打下坚实、良好的基础，让他们日后成为我们在座的所有人的骄傲和自豪!

为有意义的工作而思考

我们的工作到底有没有意义？我们应该如何看待我们的工作？今天我结合自己的观察谈一谈我的思考。

一、贯彻思想，紧跟脚步

习近平总书记在2018年全国教育大会上的讲话中提道："建设社会主义现代化强国，对教师队伍建设提出新的更高要求，也对全党全社会尊师重教提出新的更高要求。人民教师无上光荣，每个教师都要珍惜这份光荣，爱惜这份职业，严格要求自己，不断完善自己。做老师就要执着于教书育人，有热爱教育的定力、淡泊名利的坚守。随着办学条件不断改善，教育投入要更多向教师倾斜，不断提高教师待遇，让广大教师安心从教、热心从教。对教师队伍中存在的问题，要坚决依法依纪予以严惩。"

二、教学质量综合评估反馈情况

我们要自觉维护学校的形象，学校的形象包含学校的方方面面，包括学校，包括同事。有些东西外人看到的和我们自己人看到的是不一样的，站在远处和站在近处看到的结果也是不一样的。任何一个单位，任何一个人，都会有缺陷，"金无足赤，人无完人。"我们对外宣传都是正面宣传，如果我们专门挑内部的一些瑕疵来对外宣传，人家会怎么看我们？不了解的人会认为我们一无是处，人家会认为你自己都这样讲了，里面的问题一定会更多。

从另外一个角度来讲，把学校搞臭了、搞垮了，对我们任何一个人有什么好处，你能体面地离开吗？如果真的想体面地离开南中，那么一定有一个非常重要的前提，那就是我们南中是非常好的，这样人家才会欣赏从南中走出去的人。正如为什么那么多人会离开莞中，就是因为大家非常认同莞中，其实莞中也有一些不完美甚至做得不太好的地方，但这没问题，谁没有缺陷？正确对待，不断完善，就可以了。

同样的道理，我们也要主动维护同事的形象，同事有什么做得不够甚至不好的地方，当面提出来，不能当面不说、背后乱说，甚至对校外人员包括家长乱说。大家想一想，如果你的孩子就读学校的老师跟你说某位老师不行，你会不会相信？你以后还会不会信任这位所谓不行的老师？没有了信任以后还怎么配合？我想以后你对这位老师一定除了抱怨就是指责。如果在外面你说我不行，我说你不行，那么我们南中还有行的吗？大家互相维护，坦诚友好地提出建议，不断进步，这样不是更好吗？

碰到问题、困难，对某项制度有意见或者建议，可以，也欢迎及时反馈；反映问题的时候按程序进行，学校一定会重视大家的意见，认真对待。但是并不是说一定会马上调整学校的既定政策，该怎么处理，学校只能就问题的具体情况而定，否则就会乱套，所以结果不一定会符合个人的预期。如果不符合预期，该怎么办？是不是立马释放出一些不负责任的言论，甚至四处乱说？这是不对的，这样的任性是要付出代价的，有的后果我们还真不一定能控制住，会把事情搞得更糟。这个时候，我们一定要换位思考，遵守个人服从集体、下级服从上级的原则。老实人是不会吃亏的，我们的教师在南中绝对不会吃大亏，对于一些小亏，只要是有利于南中的发展，我觉得有时吃一点亏也没关系，这是大义！

说真的，我们要扭转我们的形象，要树立我们的形象，要擦亮我们的招牌，这些年我们大多数人已经竭尽全力，付出非常之多，在我们大家的共同努力下，南中也取得了巨大的进步，这种势头不能被打断，一旦出现致命的失误，我们就会被迫停下来，甚至倒退，错过这次机会，错过这次千载难逢的机会。我们所有的努力其实就一个目的，就是一定要服务于南中的发展，只要对南中发展有利，我们就一定要做。我们要尽量减少负面的声音，我们要自觉维护我们的形象，自觉地用自己的行动去赢得社会、家长和学校的口碑，只有这样才不愧对“南中人”这几个字！

三、对学校目前现状的一些思考

1. 活下去，除了胜利我们别无选择（颜开老师在初三二联分析会上的发言）。

2. 所有管理人员都要定期梳理、定期研讨、定期解决，变抱怨为建议。

3. 学校和班级的教学成绩和数据不能对外公开。

4. 学校有困难，我们要顶上。（梁怡）

5. 未来一定是靠实力说话的，小到个人，大到一个单位、一个国家都是这样，比如前不久的女排比赛，我看完第一局后就非常放松了，因为我们的水平远在对方之上，即便有小小失误也没有问题。没有实力，靠运气、靠照顾都是不长久的。

6. 优化、提升我们的教学方法和手段。

7. 不知大家是否留意到，今年我们足球场的草皮比往年都好，这是卫国辉老师辛勤劳动的结果（天天8点前给足球场洒水，减少学生大课间的尘土，保护草坪），像卫老师那样，每个人力所能及地为学校做一点事，哪怕是很不起眼的事情，众人拾柴火焰高，我们南中就一定会更加美好。

8. 毕业年级的奖励（大多数与初三有关）。上初三，成绩好就该给予一定的奖励，要让初三的岗位有吸引力，谁能上初三，不是我说了算，要学生认可，同事认可，成绩优良。当然还需要自愿，有的人讲我不愿意带毕业班，那也没有问题，你把其他年级的课带好也行。

9. 校园改造基本完成。这几年我们全体教职员工都付出很多，但是所有的付出都是值得的，在上级的大力支持下，在我们的共同努力下，我们的校园已经非常漂亮，硬件设施彻底升级换代。看到学生在美丽的校园里奔跑，看到老师们在园林式的校园里享受午后的阳光，一种强烈的幸福感油然而生。有时同大家交流，有一个共同的感受，整个学校的建筑群空气流通了，各栋楼宇不再分散，连廊把所有的建筑连在了一起。简单一点讲就是气顺了，团结了。希望我们南中这个大家庭也能气通人和，团结一心。我们经常讲环境育人，是的，环境真有非常强的育人功能。举个例子，以往我们学校的垃圾车随便找个地方放都没问题，但现在就有问题了，我们现在就头痛垃圾车该放哪里，觉得放哪里都不协调。这就是环境育人，我们的课室、宿舍环境也是一样的。

10. 文艺晚会后的第二天早读，我看到一位登台的老师，便向他表示赞赏和感谢，他腼腆地说谢谢，只要是学校的事，自己能尽一点心，出一点力，都非常愿意去做。这就是南中精神！

11. 万维钢老师说：以贡献感为指引，你是幸福的，也是自由的。一个人的梦想只是梦想，一群人的梦想就能成真。

12. 本学期加强了对学校这几年各项教学改革举措和办学成效总结的力度，三项任务（课题立项、成果奖、教育学会论文）圆满完成，接下来要进一步深化。

13. 几年前我有一个非常深刻的印象，我去听了一节课，发现基本上是按教材文本的顺序复述了一节课，完完全全照本宣科，我听了非常震惊，学生自己看一遍可能20分钟就足够了，结果被老师念了40分钟。课后我看了教案，A4纸打印的单面，四号字，纲要形式的，与教材的标题基本相同，估计这个教案存在电脑里反复用了好多年，可以应付检查。课后交流时这位老师还非常自信，说学生基础能力差，不用讲那么多，这点已经足够了。前几天的一个晚修，我看到一位值班老师正在按照教材快速地补听课记录，估计一个晚修下来可以挺十来节课。这些现象一联系起来，我就觉得很焦虑：一是为什么我们对自己这样不负责任，我们得专业啊，教学是我们吃饭的本钱啊，怎么能这样；二是都这样的话我们的检查有什么用？所以我认为，检查要有，过程也要有，但要更重结果，要看教学成绩，看带班的效果，看同事和学生的评价。年轻老师今天不努力成长，明天就可能非常被动，年长的老师如果不认真对待自己的工作，慢慢地，就会失去自己专业上的尊严。说到毕业班奖金，能不能上毕业班，真的不怪其他人。我们都是过来人，以贡献为目的的工作，以成长为目的的工作，才是有意义的工作，才是自由的工作。

我们是一所怎样的学校

很多家长朋友把孩子送到我们学校来，我们应该如何回应这些家长的信任？我想从八个方面解说我们是一所怎样的学校。

解说一

东莞市东莞中学创建于1902年，历经几代人坚持不懈的努力传承与创新，东莞中学已经成为一所具有深厚历史文化积淀的百年老校。120年来，东莞中学为国家为社会培养了大批优秀之才，爱国将领蒋光鼐、学者容庚、工程院院士毛炳权和何镜堂、新浪网首任总裁王志东等均曾在莞中就读。东莞中学1992年被编入由国家教委编辑的《中国名校·中学卷》，1994年被评为广东省一级学校，2008年被评为广东省国家级示范性普通高中。

东莞中学在东莞人民当中有着良好的口碑，已成为东莞的教育品牌，成为全省乃至全国都颇具知名度的一所学校，也是广大“莞中人”的精神家园。我们希望南中在接下来的3—6年中，无论是学校文化、办学业绩、社会赞誉度，还是师生的归属感和荣誉感等方方面面都能有较大的提升，也能成为东莞教育的品牌。

解说二

在办学的过程中，时常会有一句话在我们脑海中闪现。

作为学校，我们常用这一句话来反思我们所做的一切，我们所做的工作是否能不辜负每一位家长的信任？是否能为学生的终身发展负责？这是中国台湾著名女作家张晓风女士的一段文字，字里行间透露出了一位家长对孩子的爱，对社会的嘱托，更是对教育工作者的信任和期待。

解说三

我们认为一所好的学校应该是能让每一个从里面出去的学生在漫长生命过

程中时时能够驻足回望的，视之为一种精神归属的地方。我们经常讲，我们的教育不仅仅是捧出一张张大学录取通知书，同时也要捧出一个个具有鲜活个性的学生。东莞中学就是要把学生培养成令我们骄傲的人。

解说四

我们把莞中的整个做法总结为穿越学生生命历程的教育视线，只有用这样的教育视线去关注学生，我们的教育才能走得更远。这里包含两个方面的价值取向：一是要把学校教育的关怀指向在校学习和生活的每一个学生，使他们都能获得最适合于自身发展的最好教育；二是要让学校教育的视线穿越学生生命发展的全程，为学生一生的可持续发展奠定思想基础、能力基础、情感基础、生活基础。

解说五

东莞中学坚持“自主、和谐、共同发展”的办学理念。在办学中充分尊重师生的生命主体意识。学校和谐办教育，办和谐教育，有效地整合学校教育中的各种资源、各种力量、各种进程，使学校教育在良性的状态下运行。同时，学校在引导师生自主发展与和谐发展的基础上，激励师生将自己的成长规划与学校的发展结合起来，师生共度生命历程。

东莞中学以“对每一位学生的终身发展负责”为办学宗旨。学校力求把教育关怀指向在校学习和生活的每一个学生，使他们都能获得最适合于自身发展的教育；把学校教育的视线穿越学生生命发展的全程，为学生一生的可持续发展奠定思想基础、能力基础、情感基础和生活基础。

东莞中学逐步形成了“教育生态平衡”的办学特色。在管理方面，以人的发展为中心，以人为本，建立有序、民主、高效的管理系统。在德育方面，把公民意识、爱的意识、文明习惯、健康心理作为德育的主要内容。注重营造和利用德育环境；重视情感化、科学化和自我教育化，让学生在真实的道德环境中获得德育滋养。在教学方面，强调师生教与学的自主、互动、进取，使学生由知识的被动接受者向主动参与、发现、探究的学习者转变。在校园文化建设方面，通过物化的校园环境和各种丰富多彩的文体活动对学生熏染陶冶，以净化学生的心灵、完善学生的人格、发展学生的个性。

一所成功的学校，应该是一个为学生成长付出过真诚关爱的地方，一个能让学生生命留下幸福记忆的地方。因此，学校教育的视线应该穿越学生整个生命历程，对学生的终身发展负责，使每一个生命都享受教育的关怀。并坚持用这样的视线观察学生的生命成长，审视学校的教育行为，思考未来的发展方向。

解说六

陶行知先生曾说："教育界责任之最重要且最紧迫者，莫若利用教育学解决学校课程问题。盖课程为学校教育之中心，假使课程得以圆满解决，则其他问题即可迎刃而解。"课程，是沟通教育理想与现实之间的重要桥梁，是学校的办学水平的关键表征。学校要走向卓越，就应该从国家课程校本化、学校课程个性化、德育活动课程化三个层面进行课程生态建设，最大限度地为学生个性、思想和创造力的发展，搭建乐融融、活生生的平台，尽显"时时是教育之时，处处是教育之处，事事是教育之事"。

解说七

托管两年来，我们一直坚持办学理念，不断地努力，不断地进步，取得了一些不错的成绩，得到了上级主管部门和社会各界的认可。连续两年被评为东莞市初中教育综合考核优秀单位，这是市教育局对初中教育最高的综合评价，这在2016年以前南中近十几年的办学历史上是没有过的，在全市的初中学校中也是不多见的。

解说八

黄校长常对我们讲，人的智能是多元的，为每一个学生提供最好的教育，就需要考虑在学校里创设各种平台，让每一个学生都能从中找到自信，对一个人的发展来说，仅仅考上大学是不够的，未来一个人的成长，我们认为应该有良好的品格，有健康的体魄，有继续学习的能力和兴趣，出来工作，我们希望他也有高品质的个人生活。我们希望能培养喜欢踢足球的公务员，能培养写得一手好字的医生。两年来，我们一直在做积极的尝试，搭建的平台越来越多，参与的学生也越来越多，如文艺晚会，参加台前幕后的学生有280多人，无论是演出还是为演出服务，孩子们都在不断地突破自己，都很快乐。学生的综合素质越来越高，中考成绩也越来越好。

我们在哪里？

——学校发展的阶段性回顾与思考

两年来，我们一起收获了许多感动。所以，首先要感谢大家，感谢大家两年来的支持、信任和包容，谢谢！

这一学年来，我们全校教职员工依然一起拥有对变化的期待，对现实的善意，对价值的坚守，对未来的信心，在大家的共同努力下，南中依然每天都在发生变化，点点滴滴的进步正在不断夯实我们南中快速发展的基础，我们也一起不断分享着成绩为我们带来的喜悦。

一、我们的教学成绩

（一）高考成绩，圆满收官

高成考绩连续两年创新高，每年都有进步。理科的谢同学以635分的优异成绩排在全省2394名，为近年来学校理科学生的个人最好成绩；文科的黄同学587分，排在全省文科4700名，为近年来学校文科学生的个人最好成绩，这两名同学在中考时都只有600多分，其中文科的黄同学中考只有658分，排在东莞市7000多名。谢同学报了中大，肯定没有问题，而且还可以选一个较好的专业。这样谢同学就成为南中历史上的第三位考入中大的学生。今年中大、华工都应该有我们的学生，对于我们南中来讲，没有遗憾了，这就是我们做老师的自豪和成就感！我们为南中的高中教育画上了浓墨重彩的一笔。谢谢大家，特别要感谢高三的全体老师。

（二）中考成绩，再创新高

463名学生参加中考，均分创学校历史新高。10个学科中，有9个学科超市均分，有的学科是这么多年来第一次超市均分。如果每个学科都超越了市均分，我们的总平均分自然不会低。总分大幅度超越了，南中就会进一步得到社会各界的认可。这就是团队的力量，成功的团队没有失败者。我们的特色教育也初显成效。信息3人、排球1人以特长生的资格进入东莞中学。这为一些同学提供了一个很好的机会，如信息，今年莞中招11人，条件是在信息考试中排在前11名，文化成绩不低于650分，我们就有一位同学，文化科成绩只有652分，进入了莞中。今年中考取得这样好的成绩，真的是不容易。大家都知道，这一届的入读率不到60%，每个班都只有30来人，不仅优生走了，连普通生源的数量都得不到保障，学校的办公经费受到了很大的影响，因为学校的办公经费是按学生人数来计算的。但是，我们这一届，从初一开始就严抓管理，抓集体备课，抓课堂效率，一抓就是三年。功夫不负有心人，我们挺住了，而且再创新高。因为我们的努力，因为我们的成绩，因为家长看到了我们的变化，我相信目前的生源状况，将会成为历史。

无论是高三还是初三，压力都一直很大，老师们都有一种感觉，比以往都要累，但效果却不是那么明显。但我们从没放弃过，一直在咬紧牙关，坚持，再坚持，幸福都是奋斗出来的，最后我们收获了成功的幸福。我们都为南中加了分！也为我们自己加了分！谢谢大家，特别要感谢这两届的全体老师。

二、学生对老师的认可程度逐步提升

从学生对老师的评价数据变化中，我们能感受到老师们更加用心的付出。很多时候，在同老师们交流的时候，同事们都有这样的观点，对待学生，严不严都不是问题，只要是真正付出对学生的关爱，学生就是能感受到的，他们一定会在情感上给予我们回报。

前段时间，即将退休的陈平老师在学校群里面发了一段文字，谈到了专业对我们每位老师的重要性。

做了10年大学教师，做了25年中学教师，做了一辈子教师，对于选择做老师谈不上无怨无悔，但选择之后我对这份工作的一丝不苟的态度，是无怨无悔的。作为一种职业的选择来说，可能因为条件、机遇、命运等因素导致我们的选择并非最喜欢、并非最适合，但既然选择了，就珍惜之，敬重之，干哪一行都需要敬业，干哪一行要干出点样子，都需要敬业。做一个中学教师，我们的成就感可能无法和很多职业相比，但我一直相信，我的教学，我的言行举止，对学生是有影响的，我们通过影响他们而影响这个世界，这是毫无疑问的。所以，教师工作的意义和价值其实是巨大的无可替代的。从这个角度来说，我是老师，我骄傲。

看后，深受启发。

我们真诚希望我们的南中，能真正成为一个为学生成长付出过真诚关爱的地方，一个能让学生生命留下幸福记忆的地方，成为一个无论我们的学生离开多少年，只要一想到南中心中就充满温暖，充满眷恋，终生不愿辜负的地方，这样我们做老师的就真的值了！

三、特色办学取得的成绩

在一些竞赛活动中，学校有着不错的表现：

在第七届（2018）东莞市中小学无线电测向比赛中获团体总分第1名，获得3金、3银、2铜。本次比赛，初中组共设4枚金牌、4枚银牌、4枚铜牌，学校无线测向队获得三分之二奖牌，以绝对的优势成绩（学校团体积分104，第二名团体积分39）卫冕初中组团体总分第一名。

在2018年男子足球获2018CCFA全国中学生阳光体育足球交流赛（东莞站）亚军。

坚持做好这些教育活动，我们并不是为了给学校贴上怎样的标签，而是真正基于学生生命成长的需要，在孩子们的生命中应该埋下更多的种子，从而完成除了让孩子获得优秀的考试成绩之外的教育使命。

四、完成毕业年级中层的聘任和全体科组长的选聘

这里要向这次聘任前后的各位级长和科组长表示衷心的感谢！担任这些工作，除了常规的工作量以外，大家还要承担大量的科组和级组建设的工作，台前幕后，好多工作还是看不见的，责任大，压力也大，但是大家还是选择了担当，在困难和压力面前选择了砥砺前行，用实实在在的行动做出了非常大的贡献，用实实在在的行动为南中加分，真的很不容易，谢谢你们！

五、校园改造

这个学期，校园改造给学校的正常教学活动和师生生活带来了一些困难和影响。但是在困难面前我们表现出了非常良好的团队素养。我们全体师生，主动克服种种困难，积极支持校园的改造工程，齐心协力保障了常规教学、初三的英语听说考试、信息考试、中考等各项校园活动的正常开展。学校的确也在一步步地变得更加美好。

六、学校的未来在哪里

1. 学校在进步、在发展，我们教职员工在思想上应该如何更好地适应这种变化，是拒绝改变维持现状，选择观望、等待、留在原地，还是积极主动地对现状和未来进行思考，跟随自己的失衡感，逐步走出舒适区，不断做出调整和改变，追求更大的进步，追求卓越？

2. 社会要求越来越高了，我们怎样去面对新情况下的家校关系？学校在进步，生源好了、多了，有个性的学生也多了，有个性、有水平的家长也多了。那么我们应该怎样重新定位和适应新形势下的家校关系、师生关系，从而形成教育的合力？

3. 我们需要如何用实际的行动为南中加分？提升教学的效果，是重视课堂还是课后，在同老师们的交流中，比较一致的观点是，课后落实固然重要，但最为关键的还是课堂的效率，课堂如果搞不定，课后是事倍功半的。那么怎样才能保证课堂的效率呢？我们可能还需要从课堂的管理和课前的准备等方面下更多的功夫，还需要更加规范、有效地进行集体备课，创造更加有生成性的教学艺术。

4. 学生良好行为习惯的养成是靠强压还是引导？

5. 对于南中的未来是选择看到才相信，还是先相信，然后努力去将相信变成现实？

6. 在学校管理上是选择自律、选择信任、选择较为宽松的工作环境，还是选择督促、选择更加精准的管理方式，比如考勤，将全天签到坐班改为半天，原本是希望在不影响工作效果的情况下，能有更加人性化的工作时间。但是，如果我们不能自律，不断有个别人去钻空子，比如早退，比如找人代打卡，这样大多数能够严格自律的老师就会有意见，那么作为学校来讲，应该怎么办？

7. 在专业发展上是主动还是被动？

8. 对教学的现状是满足还是不断地改变和突破？

9. 在教学评价上，是选择看到成绩后的压力和苦闷，还是选择用心做好日常每一天的工作？

七、学校目前还有哪些不足？

在学校层面，还有一些工作做得不够。

1. 学校的管理还不完善。

比如，学校至今还没有一个完整的发展规划，也没有系统的规章制度，这显然是不成熟的表现。没有整体规划，学校每年的工作计划就会缺乏前瞻性和连贯性，发展也将缺乏方向感；没有系统的规章制度，管理的科学化、规范化就难以真正落到实处。

还需要继续努力去追求学校管理中的理性，即落实管理的科学性、规范性和有效性。

2. 对常规工作的落实还需进一步加强。

比如，两年来，我们一直在提“高效课堂”，抓集体备课，抓行为习惯的养成教育，但如果有人就这些问题向我们提问，我们究竟能拿出哪些有价值的积累与同行们分享？

再如，开设校本课程是我们实施新课程的重要举措，这确实拓展了学生的学习空间，满足了学生个性化学习的需要，但是两年后的今天，我们留下了多少必要的积累，我们能拿出经过整合，有一定质量和水平的课程资料。

3. 部分工作的效率还有待提高。（主客观原因）

老师们，又一学年的时光已匆匆而过，没有太多的成绩值得炫耀，在认真工作的同时，我们都应不断地思考，南中怎样才能更快速地发展？

去年寒假期间，一位老教师曾对我讲，我们对自己工作的学校也是这样，不许别人说我们不行，这是爱校的表现，但只能算最基本的。如果学校所有人付出努力，内强素质，外树形象，使得外人欲“说”不能，这才应该是爱校的更高层次。

所以，我想，在诸多的因素之中，最关键的、起决定作用的是我们今天在座的每一位教职员工。

对于南中来讲，我们怎么样，南中就会怎么样。我们有热情，南中就会有温度；我们有努力，南中就会有进步；我们仅观望，南中就会落伍。我们如果不爱它，别人就更不会爱它，就没有人会爱它。正如黄校长在2016—2017学年第一学期的开学典礼上所讲：一所学校的发展，内因才是最主要的，要把南中办成我们愿景中的学校，需要南中全体教职员工的共同努力。

所以，只要我们每一位南中人都行动起来，努力为南中加分，南中的未来一定会更加美好。

我们站在了新的山岗上

今天这个专题会议，就一个主题：中考！

对于学校来讲，学校的每一件事都很重要，但最受社会关注的，就一定是中考成绩了。以往，总有人这样问我，南中这几年进步确实很大，不知中考成绩同阳实比怎么样？真的，没有好的中考成绩，我们学校就会变得卑微，甚至活不下去。

一、今年的中考成绩让我们扬眉吐气、昂首挺胸

可能大家也感受到了，近段时间，我们一直是当地社会舆论的热点，只要与教育有关的新闻，一定会提到我们。我想我们能得到这么大的推崇和关注，其中一个非常关键的点就是我们今年的中考成绩足够优秀。我们用努力和拼搏为学校赢得了尊严，也为我们每一位南中人赢得了荣誉。

刚才，六位代表的发言都非常好，除了分享了很好的做法和智慧以外，我感受深的还有两点。一是工作的细和实。成绩是踏踏实实干出来的，我们的教学工作，无论有多么“高大上”的招，落不到实处，一切都是空谈。二是感受到了力量和幸福，对幸福是奋斗出来的有了更深的理解。

由于时间关系，今天我们只能安排少数代表上台分享，其实我们2020届的每一位老师都非常优秀，都有许多好的做法。特别让我激动的是，2020届的每一个备课组都超了市平均分，这具有里程碑式的意义，以后每个备课组都一定要守住这个底线，一定不能低于市平均分，不能拖其他学科的后腿，否则会被别人看不起。另外，这一届还为我们学校今后的发展进行了许多卓有成效的探索，积累了宝贵的经验。在此，让我们再一次以热烈的掌声向我们2020届的每一位老师表示衷心的感谢！

二、对新一届的初三充满信心

我们坚信，明年的中考一定能取得更加优秀的成绩，为我们南城学校标定一个新的高度。我们的信心不仅仅源于刚才级长的表态，更多的是源于我们2021届师生的状态。目前我们每一位初三老师都鼓足了劲，我们每一位老师都希望为学校争光，为年级争光，为自己争光。对于中考的备考，这几年我们积累了许多非常宝贵的经验。基于以上种种理由，所以我们充满信心。

三、目前所面临的挑战和危机

上次我在我们新一届初三年级会议上也提到，我们必须要明白信心绝不等于成绩。骄兵必败，当然我们肯定不是骄兵，但是大意也会失荆州。要把信心变成成绩少不了要经历一个非常艰苦的过程，我们要有充分的心理准备。如果我们只是盲目乐观，而不采取积极的行动，结果就不会达到预期。从学校的层面来讲，我们也必须连续几年保持一个非常好的成绩，才能确立我们一流学校的地位，不然就会被人家笑谈为昙花一现。

教师节那天，书记来到学校参加我们的校园改造竣工仪式，讲了这样一句话“莞中南城学校今年中考成绩很好，现在条件好了，明年成绩还会更好”。仔细领会，书记的讲话信息量很大，至少有以下三层信息。第一，今年我们考得很好，在表扬我们。第二，学校的改造工程在政府的大力支持下做得很好，改善了办学条件，表扬了政府也表扬了学校。第三，条件好了，以后的中考成绩一定要更好，在提希望和要求。其实，不只是书记，全社会都是这样想的，都对我们充满期望，都对我们高度关注，关注我们明年的中考成绩还会不会更好。

还有区域内的同伴学校，我们能不能继续超越他们？说实在的，如果不能超过区域内的同伴学校，不论我们考得多好我们在别人眼里的印象都要打一个折扣，超不过区域内的同伴学校，我们都没有底气讲我们是一流学校。最明显的一点，现在南城的学生是自己选择读哪一所初中，如果考不过区域内的同伴学校，学生就不选择我们，特别是优生不选择我们，到时我们就很难出成绩。这个道理大家都懂。我们必须要有清醒的头脑，运气不会永远在我们这一边，最终还是看实力的。区域内的同伴学校的实力确实是非常强的，而且听说他们现在也铆足了一股劲儿，暑假里面都有大动作。明年能不能超？压力还很大。我们希望能连续三年超过区域内的同伴学校，那么我们的生源就能积累起较明显的优势，以后就容易一些了。所以，这里拜托我们2021届初三的全体老师，一定要奠定我们的优势，一定要延续我们的荣耀。

四、去实现我们的目标，把信心变成现实

这里我有几点建议，供大家参考。

第一，要发扬我们的“莞南精神”。莞南精神的核心是“踏实坚韧、勇担重任”。没有多少豪言壮语，就是实干，就是敢扛、敢拼、敢顶。把任务扛下来，拼命把成绩顶上去。我们所有的南中人，谁都不愿意拖南中的后腿。这就是我们的坚守。

第二，备考要科学、精细和踏实。这方面，我们这几年已经积累了较为丰富的经验，不能不讲方法，不能蛮干，更不能乱来。举一个例子，前几年我参加初三一个备课组的集体备课，当时年级布置了一项培优任务，要求各备课组落实，结果这个备课组的做法就是给每一位优生再买一本资料，让学生多做题。当时我心里就发麻，这样有效果吗？我想只能起反作用，学生的时间是一定的，我们不加任何选择，硬塞给学生一本书，让他们去做，甚至还要抽查，对优生来讲，这本书所有题目都有针对性吗？其实，说严重一点，这是一种极其不负责任的行为，把我们老师该花的时间转移到学生身上，如果这样就能解决问题，那还要老师干什么？

说实在的，到了我们目前这种状况，我们可以说有丰富的经验，也可以讲我们经验不足。因为我们每一次提升都是新高，一定要巩固和延续那些有效的做法，如严、勤、细、实，也要不断地突破和完善。几年来，我一直在思考如何才能在从没达到的高度上不断向上进取。想来想去，我个人觉得最基本也是最重要的两点就是时间和效率。充分利用时间，最大化地提高效率。我们一定要追求教学行为的高效，我们的备考一定要科学、精细和踏实。

第三，要打团体战。年级要统筹好，备课组要步调一致，班上各学科要平衡发展。如果我们年级达不到目标，个人厉害、个别班级厉害、个别学科厉害是没有用的。我们反复讲“成功的团队没有失败者，失败的团队没有成功者”，就是这个道理。

第四，责任到人，“自己的孩子自己抱”。每个人都要为自己的责任负责，年级级长、备课组长、班主任、每一位任课老师都要主动有为，责任到人。比如班上的平均分还得自己抓吧？培优辅差还得自己落实吧？每个班的目标还得班主任协调好科任老师一起努力吧？自己学科的平均分不达标，总不能赖其他备课组吧？

我们都是南中的主人，我们都必须扛起主人的责任。这是我们“莞南精神”的重要组成部分，也是经常令我感动的地方。有时看到同事们很辛苦，就想用语言表达感谢，很多同事就同我讲，“校长，不用那么客气，是我们应该做的，因为学校我也有份，学校好了我们每个人才能好起来”。这个道理很朴实，也很重要。每当听到这样的话，我的鼻子都是酸酸的，也让我对我们南中的未来充满了希望和信心，自己也更加有力量。真的，成绩是大家拼出来的，我们每个人都是南中的主人，我们的拼搏不仅仅是为学校，为他人，更是为了我们自己，谁不希望自己的家兴旺呢？只有我们每一个南中人都做好了，我们的南中才会好起来；南中好了，我们每一个南中人才会更幸福，更有尊严。

接下来我们会分解目标、分解任务。每一个备课组、每一个人都要有进步，这是底线。去年，我曾明确地提出，希望每个学科中考都能超越目标（体育除外），这也是学校学科组建设的一个非常重要的指标。据我所知，我们每个备课组也都是憋了一口气的，你能超，我也能超！所以明年我们有信心除体育以外的其他学科都能超越目标，那样的话我们科组建设的第一个阶段性目标就实现了。

责任到人，希望我们每一位2021届初三的同事都能做到“守土有责”，每一个人都要以高度的主人翁精神为明年的中考主动尽职尽责。学校也会监控整个备考的过程，异常的情况，可能会进行人员的调整。

老师们，在中考备考方面，多年来，我们积累了非常宝贵的经验，我们每一位教师都是非常优秀的，正如刚才姜主任在表态中所讲的那样，只要我们齐心协力，用心抓好、落实好备考的每一个细节，只要我们坚持长期的艰苦奋斗，我们相信我们2021年的中考一定能在2020年的基础上再创新的辉煌，取得更加优异的成绩，以此为我们更好的南中加分！

学校如何走好上升路

转眼间又一个学期过去了。一学期来，在我们全体教职员工的共同努力下，学校方方面面的工作都取得了不错的成绩，得到了上级领导的高度认可，学校连续两年被评为市初中教育综合考核优秀单位。在工作中，我们也一起收获了很多的感动。在这里，首先要感谢大家，感谢大家辛勤的付出，感谢大家对学校工作的支持、信任和包容。

下面，由我对学校本学期的工作做一个简单的回顾。

一、本学期所做的部分工作

（一）校园改造

这个学期，校园改造进入了具体的实施阶段，食堂的升级改造、宿舍热水系统、直饮水系统、部分教学和办公楼的改造等，这些工程给学校的正常教学活动和师生生活带来了一些困难和影响。可能像我们南中这样在正常教学的同时进行这么大面积的校园改造，是非常少见的，但是在困难面前我们表现出了非常好的团队素养。一个学期下来，我们全体师生，怀着对美好校园的期待，积极支持校园的改造工程，主动克服种种困难，认真做好临时场地的规划，高效完成各种设施设备的布置、搬迁和保护，齐心协力保障了校园各项活动的正常开展。真的很不容易，大家辛苦了！

（二）关注课堂教学的效率

我们时常思考，我们怎样才能进一步提升我们的教育教学效果？我们追求更好的成绩，我们呼吁大家更多地投入和付出，但学生的学习时间是有限的，老师的精力也是有限的，我们不可能无限地挤压学生课外活动的时间。我们强调勤奋、拼搏、奉献，但我们绝不愿我们的工作和学生的学习成为我们师生的枷锁，我们希望我们的全体师生能在教与学的过程中，感受到快乐，收获幸福，这样我们的校园才能有持续的、长久的热情和生命力。所以，我们必须在提升课堂效率上下功夫，这应该成为我们每一位教师的共识。

所以，这个学期，我们细化、明确了集体备课的各项要求，加强了对常规教学工作检查的力度，规范了考试数据的统计和分析，完善了先进科组的评比细则。

这次期末考试中，高中部、初中部都取得了不错的成绩。

（三）细化了年级的管理

目前，我们初中的学生人数越来越多，优生群体增加，有个性的学生也越来越多，也出现了一些新的状况和问题。这个学期，我们在初一、初二两个年级试行了分区管理，将本学期的前两个月定义为行为习惯养成教育月，细化了年级管理，效果明显。

（四）继续高度关注教师的专业发展

一所好的学校必须能够教出一届又一届的优秀的学生，而优秀学生的培养需要一批批高水平的教师，所以一所好学校必须具备有利于教师专业成长的土壤和氛围。

所以，学校高度关注教师的专业成长，搭建平台，大力推进，鼓励各学科老师积极参与，主动追求专业提升。一个学期来，学校教研成果丰富，生物课组获评省优秀科组、七个课题获市级立项课题、近七成的教职工获各级荣誉和奖励共近500人次。学校为了更好地表达对大家辛勤付出的尊重、感谢和期待，隆重举办了首届奖教金颁奖大会，并出版了两期《南中教研》。

学校想通过一系列的规范和引导，让我们的教育教学工作能更加专业，从而促进课堂效率的提高，完善对学生综合素质的培养。希望我们都能在10000小时的工作之后熟能生巧，成为教育教学的行家里手，能在学校或者全市的相应学科中有自己的地位，成为自己所在专业、所在学科的专家。

（五）特色办学方面取得了不错的成绩

1. 在信息课程方面，初次组队参加全国的信息学奥赛，就取得了突出的成绩，总成绩在全市的所有初高中里面排总分第6名，获市团体一等奖、省三等奖，38人获市三等以上的奖励，取得了中考信息特长生的报考资格。在社会上也产生了较大的影响。主管教育的领导在全区中小学校长及幼儿园园长会议上宣读了学校的信息奥赛获奖情况喜报。前不久我们新的一期针对小学六年级的兴趣班招生情况也比以往的几期都要好。我们初一信息课程班学生的期末考试成绩也非常的优秀。

2. 体育特色，全面推进。学校女足、男足分别获市足球比赛的第3名和第6名，女排获亚军，田径成绩也有明显的提升，学校被评为第一批全国青少年校园篮球特色学校。

3. 艺术教育，在坚持中创新。华丽的文艺晚会再次上演，其中的两个节目当场被教办领导相中，邀请参加2018年的教师节颁奖演出，这次文艺晚会上台师生达280多人，为更多的学生提供了上台表演的机会。

4. 科技教育，在2017年青少年科技创新大赛中也取得不俗的成绩，多个项目分别获市一、二、三等奖，学校获优秀组织一等奖。

对于体育、艺术、科技，我们均坚持普及为主的原则，我们最主要的目的是培养爱踢足球，喜欢篮球、排球，热爱艺术、科技的学生，培养有品位、有艺术修养、有兴趣爱好的综合型人才。这些特色教育的成绩，都是老师们非正常上班时间辛勤付出的积淀和成果，非常地不容易。

坚持做好这些教育，我们并不是为了给学校贴上怎样的标签，而是真正基于学生生命成长的需要，让学生得到他们花季年华应有的教育和熏陶。当看到同学们在活动中表现出来的那种愉悦、激情和感动时，我们意识到，这就是我们践行教育的使命。

（六）继续努力塑造校园的信任文化

信任，是我们每个人最大的一笔财富。信任，是一种非常珍贵和脆弱的东西。一旦拥有了人与人之间的信任，工作和人际关系都会变得简单；没有信任，大家就会互相猜疑、不能精诚合作，把简单的事情搞得非常复杂。所以我们希望学校信任老师，相信老师能认真完成自己的本职工作；我们希望老师相信学校，相信学校的每一项工作都经过了深思熟虑，都考虑了大多数人的需求和利益。当然，这里面有一个规则和底线意识，无论是学校还是老师都要敬畏规则，守住底线。这一年多来，学校在这方面做了大量的工作和尝试，比如调整学校的坐班制度，以往是上、下午都要签到坐班，这个学期，我们尝试上午不坐班。从目前的情况来看，绝大多数老师还是做得非常好的。我们相信大家都能恪守规则，我们相信老师们在相对宽松的环境中能够更加高质量地完成自己的教育教学工作，我们希望大家能在一种从容的心态下实现自己的教育理想。

二、振奋精神、走好上升路

上面回顾了学校本学期的部分工作，借此机会，还想同大家做一些交流。

相信大家会认同这样一些观点：

从学校发展的环境来看，学校目前有最好的发展机遇。

从学校发展的现状来看，我们的底子还相当的薄弱，面临的困难和问题还真不少；目前学校正处在一个快速提升的阶段，我们距一流学校还有相当的距离。

从学校发展的节点来看，我们学校有两个极为关键的三年。一是托管的前三年，如何在托管的条件下，拿出实实在在的进步，拿出实实在在的成绩，让社会看到我们的积极变化，给社会信心，让社会因为看到我们所取得的成绩而相信我们的美好未来。二是后面的三年，在前三年的基础上，如何实现跨越式发展。这两个时间段的任务都有相当的难度，但最关键的还是第一阶段，是前面的三年，如果第一阶段的任务顺利完成，第二阶段也就不会那么困难了。否则，办一所一流学校的愿景只能是一句空话。

我们常思考和讨论，如何将好的机遇转化为大的发展，走好上升路，实现我们的梦想？我认为最关键的还不是外因，不是政府的扶持，最关键的是内因，是人，是我们所有的人，是我们每一个人是否都愿意南中变好，是否愿意为南中的发展贡献自己的力量，是我们全体南中人的精神和面貌，如果我们都能做出积极的选择和努力，那么南中必然向好！

我们常讲“人要有一点精神”，这不是一句空话，这是我们每一个人在内心深处都有过的感悟和体验。精神力量是我们完成一件事、做好一件事的内在支持，是我们可以克服和战胜种种困难的坚强后盾。那么，我们应该具备和发扬哪些精神呢？我想同大家交流几点：

（一）奉献精神

人只有奉献社会，才能实现自我的价值，才能获得尊严和幸福，干教育这一行，更是如此。只有具备了乐于奉献的心理品质，才能毫无顾惜地将自己的才智、时间和热情抛洒在每一件对学生有益的日常工作上，才能爱护和尊重每一个学生，才能在面对烦琐工作的时候始终保持积极的心态，才能始终热爱自己的工作，才能愿意把教书这项工作当成自己的事业。我们当中的有些同事的奉献精神真的很让我敬佩和尊重，我们也真切地希望我们这个集体就是一个甘于奉献、乐于奉献的团队。

（二）克己律己精神

以前有一句很流行的口号，叫“见困难就要上，见荣誉就要让”。困难不解决，事业就不能发展，大家一起去解决，事情就好办得多，遇到困难就要有“我不下地狱谁下地狱”的干劲，这样的人多了，我们的学校就会兴旺，不然这个单位就一定会成为名利场所，很快就离心离德、分崩离析。说到荣誉，我想起鲁迅先生举过的例子，拿破仑带领大军跨过阿尔卑斯山，他站在山顶上不可一世地说：“我比阿尔卑斯山还要高”，然而他忘记了他后面跟着几十万大军。鲁迅先生认为，拿破仑说这样的话，“可归入疯子一类”。英雄产生于群众之中，没有群众的共同创造就没有英雄和荣誉。当一个人得到荣誉和取得成绩的时候，他必须真正明白这一点。我想，学校不管谁取得优秀的成绩和得到荣誉，都是广大师生做出很大努力和牺牲换来的，绝非某个人孤军作战所能得到的。没有南中进步，就没有我们个人荣誉。懂得了这一点，我们就不会去争荣誉，即使得到了，也能正确对待，不会让荣誉成为包袱。对于幸福的理解，我非常认同这句话：幸福不在于你得到多少，而在于你计较多少。还有我们都向往和追求心情舒畅的工作环境，但是这也需要我们有克己律己的精神，有底线的意识。因为“宽松”不是纪律的松弛，宽松要以自律为前提和基础。宽松也不是没有工作、行为的规范，它是对勤奋工作、严于律己的奖励。我们都知道，宽松和谐不适用于不能律己之人，不适用于工作涣散、马虎和不思进取的人，不适用于无规则意识之人。对每一个懒惰想混日子的人，他面临和感受到的始终都是沉重的压力，不可能做到心情舒畅，虽然有时会有袖手旁观的小轻松，但总的来讲他会更累，唯一的办法就是改变自己。

（三）团队精神

我们常讲：成功的团队没有失败者，失败的团队没有成功者。我们是一个整体，要做成功任何一件事情，都需要大家的努力，需要方方面面的配合，需要有团队精神。团队精神要求我们，要把个人、部门融入学校这个整体中，视学校的荣辱为自己的荣辱。团队精神要求我们每个人或部门，都应在学校这个整体中，找准自己的位置，明确自己的职责与功能，在整体运作中主动作为，贡献自己的智慧和力量。团队精神还包括乐于助人的精神，个人或部门在高质量高效益地完成自己的本职工作的同时，还应协助同事或相关部门高质量、高效益地完成工作。一个对集体负责的人，集体也肯定会对他负责。

（四）自我更新精神

无论是学校，还是个人，无论我们过往怎么样，我们都要有积极反思的意识，要有自我更新的意识。只有不断地反思，不断地自我更新，我们才能够不断地进步，不断地创造新的荣誉。学校需要不断地自我更新，一直以来，我们都在积极寻找和探索更有效的做法，希望能从战略层面上打破未来学校发展的瓶颈和障碍，为未来几年乃至十几年的快速发展奠定基础。我们每一位教职工也需要不断自我更新，以适应和帮助学校的发展。怎样自我更新？这是一个很值得大家思考、探讨的问题。

自我更新，就每一位教职工来说，就要认真地检查自己、反思自己，在工作能力上下功夫，在教育教学水平上下功夫，在学习新知识、完善知识结构上下功夫。学无止境，一个优秀的教育工作者，同时必定是一个优秀的学生。唯有大家都积极主动地自我更新，学校才能不断地实现自我更新。我们希望每一位教职员工，都积极出主意、想办法、出力气、齐参与，这样我们学校才能在未来的征程中走得更快、更稳、更远。

（五）实干精神

任何美好的愿景或理想，都要经过实干才能变为现实。因此，我们要强调实干精神，我们重视实际行动。铸造我们美好的未来还有许多工作要做，具体的怎么做需要集中大家的智慧，但从总的原则上讲，脚踏实地，精耕细作是必须的。我们要努力把严、勤、细、实的工作作风贯穿于自己的工作中，高质量、高效益地完成自己的工作，请大家都明确目标，努力耕好自己那一方田地，有一分热，发一分光。更希望每个教职工用“严、勤、细、实”的准则，审视自己前一个时期，是漫不经心者，还是满腔热情者，是空谈者，还是实干者，我们敬重的是一如既往、几十年如一日的满腔热情的实干者。

三、结束语

同事们，一个学期结束了，虽然学校的工作已经有了不错的发展势头，取得了一些成绩，但摆在我们面前的问题依然很多。从认识到文化，从观念到情怀，这之间还有很长的一段路要走，还需我们付出长期坚持不懈的努力。

我们在这里进行简单的回顾和思考，是为了更好地面对明天新的挑战。希望我们每一位教职员工都能不断从学校发展、个人提升、学生成长等状况的分析中找到工作的方向。从成功里找到一份自信，从反思中留下一份清醒。

展望新的一年，我们依然拥有对变化的期待，对未来的信心。幸福都是奋斗出来的。我们坚信在我们全校教职员工的共同努力下，南中会每天都发生积极的变化，我们将拥有更加美丽的校园，更加浓厚的教研氛围，更加突出的教育教学成绩，更好的口碑和赞誉，更加令人幸福的精神家园。

让我们一起为更美好的南中加油！祝福南中！也祝福大家有一个愉快的寒假、祥和的春节！祝大家在新的一年身体健康、家庭幸福、工作顺利！

学校向何处去?

这个学期真的很特殊，很不容易。如果从大年初二算起，至今足足7个月，过程相当不易，但转眼间又结束了！在大家的共同努力下，我们克服了重重困难，各项工作都进展得比较顺利，也取得了非常不错的成绩，同时还收获了许多感动！几年来，我听得最多的话就是“确实比以前累，但值得，因为我们都是为学校好，学校好了我们才能好！”这样的话语非常的温暖。

前几次我们提到了莞南精神，随着时间的推移，我的感受真的是越来越深，我觉得莞南精神的内核应该包括：刻苦勤奋、踏实坚韧，勇担重任、追求完美。

也许我们水平，包括我们学校管理团队的管理水平不是最优秀的，甚至是有所欠缺的，但是我们用足够的勤奋、足够的踏实、足够的担当，弥补了我们的缺陷。在前进中，我们也发现许多先前认为很难的事，其实并不是那么难，人家能做到的事，我们也能做到，甚至我们还能做得更好。同时，我们也逐渐拥有了强烈的自信，我们更深层次地理解和明白了幸福都是奋斗出来的这一至理。这些是我们全体南中人最大的收获，这种收获的价值远远大于我们所取得的成绩。

下面，我想同大家交流以下几点。

一、对学校本学期的工作做一个简单的回顾

（一）较好地完成校内疫情的防控和线上教育的有关工作

我们虽然不是一线战场上的医护人员，但是作为教师，我们的压力也非常大，工作任务也十分繁重，线上教育之前班主任天天催学生填表，时间紧，家长和学生又不是很配合，后面德育处又在催。线上教育之后除了要收集和记录

各种数据信息以外，还要操心学生的学习和心理健康，可以说是一路过来，劳心劳力。线上教育对于我们来讲是全新的事物，而且持续时间也不断地超出我们的预期，要适应线上教育的要求，完成各项工作，也真的不容易。虽然非常辛苦，但是大家都做得非常好，我们用责任和智慧做到了守土有责，保障了各项工作的顺利进行。在这里我代表学校向大家表示衷心的感谢！

（二）校园改造基本完工

目前，我们都为美丽的校园自豪。为期四年的改造基本完成。四年来，真的不容易，耗费了我们很大的精力，各教职员工都为之付出很多，特别是负责和参与的相关同事。校园改造也给学校的正常教学和师生生活带来了一定的困难和影响。但是在困难面前我们表现出了非常好的团队素养。我们全体师生主动克服种种困难，积极支持校园的改造工程，齐心协力保障了各项校园活动的正常开展。真的很不简单，大家辛苦了，但很值得！现在，我们可以自豪地讲，我们抓住了这一次宝贵的机会，彻底地改变了我们的校园环境。否则，四年前的校园面貌再延续10年、20年都有可能。

（三）本学期我们积极参与了品牌学校的申报

2018年东莞出台了相关的政策，要在三年内创办100所品牌学校，分为三批，包括小学、初中和高中，今年是最后一批。我们非常希望能进入品牌学校的行列，因为如果进不去，我们就没法说我们是一流学校。虽然我们这几年有较大的进步，但是怎么把我们的进步呈现出来，却不是一件容易的事，因为这不能只讲几个数据和成绩。为此，我们前后准备了一年。在我们全体教职工的努力下，虽然整个过程不容易，但总算给评委们留下了较深的印象。我们期待好的结果。当然，品牌建设也一定会对我们以后的工作提出更高的要求。

（四）考试成绩表现突出

这几年莞中每年都招40人左右的特长生，去年我们有4人以特长生的身份进入莞中，今年预计有13人可以以特长生的身份进入莞中，其中信息7人、男足3人、女排2人、舞蹈1人，这可能将创造我们东莞的一项纪录。全市初中有100多所，每个学校有1人都超过平均数了，我们一下占了三分之一。去年我们总共被莞中录取了21人，这个数字排在全市公办学校的前十名。今年我们会有多少学生被莞中录取呢？不算中考成绩，已经有22人了，特长生13人，名额分配生9人，所以今年我们考入莞中的人数一定会带给我们惊喜。

这些成绩的取得也是非常的不容易，不是一两天的工夫就能做到的，是我们多年努力才得到的成果。非常地不容易，我为我们南中骄傲。

二、未来南中发展所面临的机遇和挑战

托管至今已有4个年头，这4年大致可分为三个阶段。第一年属第一阶段，工作的重点是规划和改革。第二到第三年属于第二阶段，工作的重点是完善和突破。目前处于第三阶段，工作重点是凝练做法和培育品牌。

一路走下来，我们取得了不错的成绩。

目前这个阶段，属于从量变到质变的关键时期，真的非常难。但是，如果我们不能做出有效的突破，我们就进入不了一流学校的行列，那么社会上就会说：南中有变化，但还是比不上谁谁谁。我想，这不是我们所愿意看到的。希望我们全体南中人都要咬紧牙关，高标准、严要求，把自己的工作做好，做到极致。

我们一定不能错过我们学校发展的这个黄金时期，如果这几年我们还是上不去，以后可能真的就没有机会了。南城马上又要开办几所初中，新的初中起点一定会很高，如果在新初中办起来之前，我们没有质变，我们又将面临我们曾经面临的困境，那时我们就没有机会了。

目前的困难和压力都不少，这其中有校内的，也有校外的。但无论是校内的，还是校外的，我们都要抗住，要想办法克服。说真的，我们怎么样，南中便怎么样；我们是什么，南中便是什么；我们会发光，南中便有美好的未来。所以不管面对工作上的任何困难和挑战，我们都要不懈努力。因为我们所站立的这个地方，正是我们自己的南中。

校园改造也基本结束了，接下来，我们要将主要的精力放到学校的内涵发展上。主要抓好以下几点：抓教师培训（全员反思学习、不断更新观念，抓新教师培训）；抓高效课堂，打团体战，减少同一备课组的均分差；抓各个层面的精细化管理；抓品牌建设，以品牌建设来推进学校的内涵发展。

三、工作中的一些困惑

除常规工作以外，我还经常会碰到和思考这样一些问题：

怎么对待单位？怎么对待工作？怎么看待压力？为什么工作不开心？为什

么没有安全感?

南中是我们的家，是一个非常包容的集体。虽然我们来自天南地北，性格各异，有时我们对彼此也有点小意见，但几十年来我们能求同存异，朝夕与共，大多数人甚至会在这里工作大半生直到退休。就时间而论，同事之间相处的时间是最长的，从早到晚，数十年啊。所以正如我们大家常讲的只有学校好了，我们才能好，只有同事之间和睦了，我们才能开心快乐。

怎么对待工作?这份工作对于我们每个人来讲都是重之又重，有人开玩笑比夫妻还重要，因为如果没有工作，可能家庭都会维持不下去了。所以我们没有理由不认真对待自己的工作。

关于压力，很多时候都会说压力很大，不能无忧无虑地过日子。其实人不可能无忧无虑的，古人讲“人无远虑，必有近忧”。那么压力大，压力来自哪里?每个人都可以数一堆他的压力源。但有时细想一下，好像目前日常生活上我们也没碰到什么大的困难。压力可能在一定程度上来自工作，是工作要求很高吗?但几乎所有学校都是这样要求、这样做的，我们可能还算相对轻松的。我很多时候也在思考这个问题，压力可能来自自己对自己的要求，希望自己的工作有一个好的效果，起码能得到身边人的认可，说到底是自己对自己的要求。既然这样，那么减少压力最有效的办法就是尽力将自己的工作做好。做任何事情，人都不是天生就能做好的，做不好事情被人嘲笑是难免的，不要指望别人永远给你留情面，只有自己把事情做好，才是为自己保留尊严唯一可行的方法，个人如此，学校也是如此。

关于开不开心。我们有些同事的不开心主要来自与身边人的关系。

关于有没有安全感。现在社会治安也不错了，温饱问题也解决了，甚至房子也都有几套了，为什么还谈安全感这个话题?有时大家可以想一想什么时候，什么情况下会没有安全感?当自己的工作受到威胁，自己可能会失去人身自由的时候会没有安全感。怎样才能避免这种情况，心存敬畏，守好底线。作为老师这个职业来讲，师德就是我们的底线，我们身边有不少这样的教训：做了家教，被家庭举报；收了家长的礼物，被家长当面举报；教学不认真，被家长、学生和同事投诉；等等。这些都会让教师极为被动。轻则没有尊严，重则丢掉工作，连累学校和所有同事。

学校怎样走好爬坡路

我们整个学期都在忙碌，各项工作也比较顺利，还有各种喜讯不断地激励我们。正是在我们大家的共同努力下，南中每天都在发生变化，我们看到了成绩，看到了希望，充满了期待，也收获了自豪、骄傲和感动！

一、回顾过往

（一）期末考试取得优异成绩

这次期末考试中，没有市统考，我们与茶山中学采用了第三方命题考试。试题的质量不是特别理想，但就这一点来说我们和茶中都面临同样的情况。从考试结果的数据来看，除初一年级以外，我们的优势及第二次段考明显。昨天，我也分别参加了初二、初三两个年级的年级分析会，大家都做了认真的分析，对未来也充满信心，我也有相同的感受。这次考试暴露出一些问题，但这应该是好事，它给我们提了个醒，今后我们的教学工作还需要更加细致和扎实。具体怎么做？我们已经有共识了，那就是要更加精细。教师要更加重视基础、重视课堂的效率；备课组要严格按照集体备课的要求充分发挥集体的智慧和力量；年级要进一步加强协调和管理为教学做好服务工作；学校要加强对常规教学工作检查的力度、更好地了解一线教学的真实状况、细化明确相关要求，提高教学指导的针对性和科学性。

对今后的考试成绩，我们充满信心，我们的信心主要来自我们在座的每一位教职员工。

（二）特色办学方面也取得了非常好的成绩

1. 信息奥赛成绩再创历史新高。共47人获市级以上奖励，省二等奖以上24人，省二等奖以上的人数排东莞市第二名，学校获省团体二等奖。在社会上也产生了较大的影响。前不久我们新的一期针对小学六年级的信息班招生情况也比以往的几期都要好。为了更好地落实这项工作，我们做得更细更到位：一方面，是到周边的小学去宣传我们的成绩和信息特色的教学思路，让各小学帮我们宣传、推荐；另一方面，我们再逐一到各小学召开优秀小学生的家长会，面对面地宣讲和接受咨询，最后有350多人参加考核，这一期的小学信息班大多为东莞户口，最低分较以往高了10多分。当然我们能吸引到这么多的优秀生源，还有一个非常重要的原因是家长看到了我们学校整体实力的提升，对我们充满信心，愿意把孩子交给我们。

2. 体育特色，全面推进。作为教师，我非常享受我们南中学生的运动氛围，每天放学后都有那么多的孩子在校园里奔跑运动。前段时间很多学校的流感情况都非常严重，但我们的情况还不错。在市里的比赛中，我们的三大球都取得了不错的成绩。女足、男足分别获市足球比赛的第2名和第3名，女排获冠军，女篮获亚军。

3. 艺术教育，在坚持中创新。华丽的校庆文艺晚会令人惊叹。我们的文艺晚会已坚持做了三年了，每一年都难，但我们相关人员特别是艺术科组的老师都能克服困难，做得一年比一年好。除了文艺晚会以外，我们的师生艺术作品展也相当不错。这些活动和展出为相当多的学生提供了展示才华的机会，是我们校园文化的重要组成部分。

4. 校本课程，丰富多彩。我们坚持了初一、初二全员走班选课的课程模式，两个年级共开设70多门校本课程，全部网上选课，尽量保证校本课程的时间。从形式和效果来看都还不错。接下来，我们一是要坚持，二是要进一步提升课程的质量和管理。

我们坚持做好这些教育，除了真正基于学生生命成长的需要以外，我们还有一个目的，那就是以特色来吸引社会的关注，提升学校的知名度，由点到面，推动学校的品牌建设。

（三）教师专业发展方面有不错的表现

这里有一组数据：经教办核实，2017年我校获得区级以上荣誉的共181项，其他初中基本没有超过100项；2018年教办还没有最终核实数据，我们会比2017年稍少一点，大约160多项，但横向同其他学校比，我们还是相当有优势的。这些数据反映了最近几年我们教师对专业发展的认同和追求。

前几天奖教金颁奖的大会上，我可能讲得稍稍重了一些，我想表达的意思是我们要有清醒的头脑，要时常保持一颗警醒的心，我们还有许多不足。但是，我们非常高兴地看到大家都在积极地行动。按照目前的态势，我们需要的只是时间和坚持，我相信我们老师的专业发展一定能同学校其他方面的工作一样，迎头赶上。

（四）学生对老师的认可程度逐步提升

这个学期，评价数据反馈，科任老师非常受学生欢迎的有153位（上学期65位），非常受欢迎的班主任有33位（上学期22位），均比上学期有所增加。

（五）校园改造稳步推进

校园真的是每天都在发生变化。整过校园改造，除了教工宿舍以外其他地方都有涉及，好多工程都是同时开工，交叉作用也不小，想想都难，但我们不能错失这一次宝贵的发展机会。在困难面前，我们主动积极克服了种种困难，齐心协力保障了校园各项活动的正常开展。春节后部分实验室就可以恢复使用，整个校门广场可以供学生活动使用，4月底1号楼、实验楼、音美楼和行政楼可以全部交付使用。

同时，校园改造也在逐步地提升我们的办学条件，课室空调、新的教学平台、宿舍热水系统、宿舍锈烂镀锌门的更换、全新的4号楼、饭堂、高标准的直饮水等，接下来还有更多的喜悦值得我们期待。

（六）校庆系列活动，凝聚人心、鼓舞士气

由于校园改造的影响，我们今年的校庆没有举行大的庆典，但是我们还是以校内活动为主举办了系列的校庆庆祝活动，如学生的游园活动、校庆杯体育比赛、校庆文艺晚会（当晚晚会的网上关注人数达到8万，真的是一个奇迹，很多校友在直播平台上为母校留言、点赞加油，从浏览的数据和校友的互动，我们也看到了广大校友对母校的关注和期待，我们的校友有相当部分在南城，所以我们有把学校办好的社会基础）。我们也向广大校友征集了部分视频作品和资料，除了这些，我们还举办了一次历任校长的座谈会，这些老校长回到学校，看到老同事，看到熟悉的环境，看到学校的变化，非常地高兴，纷纷为学校的发展出谋划策，希望学校能把握住机会，一鼓作气，走好上升路。

二、怎样走好爬坡路？

怎样才能走好上升路，借此机会，想同大家就这一点做一些交流。

在座谈会上，老校长们所讲的，其实也是我们每一位南中人心里所想的、所期盼的、所坚守的，那就是我们一定要一鼓作气，走好上升路。为什么我们会有这样共同的声音？因为从学校发展的环境来看，学校目前确实有最好的发展机遇；从学校发展的现状来看，我们确实底子还相当的薄弱，面临的困难和问题还真不少，虽然学校目前正处在一个快速提升的阶段，我们可能在某些点取得了一些不错的成绩，但我们距一流学校真的还有相当的距离；如果我们不一鼓作气，就可能会错失这一次发展的绝佳机会。所以，当下是机遇，更是挑战，冲上去了就是蜕变，冲不上去就可能是笑话，就会帮一些人印证他们对南中的预言。我想，我们是一定能走好这段上升路的。

习近平总书记在改革开放40周年大会上曾讲过这样一段话：“事者，生于虑，成于务，失于傲。伟大梦想不是等得来、喊得来的，而是拼出来、干出来的。我们现在所处的，是一个船到中流浪更急、人到半山路更陡的时候，是一个愈进愈难、愈进愈险而又不进则退、非进不可的时候。”这段话对我们学校的现状也非常有指导意义。

以前我们曾提过，从学校发展的节点来看，我们学校有两个极为关键的三年。一是托管的前三年，如何在托管的光环下，拿出实实在在的进步，拿出实实在在的成绩，让社会看到我们的积极变化，给社会信心，让社会因看到我们所取得的成绩而相信我们的美好未来，给予我们更大的信任和支持。二是后面的三年，在前三年的基础上，如何实现跨越式发展，实现我们一流学校的梦想。这两个阶段都有相当的难度，但这关乎南中的未来和我们每一位南中人的尊严。所以我们是没有退路的，再难我们也要做，不需要任何条件，我们都要顶上去。2018—2019学年就是前三年的最后一年，所以2019年尤为重要，特别是2019年的中考成绩！

实现我们的愿景，最关键的还是内因，是我们全体南中人。这个来不得虚的，不只是喊喊口号就可以的，需要我们为学校的发展竭尽全力，这真的需要一种精神。

前段时间，我向教办陈主任汇报学校工作，讲到我们所取得的系列成绩和进步，陈主任非常高兴，称赞这就是“莞南精神”，为莞南精神点赞！

确实，无论个人还是学校都需要一种精神。这不是大话、空话，这是我们每一个人在内心深处都有过的感悟和体验。精神的力量是我们完成一件事、做好一件事的内在支持，是我们可以克服和战胜种种困难的坚强后盾。受到陈主任的启发，我近段时间一直在思考这个问题，我们应该具备和发扬哪些精神？我们需要具备什么样的“莞南精神”？

前段时间的一次交流活动，也引起了我同样的思考。那次是虎门四中的陈校长带领他们学校的全体行政和科级组长来学校交流，他走的时候告诉我说，他找到了南中快速发展的答案，当时我就觉得很奇怪。他告诉我，他刚才在南中碰到了一位大学的老同学，叙旧的时候问起南中的中考奖有多少，我们这位同事告诉他：“我们几乎没有考虑过中考奖是多少，我们主要考虑的是怎样去尽全力把工作做好，帮助学校快速发展。”他说这就是他找到的答案！我想这种声音应该代表了我们全体南中人内心最真实的想法。

想来想去，我们所需要的“莞南精神”，这几点一定是必不可缺的：奉献精神、自律精神、团队精神、进取精神、实干精神等，肯定还有很多，接下来我们一起用心、用行动来不断完善我们的“莞南精神”。

三、结束语

一个学期结束了，虽然学校的工作已经有了不错的发展势头，取得了一些成绩，但摆在我们面前的问题依然很多，包括我们学校层面的管理和制度建设等许多方面的问题，都还需我们付出长期坚持不懈的努力。我们在这里进行简单的回顾和思考，是希望能从成功里找到一份自信，从反思中留下一份清醒，更好地面对明天新的挑战。

几年来，我听得最多的话就是：“没什么，我们都是为学校好，学校好了我们才能好！”非常地温暖，又非常地令人感动，在这样的氛围中，想松懈、想偷懒都会觉得不好意思。所以，在这里要再次感谢我们在座的每一位同事，感谢大家辛勤的付出，感谢大家对学校工作的支持、信任和包容。

第二章

幸福教师培养幸福学生

打造“本分”的学校教师文化

在大家的共同努力下，我们取得了非常不错的成绩，同时也收获了许多感动。

几年来，我听得最多的话就是“确实比以前累，但值得，因为我们都是为学校好，学校好了我们才能好！”这样的话语非常温暖，在这样的氛围中，想松懈、想偷懒都会觉得不好意思。因此，首先要感谢在座的每一位同事，感谢大家的辛勤付出，感谢大家对学校工作的支持、信任和包容。

大家应该感觉得到，这几年我们在快速地奔跑，没有观望，没有等待，没有抱怨，一直在努力。

南中的巨大进步，就是源于这种奔跑，这种奔跑不是姿态，而是行动。也许我们的水平不是最高的，但是我们有足够的努力。在前进中，我们发现许多先前认为很难的事，其实并没有那么难，人家能做到的事，我们也能做到，甚至还能做得更好。在努力的探索中，我们积累了丰富的经验，方方面面的水平和能力得到巨大提升，逐渐拥有了强烈的自信，更深层次地理解和明白了“幸福都是奋斗出来的”这一道理。这些是全体南中人最大的收获，这种收获的价值远远大于我们所取得的成绩，这便是莞南精神的重要部分。

下面我主要讲有关学校教师文化的三点思考。

一、要做“四有”好教师

“四有”好老师出自2014年第30个教师节前夕，习近平总书记考察北京师范大学时勉励广大师生的讲话，是指有理想信念、有道德情操、有扎实学识、有仁爱之心的“四有”好老师。

二、做老师要有做老师的样子

以杨宝霖老师的事迹（以下内容来自网络）为例。

1936年12月，杨宝霖出生于东莞莞城。杨家数代业儒，其曾祖杨炳辉为同治元年举人，任东莞学宫广文，其祖父、伯父、叔父、父亲皆为教师，堪称青箱家世。

一支粉笔，两袖清风，三尺讲台，在杨宝霖40年的从教生涯中，他不忘初心、孜孜不倦，刻苦钻研、严谨治学，用一生诠释师者本色，影响了一代又一代人。1989年，杨宝霖被评为广东省特级教师，1995年获评全国优秀教师。

从当上语文教师的第一天起，他便立志“四条”，以此鞭策自己不断进取。

第一，一辈子当教师。“在党的培养下，我从一个茶楼童工成长为一名人民教师，因此一定要报答国家、报答党的恩泽，所以一定一辈子当教师，不做别的，只为党、为国家、为社会培养人才，立下这个决心不动摇。”

第二，提升教学的能力。“作为一名中学教师，我资质很薄，所以必须提高自己。语文这一科很多知识在大学是学不到的，于是我想了一个办法，教什么就学什么，通过备课提高讲课的能力，自身充分理解课本知识内容后再来教学。”

第三，要诚实地承认自己底子薄，向他人学习如何提高，不能骄傲。

第四，要朴素、老实、诚实、严格、严谨，为学生做好表率。

杨宝霖将这四条写成了座右铭，放在办公的台面上时时提醒自己。

杨宝霖老师获评市优秀党员后的采访。

2011年，中国共产党成立90周年时，杨宝霖被评为东莞市90名优秀共产党员之一，此后，他又被评为东莞市100名优秀共产党员之一。

“我没有高深的认识，也没有深刻的理论，任教40周年，只知脚踏实地，努力做好自己的工作，努力做好为人师的本分，因自知不是做干部的料，虽有两次可以走出教师队伍的机会，但我自知是劣材，不肯离开。”杨宝霖说，“既做教师，应有教师的样子，如此低级认识而已。被评为东莞市100名优秀共产党员之一，我事先一点也不知评的标准如何，我自己推测，如果被评上了，那或许是我肯埋头死做而已。”

这实在是我所了解的杨老师的真实写照。个人觉得杨老师一生最难得也最动人的正是这种“埋头死做”的本分。

本分就是职责，教师做好本分工作是学校不断发展的基本前提。这种埋首求知的纯粹兴趣和“既做教师，应有教师的样子”的踏实真诚，不只是创造莞中百年荣誉的根本，也是我们“莞南精神”的重要组成部分。

踏实、真诚，真诚即一就是一、二就是二，做得好就是好，做得不好就是不好，不要小聪明、不玩小伎俩，不当面一套背后一套，踏实就是实干为要。李大钊曾说：“凡事都要脚踏实地去做，不驰于空想，不骛于虚声，而唯以求真的态度做踏实的功夫。”

三、我们要打造的是这样一所学校

在我们东莞中学南城学校，我们感受生命与生命之间的温暖和呵护，在人性的光辉中感受生命的尊严。我们的学校应该是这样一个地方，在这里学习和生活的每一个人都是幸福的，他们不仅拥有对明日的幸福期待，也拥有对着今天的幸福体验。所有本应属于青春年少的欢乐，在这里都会回归孩子们的生命之中，在学生的记忆里，学校是其一生中最快乐的地方。教师在这里工作，不再是乏味地劳作、被动地应付和机械地重复，而是兴味盎然、活力四射地思考与创造，在老师们的心灵深处，学校是寄托理想和情感的家园。

在这个学校里，有一个共同的信念，那就是要为每一个学生终身发展负责。作为一所承担基础教育任务的学校，为学生的升学提供支持和帮助，让更多的学生能获得继续深造的机会，是我们义不容辞的责任。因此，我们不会放弃对升学率的追求。然而，面对我们的学生，如果让教育的思考穿越他们整个生命的历程，我们还要承担另一种沉甸甸的责任，那就是决不以牺牲学生身心健康为代价去博取“名校”的光环，也决不把学校变成情感流失的“沙漠”。

在这个学校里，我们想营造这样一个集体，那是由真心热爱教育的人组成的教职工队伍。在这个集体中每个成员深层的意识里，教师是一项神圣的事业，而不仅仅是一种谋生的职业。在这个集体中，每个人承担着责任，也收获着成功；每一个人都有释放个性的空间，也都有合作交流的平台。这里崇尚心灵的敞亮和坦诚，提倡相互理解和包容，追求一种和谐的美丽；这里尊崇集体智慧，提倡团队精神，分享合作成功的快乐。在这个集体中，所有的制度都渗透着深厚的人文关怀，因此制度不再是一种禁锢和惩罚的条例，而是全体成员认同和恪守的生活法则。

我们还怀抱着一个美好的愿望，那就是要实现一个学习共同体的建设。在这个学习共同体中，学习不再是职业需要的驱动，而是成为每一个成员生命的内在需求和一种基本的生活方式。在这个学习共同体中，我们尽情享受心灵自由和精神充实的畅快，获得生命质量的整体提升和一生最好的发展。

老师们，又一学年结束了，我们有许多的成绩，也有不少的不足。未来怎么样，关键在于态度和行动，我们要在成绩面前保持冷静，也要在困难面前保持冷静。对于学校来讲，我们怎么样，学校就会怎么样。我们有热情，学校就会有温度；我们有努力，学校就会有进步；我们仅观望，学校就会落伍；我们如果不爱南中，就没有人会爱南中。正如黄校长在2016—2017学年第一学期开学典礼上所说，“一所学校的发展，内因才是最主要的，要把莞南办成我们愿景中的学校，需要我们全体教职员工的共同努力”。

只要我们每一位南中人都行动起来，努力为学校加分，学校的未来一定会更加美好。

最后，祝大家有一个愉快的暑假。

教师给学生的不只是“专业”，还有其全部的人格

——教师职业的幸福感悟

在今天，教师这一职业越来越受到人们的重视。作为教师，我们在这个职业当中可以感受到什么？我们如何追求我们的职业幸福？我们与学生之间的关系又如何处理？我想在这里做一些分享。

一、教师始终须对学生的一生负责

今天，教师的使命就是使学生能够适应这个变化的时代，活出生命的意义和价值，实现他自己的人生价值，以及对这个社会尽一个公民应尽的责任。

每一个时代的教师都会面对一个时代对教师使命的新要求，但教师的使命也有一些不变的内容，那就是教师的事业始终须对学生的一生负责任。

教师要经常自问你给学生的东西是积极的还是消极的，是有益的还是有害的，是促进了他的发展还是阻碍了他的发展。尽管学生不完全被教师左右，但教师的教育会成为一种力量，可引导人前进和向上。

一个教师有可能对某一个人的发展产生深刻影响，让他在每一个前进的重要时刻都会想到这位老师。这样的教师，就是一位真正意义上的教师，而不仅仅是一个知识的传递者、技能的教学者。

二、教育的魅力，应从创造中去寻找

长久以来人们对教师的认识都有一个误区，那就是不把教师看作创造者，

仅把教师当作知识传递者。比如，教师上语文课，他的任务被认为就是教学生识字、读书、写字……

今天我们特别强调认清教师的工作性质，教师不是一个简单的知识传递者。教师跟孩子一起创造每一天的学校生活，也为学生的未来生活做创造。教育是丰富人生的重要工作。

教师的创造还表现在“转化”上，教师把人类的精神财富转化成学生个人成长的精神财富，这个转化也是教育的独特挑战与魅力。

教师的创造性也表现在促使学生精神世界不断地丰富和完善，这样培养出来的新生代，就会与他的上一代不一样。这种代际传承与发展，本质上是把人类的知识与技能、精神，转化成个人的能力和精神的内涵。

这些东西内化在每一个不同的个体之中，而后又会在社会实践中转化为促进人类社会发展的创造力。

我觉得教育事业和教育的魅力一定要与创造联系起来。教师如果只要求自己像蜡烛一样，成天勤勤恳恳地埋头苦干，以牺牲自己作为职业高尚的表达，而不是用一种创造的智慧去激发学生的精神和行动潜力，那么工作对于教师来说只有付出没有魅力，就难培养出有创造力的学生。

教育的魅力在哪里？就在于创造。它是一种直面人的生命发展的创造。这里面有“转化”的创造，以及教学工作自身的创造。从长远意义上看，教学让每一个生命具有创造的力量，也为社会的发展提供创造的永不枯竭的智慧源泉。

三、提高教师的专业素质远远不够

现在许多人喜欢讲“提高教师的专业素养”，我觉得不够。我不但要提“教师专业发展”，还要提“教师发展”。

只强调教师的专业发展，是不是能造就一个合格的乃至优秀的教师？教师自己作为一个全人的发展，是否在这一过程中被忽视了？

教师在学生面前呈现的是其全部的人格，而不只是“专业”。教师的一言一行都在呈现教师的人格。学生对教师有敬意或瞧不起，反抗或喜欢，都不是仅仅因为教师的专业，而是因为教师的全部人格。

当然，没有专业是不行的，没有专业教师连讲台都站不住。但是仅仅有专业，肯定也是不够的。重要的是教师作为完整的人的发展。

四、教师一定要做真人

教师从事的是育人的事业，教师本身首先要像人一样活着，才能对别人产生积极的影响，一种使其学生也成为人的影响。自己活得像个人，并不是说像一个圣人，而是说很真实、很努力、有信仰，在为这个信仰践行。

教师也会有缺点，有时候也会有冲动，但只要教师是真实的，会冷静下来，孩子也会理解。所以我觉得教师跟人打交道，一定要做真人，不要去做一个假假的人。

“只育分不育人”是个太简单的事情。我觉得把“分”和“人”对立，是一种绝对两分的思维方式。抬高了“分”，把“分”与“人”等而视之，这是大误。

其实教师真正的能耐是在育人的过程中，不难达到所谓的“分”的要求。如果有学校或教师宣称我只“育人”不“育分”，这不仅荒谬，家长也肯定不放心。因为现实世界不可能同意这样的观点：你教的学生考试是考不好的，然而你是个好教师。

五、教师应该是一个追求持续发展的人

教育的魅力不只是要求每个教师都要坚信自己所从事的事业需要教师自身参与创造。教育的魅力是创造的魅力，是创造生命发展的魅力。

当然，创造的过程中既要讲学术，又要讲人格。人格，在我看来最根本的就是真诚，真诚是人格魅力的基础。

教育的魅力不仅仅限于教师已形成的人格与学术，还有一个很重要的方面，即教师应是不断追求自己生命的发展和完善的人，教师应在帮助别人完善的同时不断发展和完善自己。这样的教师在我看来可能是比较有魅力的。

我自己追求做这样的教师，这是一个与生命同在的无止境的过程。对人而言，我更关注你是一个怎样的人，而不是首先关注职业。其实职业的规范总是比较死板的，真正要使自己成为一个有魅力的教师，首先应该做真诚的人，做善于不断发现和创造的人。

教师如何过一种完整、幸福的教育生活

过去的一年，学校呈现出良好的上升态势，工作群不断被点赞刷屏，伴随一波又一波的喜讯，我们的心中和脸上，满满洋溢的都是幸福。所有的成绩和荣誉，都来之不易，全都凝聚着我们这个团队共同的努力，连接着我们每一位教职工辛勤的付出，源自我们全体南中人无私的奉献和不懈的奋斗。

幸福都是奋斗出来的！全体教职员工的共同奋斗支撑了学校的荣光。

这次是学校第二届奖教金颁奖大会，它代表了学校对大家的尊重、感谢和期待。借此机会，我也想与各位同事交流我近期思考的一个话题。

我们讲的教师队伍的建设，其终极目标究竟是什么？我想，教师队伍的建设的首要目标，当然是打造一支具有职业精神和职业素养的教师队伍，以更好地承担起学校的教育使命和教育责任。但同时，它还应该有另一个目标，那就是让教师队伍的建设，成为创造教师自身幸福的过程。教师的生命，不能仅仅只有牺牲和付出，还必须拥有属于自己的完整意义上的幸福诉求。这第二个目标，不仅标志着一种“以人为本”的人文向度，也是教师追求职业精神和职业素养的基础动因。

怎样让我们的老师能过一种幸福完整的教育生活？学校该怎样去努力？个人该怎样去争取？

从学校角度思考，我们过去已经谈过不少。我们曾经提出，要把我们的学校办成一所受人尊敬的学校，要让在这里工作的每一位同事，都因有应有的尊严而感到幸福；我们曾谈到，要把我们这个集体营造成一个宽容、和谐的家园，让这个家园的每一个成员，都因享有心灵的自由和情感的慰藉而感受幸福；我们也曾谈到，要为教师的成长提供平台，创造机会，让教师在事业的成功中感受幸福。这些，代表着学校的一种管理思想，一种美好的愿景。在这些方面，学校一直在努力，但目前离我们希望达到的境界，还有着很大的差距。今后，学校有责任继续践行这种思想，与大家一道继续努力，去实现这一美好的愿景。

从教师个体的角度，怎样去争取过一种幸福完整的教育生活，做一个幸福的人？

我想，要成为一个幸福的教师，首先，应该从个人的内心修炼开始。有一句话说得非常有道理，“幸福其实就是一种感受”。如果我们总是以一种包容、阳光、感恩的心态去看待生活，看待世界，我们就会发现，我们的身边其实有着许多的幸福元素。

譬如，我们说教师是“灵魂的工程师”，但教师不是“不食人间烟火”的圣人，追求自身的物质利益，这是追求个人幸福的一个重要方面，是无须掩饰的。但我认为这种追求应该保持适度的、相对的满足感。

以我们的工资收入为例。目前，我们可以这样讲，在东莞所有的公办学校中，我们南中老师的收入应该是最高的。其他学校同样也有不少“才高八斗、学富五车”的老师，他们同样在年复一年辛勤地付出，他们的收入为什么会比我们低一些呢？所以与许多的同行们相比，我们已经享有更多的物质条件了。我们需要做的是，齐心协力推动南中快速的发展，让上级领导和南城百姓看到我们所取得的优异成绩，看到我们比其他学校更快的进步，进而愿意持续给我们这笔10%的特别绩效经费。有这样一种知足的心情，我们就不会对点点滴滴的得失耿耿于怀而开心不起来，不会为某年某月几百元奖金或补贴的增减而心存不悦，甚至常挂在嘴边唠叨。保持心态平和，就不会总有那么多的委屈与抱怨，就能少一些烦恼，多一些快乐，这种快乐其实就是一种非常重要的幸福体验。

又譬如，我们目前已经获得了一份教师的职业，这是命运对我们的眷顾。看一看今年大学毕业生的就业形势，东莞公办学校已经不招本科学历的教师。我们拥有这个职位，并不一定意味着我们比别人更优秀，而只是因为我们有比别人更好的机会。意识到这一点，我们就会懂得这份职业的珍贵。拥有这一份职业，就是拥有着一份幸福；很好地守住这份职业，就是守护自己的幸福。

其次，我想，教师过一种完整幸福的教育生活，需要在职业担当的过程中主动去寻找幸福、感受幸福。对于我们每个人来讲，教书育人将贯穿我们生命的主要过程，所以很难想象，一个不能从教学工作中寻找和感受到幸福感的老师，能有一个快乐、幸福的人生。

教师的职业幸福吗？问到这个问题，我们曾听到过这样的声音，“教师辛苦，但快乐、幸福”。在当今教育的大环境下，教师的确普遍辛苦，但哪个行业又不辛苦呢？辛苦的过程中是不是有快乐、幸福呢？答案肯定是因人而异的。

如果你把教师职业只看成为个人、为家人谋生的手段，那你会觉得工作只是一种劳务负担，你的付出，你的辛苦，仅仅是为获得一份物质回报。这样，工作就会总是游离在你的生命之外，缺乏精神的寄托。但是，如果你把教师职业看成关乎人的事业，是能够实现你个人生命价值的事业，你就会觉得工作就是生活本身，工作的投入就是生命意义的追寻。秉持这两种不同职业态度的人，也许他们都在辛苦地做相似的工作，但前者的工作感觉可能是为保住“饭碗”，被动地、勉强地支撑着自己的行为，而后者却认为自己是在做着实现自己生命意义的一件事，是在享受生活的过程。因此，“快乐、幸福”的感觉只会属于后一种人。

这里说到的，就是我们常说的教师的事业心和职业精神，它是教师快乐的源泉，一个教师有没有强烈的事业心，他的职业幸福感是完全不同的。

最后，我想，教师能否过一种完整幸福的教育生活，还取决于教师内心的安全感。这种安全感不是来自庸俗化的人际关系，而是来自自己的教学成绩、教学功底和职业的尊严。很难想象一位教学都过不了关的教师能过一种完整、幸福的教育生活。

今天，我们在这里一起分享我们工作成就所带给我们的幸福，为我们所取得的成绩骄傲、自豪，但同时我们也要清醒地认识到我们不是真正的强大，我们可能只是在某些方面有明显的优势，我们还有很大的提升空间。我们距离“一流学校”的愿景，还有很长一段路要走。我这里有几组数据：

1. 今年获区以上奖励的人数比去年略有降低。2017年是181项，2018年只有156项。

2. 学校参加省市各种工作室教研活动（包括指导老师和跟岗学员）的老师人数偏少。

3. 这次市第6批学科带头人评选学校无人入选。

这些都在警醒我们，一定不能懈怠。我们学校还处在爬坡阶段，所以，当下的我们唯有继续努力、继续拼搏，才能在教育教学上引出源头活水，才能把学校建设好，才能在当下优质教育资源的大潮中，站稳自己的脚跟，站定自己的地位，获得更多的机遇，学校才能实现成为一流学校的梦想，老师才能享受到教育的幸福和事业的成功。

各位同事，教师是一个平凡的职业，但却是一个最能够获得幸福的事业。只要我们所有人都坚持奋斗不懈，一步一个脚印，不断展现自己的风采，我们就一定能体验到更多的尊严和幸福。我们的南中也就一定能在上升之路上，走得更稳、更快、更远。

重视、正视、实践

——有关学校课题研究的思考

很高兴通过大家的努力，我们学校的三个市级课题顺利开题了。

首先我要向课题组的全体老师表示热烈的祝贺，向各位领导和专家的光临和指导表示衷心的感谢！

刚才听了几位课题组老师的介绍和几位专家的点评，我深受启发，又一次强烈地感受到了教育科研在教师专业提升和学校内涵发展过程中的重要作用。今天下午的会议开得很成功，这既是一次开题会，也是一次报告会、交流会和学习会。

在此，我也想谈谈我对学校教育科研的几点感受。

一、重视

我们南城中学在教育科研方面一直有着一个良好的传统。在本学期开学前的全校教师会议上，黄校长在阐述学年工作计划时也反复强调了要强化教育科研这项重要工作。

我想，一所学校在办学的过程中，一定会不断碰上一些新的问题。要发展，就一定要想办法解决这些问题，不断地做出相应的改变。怎么解决？怎么去做出调整？这一定不是拍脑袋的事，通常我们所讲的通过问题导向和目标导向去思考解决问题的办法，这便是我们今天反复提到的教研，一项不是教育科研先行的改革可能会遇到更多的挫折，一所不重视教育科研的学校很难成为一所优秀的学校。

我们每一位老师也是如此。回顾自己做教师的这20年，刚毕业的几年，对教研的意识还不那么强烈，那时主要是认真听课、做题、备课、上课和批改作业，进步也比较明显。可是几年之后就发现自己在专业方面发展的速度越来越慢，就是我们通常讲的遇到了瓶颈。如果这时不静下心来找问题，思考自己下一步发展的目标，很可能就停滞不前了，再拖几年，就自然地进入了职业倦怠期，很可能就慢慢跟不上时代的要求和发展的步伐了。而再看看身边那些能坚持走“学习—实践—反思—总结—再实践”这样螺旋式上升的教研之路的同事或朋友，不经意间有的已经成名成家、著书立传了。比如，莞中信息科组的唐章辉老师，刚进入莞中的时候也是一级职称，十几年来，我们见证了他的专业成长，从一级到高级，后来又被授予“特级教师”荣誉称号，现在又在申报正高，估计是没有问题的。除了他对自己的要求比较高，做事更执着、更认真外，我们也没有见到他因为自己对专业上的追求而影响到自己的生活质量。每天接送老婆上下班，女儿也读研究生了，方方面面都做得很好，幸福指数也比较高，充满了正能量。

正是教育科研让更多的老师从职业走上了专业，从“术”走上了“道”，从成长和提升中感受到了教师的幸福与尊严。

既然教育科研这么重要，那么它为什么又往往被我们忽视呢？

因为教育科研这项工作对当下的我们来讲不是硬性的要求，也没有明确具体的考核、考评办法和措施。与学校的常规工作相比，不那么紧急；与每位老师的日常教育教学工作来比，也不那么紧急。套用一句话就是“重要而不紧急”，所以慢慢地它就被我们忽视了。

因此，重视教育科研，把它纳入我们的专业成长计划，这一点至关重要。

二、正视

虽然从学校层面上来讲，我们在课题研究、论文发表、各项评比和获奖情况等教育科研的方方面面都有着不错的成绩，但是还是希望学校的各个层面，无论是学校，还是各个部门、级组、科组和每一个教师个人都要对自己在教育科研方面所做的工作做一次认真的审视。当然，“多好才是好”仍然是没有标准的，但是底线意识我们还是要有，常年不参加课题研究、不写论文、不参加各种比赛或评比肯定是不行的，别的不讲，职称评定这一关就是肯定过不了的。

所以希望大家都行动起来。

三、实践

一方面，我们经常会有这样的感叹“日常的工作都做不完，哪有时间搞教研”。确实，我们每天都在忙忙碌碌，但实际上这里有一个误区，有一个因果颠倒的问题，就好比磨刀会不会耽误砍柴一样。

另一方面，教研真的要花很多时间吗？比如说写一篇教学反思，看看自己的教学录像，就教学的过程中特别有感触的地方写一篇论文，整理一些日常的教学素材作为课题的过程资料，等等。我想这些应该不会花费很多的时间，最关键的还是我们能否坚持。

还有一个误区就是觉得好像没有什么课题可做。其实就好多我们正在做或是准备做的事情我们都可以以课题的方式加以研究和论证。比如，在学校层面，接下来我们准备推行的分层走班教学，用大课程观统筹学校的课程和校园内的各项活动；在年级层面，每一届我们都在想办法进行优秀生的培养，那么我们能否整合不同年级的力量做一个南城学校优秀生培养这样一个行动研究的课题；在科组层面，关乎教师专业发展方面的选点就更多了。

目前学校正在积极筹备学校的学术委员会，接下来一定会给我们更多的专业方面的指导和引领。学校还准备推出《南中教研》专刊，也希望大家积极投稿，凡是被采用刊登的文章，我们以后都算校级刊物发表。

最后还想表个态：前几天我也就今天下午的会议请示过黄校长，黄校长也表示只要在不违反规定的前提下，学校一定在人力、物力和时间上给予大力支持，希望课题组成员做好规划，全体教师积极配合，保质、保量、按时完成课题研究任务。

如何在十年内成为名师

为了提高会议的效率，今天我们的会议安排了三项重要的议题，有课题开题、师徒结对和区优秀颁奖。

首先，要恭喜今年获得区优秀的各位老师。今年区里没有搞大型的表彰，今天我们就在校内举行一个简单的仪式。让我们再一次以热烈的掌声向我们获得表彰的老师表示热烈的祝贺。

其次，还要祝贺我们今天结对的所有师徒。作为徒弟，在职业生涯中能有一位前辈的用心引领，手把手地教，是一件非常幸福的事。作为师傅，也应该是一件很幸福的事，因为师徒这种感情真的不一般。希望我们能珍惜学校搭建的这个平台，徒弟用心学，师傅认真教，也来一个教学相长。

最后，还要祝贺我们两个课题的顺利开题。一个是德育课题，一个是心理课题。这两个课题不仅对课题组意义重大，也对学校意义重大，希望课题组能扎扎实实地推进课题的研究。

在这里，我也想与大家做一个简单的交流。

今天会议的三项议题其实是有一个主线的，那就是教师的专业成长。为什么我们要这么重视专业成长呢？大家都知道，演员靠演技征服观众，球员靠球技留住球迷，教师则要靠深厚而精湛的教学基本功立身。近几年，学校扎实推进教师的专业发展，效果非常明显。在各级各类教学评比评选中，屡屡出现我们的教师的名字。每年获区级以上表彰或奖励的人数均在200人以上。较好地解决了学校原高中老师适应初中教学工作的问题，有效地推动了青年教师的专业成长。大家在专业发展方面的热情和积极，也让我们对我们南城学校未来更高层次的发展充满了信心。

对于一所学校的发展来讲，诸多因素中，最重要的是人，是我们在座的每一位。真的，我们怎么样，学校的未来就会怎么样。

我们偶尔会谈到职业幸福感这个话题。大家都知道马斯洛的需求层次理论，从下向上分别是生理需求、安全需求、归宿与爱的需求、尊重需求和自我实现的需求。我们也不例外，我们的幸福感也源于对这五方面需求的满足。作为老师，我们现在收入还算可以，多那么几百块或少那么几百块，我们可能都没有感觉，不会影响到我们的幸福感。我认为目前对于我们来讲，影响我们幸福感的主要因素是尊重和实现自我价值这个层面的需要的满足程度。获得尊重和实现自我价值最重要的途径就是不断地提升自身的专业素养。只有专业上不断地精进，才能更好地站好讲台，管好班，教出好学生。同时，以教研的心态，认认真真把日常的工作做好，才能不断地促进自身的专业成长。专业成长了，也会加速自己价值的提升。例如，评了职称，待遇会提高；教学基本功扎实了，可以交出实实在在的教学成绩，在学生面前有信心，在家长面前有信心，在同行面前也有信心。从而自己的地位也自然提高了，内心的成就感、幸福感都一定会更强。

从学校层面来讲，教师个人成长了，一定会促进学科组的发展，进而促进学校的发展。所以我们希望，我们每一位老师都能成为名师，这样才能真正支撑起一所名校。

那么，成为名师难不难？需要多长时间？我曾带着这个问题去请教过一位研究基础教育的教育界大家。

他告诉我，成为一时一地的名师，其实没有那么难。一个刚走上工作岗位的新老师，十年就足够了，十年中要抓住三个主要环节。

一是上好课，管好班。这个环节的关键是多问，多改进。问学生，问同事，问专家。不停地问，不停地想，不停地改。争取一次比一次做得好。

二是多读书，勤写作。只教书，不读书，教到后来就会只剩下为数不多的考点了。读书要读基础性的必读书，要带着问题找书读，而且还要边读、边写。写笔记、写书评、写反思、写案例分析、写专题论文。把读书与写作有机地结合起来，就能逐渐丰富自己的教育思想。

三是出成果，会分享。把课堂教学或班级管理中的小问题，变成小课题，把小课题变成小行动，把小行动变成小成果。一个一个的小成果，慢慢地就会累积成大的成果。一点一点地穷追，形成系统，占领高地，形成风格。

这样十年就应该差不多能成为一时一地的名师了。

以上就是我同大家的简单交流，希望我们一起努力，在专业发展上共同进步，做得更好！

我们的校园改造与幸福感

我们的校园会变成什么样子？我们如何成就我们教育人生的幸福感？今天我想就这两问题谈一谈我的看法。

一、关于我们学校校园的改造

首先是改造的范围。

除了教工宿舍以外，其他地方都有涉及。外墙的改造涉及1、2、3、4这四栋楼以及图书馆、总务处楼、行政楼、实验楼和音美楼。内部改造，除了刚才那几栋以外，还包括5号楼、学生宿舍、食堂。在设备方面有学生宿舍热水系统、食堂设施设备、所有教学办公场所的空调、直饮水系统、全校的强弱电系统、监控系统，另外还有校门和校内园林。应该说在教育教学的同时进行这么大范围的消防改造，是比较少见的。

其次是关于校园升级改造的进度。

我想这也是大家所关心的问题，按最初的计划需用两年左右的时间也就是今年的校庆之前要搞完。但在实施的过程中实际进度比预期要慢很多，这涉及很多方面的原因，如设计、预算、财审、招标等各种流程，需要时间，而且不容易控制。开工后，施工的过程、进度和时间也一定会超出我们的预期。从目前来看，很少有能按时完成的工程。另外政策的变化也影响非常大，比如我们目前还没有动工的2号楼、3号楼、美术楼、图书馆和园林的改造。什么原因呢？原来在刚开始改造的时候，镇街立项的上限是500万元，所以我们的改造就分成了好几项工程，每一项都不超过500万元，但后来权力下放，镇街立项的上限调到了3000万元。因为我们余下的工程总额没有超3000万元，所以先前的流程全部作废，重新打包成一个新项目，重新立项。这样又需要再走立项、设计、预算、财审、招标等流程，目前还在预算环节，估计要年后才能进场施工。这样工期估计要延一年，争取在明年9月1日前基本完工。

最后是改造给我们带来的改变和影响。

随着校园改造的推进，我们的教育教学条件也在逐步改善。例如，课室空调的安装和教学平台的升级，学生的学习环境好了；宿舍热水系统的升级，保证了我们宿舍可以24小时供应热水，而且是太阳能、空气能和电能混合供能，节能环保；宿舍卫生间的镀锌门也更换了，原来的门下面三分之一都烂掉了，给人非常破旧之感，现在全换了。接下来，针对宿舍，我们还要利用暑假进行进一步改造，让宿舍成为我们的一个亮点和窗口，让学生住得舒服，让家长放心，也有利于我们吸引优质生源。还有我们的饭堂和直饮水。说实在的，我刚到南中的时候，最不适应的、最想改善的也就是这两个地方，当时我也曾私下和一些同事交流过，一定要争取让我们全校几千师生吃的喝的有较大的提升，现在基本实现了当初的目标。还有，不知大家是否还记得，以往星期天晚上有一项很重要的工作就是收钱给学生充饭卡，现在家长直接通过手机银行就可以转账了，而且学生的消费也一目了然，等等，这些都是校园改造给我们带来的改变。

当然，整个改造工程也给我们的教育教学和师生的生活带来许多的不便，如我们的办公场地、实验楼、功能室、音乐美术的教学、家长的接送、学生校内的活动场地等方面。但是，在困难面前，我们全体教职员工表现出了非常好的团队素养。大家怀着对美好校园的期待，积极支持校园的改造工程，主动克服种种困难，齐心协力保障了校园各项活动的正常开展。为这几年学校教育教学成绩的提升提供了强有力的保障。这一段艰苦的时光将会被南中的历史铭记。所以在此我代表学校向大家表示衷心的感谢，谢谢大家！

二、如何获得教师的幸福感

（一）幸福都是奋斗出来的

1. 努力—成绩—幸福，个人是这样，一个集体也是这样。

2. 幸福源于内心的安全和充实。做老师的怎样才能内心充实和强大，怎样才能有安全感？教师的安全感源于时时自我更新以及由此产生的专业自信。

教书是一项专业性很强的工作，如果自己的专业不过硬，基本功、教学成绩得不到同事、学生和家长的认可，哪会有什么幸福感？安全感自然也会缺失。所以，我们需要不断地自我更新，就每一位教职工来说，就是要认真地检查自己，反思自己，在工作能力上下功夫，在教育教学水平上下功夫，在学习新知识、完善知识结构上下功夫。学无止境，一个优秀的教育工作者，同时必定是一个优秀的学习者。唯有大家都积极主动地自我更新，学校才能不断地实现自我更新。我们希望每一位教职员工都积极出主意、想办法、出气力、积极参与学校的发展与建设，这样我们的学校才能在未来的征程中走得更快、更稳、更远。

3. 对于幸福的理解，我非常认同这句话，幸福不在于你得到多少，而在于你计较多少。相对而言，越是计较的人越难获得职业的幸福感。

（二）底线与宽松，底线与“以人为本”

1. 为什么要有底线？

学校办学有自主权但也有几十条底线。教育局也规定我们全体教职员工要恪守底线，如师德底线。学校的管理也是这样，学校的一些刚性制度都是底线；学校管理的基本思路管住底线，鼓励大家奋发有为。

2. 没有底线就没有宽松和人性。

我们都向往和追求心情舒畅的工作环境，但是这也需要我们有克己律己的精神，有底线的意识。没有底线就没有宽松。因为“宽松”不是纪律的松弛，宽松要以自觉律己为前提和基础。宽松也不是没有行为规范，它是对勤奋工作，严于律己的奖励。我们都知道，宽松和谐不适用于不能律己之人，不适用于工作涣散、马虎和不思进取的人，不适用于无规则意识之人。对每一个懒惰想混日子的人，他面临和感受到的始终都是沉重的压力，不可能做到真正的心情舒畅，虽然有时会有袖手旁观的小轻松，但总的来讲他会更累，唯一的办法就是改变自己。

3. 不能一讲到制度、一讲到底线就说是没有“以人为本”。

其实这是对“以人为本”的误读，是把“以人为本”异化为“以人情为本”，把“以人为本”异化为“以个人为本”，把“以人为本”异化为放弃制度的宽松管理。

在学校管理中提倡“以人为本”的理念，是从关注师生生命的整体发展出发，尊重、理解、关怀、支持每一位师生，注重师生的情感需求，激发师生的发展动力，给予教师发展、创新、成才的空间。但是，“尊重”不是放任自流，“理解”不是全盘认可，“关怀”“支持”更不是无原则同意。这些“尊重、理解、关怀、支持”都应是以公平公正为原则，以促进发展为目标，就是要平等待人、公正处事，而不是在人情之下的一人一个标准、一事一个准则。失去了公平公正的管理，其实是对群体的反人文。因此，在学校管理中提倡“以人为本”的理念，是本着肯定人、激励人、发展人的思想去做的，学校管理的“人情味”应该是对教师人格的尊重、真诚的关心，以及精神上的鼓励和事业上的支持。学校的“人际关系”应该是温馨向上、互相支持、团结协作、有强烈归属感和认同感的命运共同体，而不是庸俗化的人情主义。

提倡“以人为本”，还应当坚持个人的需求必须符合或有利于推动学校整体利益和价值观的发展。因此，实施“以人为本”，需要营造一个宽松的工作氛围，但更需要摆正个人与集体、责任与义务、付出与获得的关系。有了群体的高尚，才能更好地实施“以人为本”，达到个人需求与学校整体发展需要的统一和谐。

（三）学校与家庭的不同

我们常讲要把学校打造为一个温馨家园，这种提法是非常正确的，但是在某些方面学校与家庭还是有很大不同的。（最大的不同是，学校不会无条件无底线地为任何一个成员兜底，每个人都必须为自己的行为负责）

学校这几年，特别是最近这两年，工作多、任务重、压力大、困难多、期望高，等等。这些都是学校处于高速发展的阶段必然碰到的问题和必须解决的问题。令人欣慰的是我们全体教职员工都能够果断地站出来，为了建设更美好的南中，主动把任务扛在肩上，把困难踩在脚下，用实际行动来打造我们的家园。很多时候，我们都在想，于我们南中最宝贵的是什么？是人，是我们全体教职员工，只要我们全体教职员工能够齐心协力、砥砺前行，南中一定会更加优秀。正如大家平常所言“单位好了，我们个人才能好”，我们每一位积极参与学校建设的同事也都必将分享到更好的南中为我们带来的种种荣誉和骄傲。

向奋斗精神表达敬意

过去的一年，学校呈现出良好的发展态势，从高考、中考成绩到各级、各类竞赛活动的奖项，从教研活动到教学比赛，从教学效率到德育成果，从常规课堂到校园文体活动，从硬件设施到学校环境，从学生和家长的认同到社会的口碑，等等，诸多方面都不断取得了新的进展。

在颁奖活动的过程中，我的内心不时升腾起一种由衷的感动，我为我们身边的人感动，为我们的学校感动。一年来，我们真的很不容易。作为一所改革的试点学校，我们需要比其他学校的老师更有担当，更会改变和更能付出。忙忙碌碌地奔走，每时每刻的牵挂，我们主动把自己生活的旋律融进了学生生命成长的节拍之中。清晨初现的晨曦，夜晚泛黄的灯光，共同见证着我们的勤奋和敬业。当学校的捷报在被传颂时，也许并没有多少人会知道我们某一个人的名字，但南中校内的师生知道我们，南中的校史会留下我们奋斗的印记。一年来，在各级各类竞赛活动中，我们获得了许多奖项，不断地为学校增添荣誉。这些奖项，都是我们点点滴滴的积累，持之以恒的努力，这其中有很多奖项来自我们的教师在完成常规工作后的主动承担。这中间所表现出来的工匠精神、进取姿态，彰显着大写的教育情怀，特别令人感动。

我们举办这样一次颁奖仪式，它的意义绝不在于这笔奖金的物质价值。也许，是否拥有这样一份奖金，对我们现在的生活几乎不会带来什么影响。但是我们看重的是这份奖励的精神价值，它代表了学校对大家的尊重、感谢和期待。我们希望获奖的老师再接再厉，更希望全体同人以获奖老师为身边榜样，“见贤思齐”。我们相信，在以后的奖教金颁奖大会上，一定会有更多的成绩闪耀在我们的荣誉榜上，一定会有更多的老师走上这个领奖台。

我想，只要我们所有人都坚持奋斗不懈，一步一个脚印，不断展现自己的风采，我们就一定能抓住机遇，使南中在上升之路上，走得更稳、更快、更远。

学术水平是学校办学实力的标志

今天是一个值得庆贺的日子，我们学校第一届学术委员会正式成立了，这也是我们学校的一件大事，对促进我校教育事业的发展，必将产生积极而深远的影响。

学校在学术和教研等方面一直有一个非常好的传统，在座的各位都是学校各个学科的领军人物，学校以前也有类似的组织（如职称评聘），这为我们学校学术委员会的成立打下了很好的基础。

我们都知道，学校发展的核心是教师专业队伍的内涵发展。当学校硬件规模达到一定程度的时候，师资队伍的学术水平就成为学校办学实力的标志。所以学校希望能通过学术委员会来进一步活跃校园学术氛围，营造学校良好的学术环境。通过广开思路，广求学术资源，充分发挥学科、学术带头人的作用，积极组织和开展校内和校外各种学术研讨和交流活动，吸引广大教师参与学术研讲和交流，促进教师队伍整体学术专业水平的提高。

教学是立校之本，教研是强校之路。高水平的学科和教学必须依托高水平的教研，因此，如何使教研工作与学科建设和教学工作有机结合，需要我们学术委员会的各位委员认真地思考和深入地研究与实践。所以希望大家在学校的发展中能够担当表率，以自己的学术研究态度来感染身边的老师，加强对青年教师的指导，承担起论文评选、课题研究、教学指导等相关工作，推动学校学术研究向更高水平迈进。

同时，学术研究也是一项严肃的工作，它需要有尊重科学、尊重规律、实事求是的科学态度。每一位委员都肩负着同事的厚望和学校的重托，每一项学术决策和学术评审都是对学术委员会委员的一次考验。作为委员，希望我们在工作中能深入地进行调查研究，掌握第一手资料，用数据说话，以事实为证，不断提高学术研究、评判和决策的质量。

在这里，有几句话想与大家共勉：最好的影响是人品，最好的引领是思想，最好的研究在课堂，最好的成长是共赢。

第三章

做学生有获得感的教学

从常规教学处要教学质量

2017年很快就要结束了，这一年，学校保持了非常好的上升势头。回头看，我们前进的每一步都不容易，取得的成绩都有赖于我们全体教职员工的共同努力。一年多来，大家可能也感受到了，目前学校正基于“制度完善、文化引领、常规落实、特色办学”的基本思路来办学。今天，我主要想就落实常规教学方面的一些工作同大家交流。

学校教学工作的重点是落实好常规教学，落实常规教学的主要方法就是抓课堂效率、抓集体备课、抓课后落实、抓考试分析。

一、关于课堂的效率

抓课堂效率，就是要上好课。我想从“一堂好课的标准”这个角度来谈一些看法。

通常，我听课是按同一年级同一备课组这样来听的，这样除了课堂以外，我还可以从侧面了解到备课组集体备课的情况。作为常态课，在听的过程中我更多的是在关注学生的反应和状态，同时还会积极思考授课老师课前是以什么样的指导思想来备课的。另外，除化学以外的学科知识点对我来讲都是比较陌生的，所以我也会努力地去听懂老师所讲授的内容，在此基础上再去研究和分析这堂课。

现在回想起来，的确有许多的课让我豁然开朗和兴奋不已。

通过听课和学习，我领略到了讲练的精准与高效，体会到了什么样的课是有生成性的课，领悟到了教学中的举一反三、深入浅出、透彻明了，感受到了学生的深入思考和积极探索，分享到了学生学习时收获的愉悦。

很多非常好的课，由于时间的关系，这里不能一一提及。在此一并表示感谢和敬意！

那么，回到好课的标准。虽然好课没有唯一的标准，但好课是有共性的，我将之概括为“四有”的共性：有知识、有方法、有生活、有境界。有知识、有方法的课就算是好课了，如果有生活，那就更好了，如果讲课能上升到思想层面，那就更不一般了。

首先是“有知识”。这是好课的最基本的要求。知识不是讲得越多就越好，要讲得精准、精练、精彩。怎样把握好这个度，取决于教师对教学规律的把握和对学生的了解，取决于教师是否知道学生的困惑在哪。讲课不是对知识的简单陈述，不是照本宣科，更不是讲标准答案，这样的课学生是不欢迎的。另外，能不断激发学生的兴趣和热情，也是好课的重要特征。

其次是“有方法”。老师不缺少解题的绝招，但重要的是，要让学生自己悟出方法。这是比传授方法更高一层的东西，是道，而非术。让学生自己悟出方法的教育需要教育者具备更高超的技艺。这与教师的素养有关，与教师对知识理解的深度、广度和高度有关，与教师对学生学情的了解程度有关。

再次是“有生活”。人类创造知识的目的，是为了改善生活，是为了使生活更加美好，更有意义，而不是为了应付考试。仅仅把学知识与考试挂钩是一种价值迷失。所以我们在讲课时，除了要关注考试外，还要广泛联系与知识有关的生活现象和人类实践活动，要让学生在掌握知识的同时，理解知识的意义与价值。成绩固然非常重要，但还是不赞成教师总把考试挂在嘴边。价值引领而非考试导向的知识教育，会使学生获得主动发展的不竭动力和热情。价值引导的教学是潜移默化、润物无声的教育，胜过空洞的说教。

最后是“有境界”。以人育人，以境界提升境界。一节好课展现的不仅是教师的口才和处理教材的技巧，还展现了教师的思想、情感、精神追求和人格魅力。境界反映了教育者对待生活、社会和世界的态度，反映了教育者的职业操守与职业精神，体现了教育者对理想与崇高的追求。一个好的课堂，应当是充满正能量的课堂，是赋予了教育者的态度、精神、生命与价值观的课堂，是充满了热情、激动、憧憬、情感激荡和心灵互动的课堂，是将精神和人格引向高尚的课堂。

如果每一堂课中，我们都能或多或少地从这些方面去提升课堂质量，以让授课老师在课后对自己满意，那么我们的课堂效率自然就高了。

二、关于集体备课

前面提到，我听课较多的时候是按同一年级同一备课组来听的，因为这样我能从中感受到同一备课组在集体备课方面所下的功夫。

集体备课的落实情况，对学校也好，对学科也好，对老师个人也好，都非常的重要，它是构建高效课堂和校本教研的有效教学机制。之前，我们也在不断地明确集体备课的一些具体要求，希望大家能积极主动地落实好这方面的工作。

大多数学科备课组都在积极行动，大多数备课组的老师都能做到主动承担、乐于分享、共同进步。这方面工作做得好的学科也都取得了不错的成绩，如生物科组今年评上了省优秀学科组，这些都与有效的集体备课有很大的联系。初三化学和英语备课组已经编辑印刷了导学案，初二分层教学的两个备课组，在集体备课方面也做了大量的工作，还有许多做得非常好的备课组，也有一些很好的有关集体备课的经验分享。

集体备课重在落实，只有认真落实才能共享智慧，提高效率，保证教学效果。但也有少数备课组做得还不够，少数学科连进度都统一不了，根本没有做到什么集体备课，以至于大家都累，效果也出不来，成绩也上不去，同时备课组内的许多老师本身也是对这种做法有意见。

这里，我想再次同大家讨论集体备课的相关要求。

（一）集体备课的重要意义

集体备课是一个发散思维、集中智慧、整合经验、共享资源的教研活动过程，它能实现群体优势和个性特长的完美结合，它能真正打通教育科研与教育实践之间的联系通道，是校本教研的主要活动形式，是一种具有实际教育价值的行为。所以，集体备课应成为教师的常态工作，集体备课制度应成为学校制度文化的重要组成部分。

（二）集体备课的基本要求

每一个教学内容，必须经集体备课的研究后才能进入教学实施过程。

集体备课的时间及人员必须通过制度加以保证。

集体备课要研究和解决的问题包括课程标准的解读；教学目标的分析；学生学习基础的分析；教学过程（时间、内容、方式、策略）的设计；教学资源的开发与整合；课后反思与总结等内容。

（三）集体备课的规范措施

每个阶段（单元）和每节课都必须确定中心负责（发言）人。

备课组每个成员的教学进度必须严格按照进度表进行。

单元备课程序：中心发言人负责对该单元的课时分配、重难点、教法进行详细分析，负责课件、教案、学案、复习课件、练习、周测、单元测试、早晚读等材料的制作和整理。中心发言人须提前2周把该单元的上述相关资料进行资源共享，在备课组会前所有老师要根据共享资料备好该单元的课，并在备课组活动时对该单元课件等材料进行研讨，研讨后中心发言人还须对课件等材料做出修改，做到“五统一”，然后投入使用。必要时，中心发言人还需上一节组内公开课。备课组的各任课教师在完成每一次教学内容后，要认真完成课后小结（学生学习情况反馈及教学反思）。

（四）集体备课的考评办法

集体备课制度的执行情况，要做到时间有保证，出勤要落实。

科组集体备课文档的数量和质量要有保证，要分析大型考试中同备课组班均分最大差距，找出问题根源并提出解决措施。

要重视公开教学研究课的数量和质量。

要重视学生对学科教学综合反馈意见。

三、关于课后落实

我们大家都知道，抓好课后落实的相关工作是教学质量的强力保障。课后落实可能包含了以下方面。

值守认真：学生在的时候，我们老师一定要到位；值班的时候不仅要进行必要辅导，而且还要管好纪律。

任务明确：现在我们几个年级都有早读、午练、晚练和晚修，也都有具体的时间分配。时间是有了，但有没有具体的任务？没有明确的任务，学生就会不知道干什么，学生的学习效率就会降低。有的学校这方面就做得很好，比如说他们初三的晚练，就分给数理化，每周两次，每次20分钟，精选练习，全部用来练该学科最基本的、必考的内容，保证中考的送分题目人人过关，这样尖子生可以提高做题的速度，学困生可以拿到最基本的分数。

练习有效：要控制练习的难度、练习的量，研究好练习的针对性，落实好练习的检查、评改和讲解，等等。

重视个性化的辅导和对重点关注对象的跟踪。

四、关于考试分析

组织一次考试真的很不容易，如果不进行科学、全面的分析，考试的功能就会大打折扣，所以有专家说考试分析是精准教学的指南针。举一个例子，像我们初二的分层教学，好多次同课题组在老师交流的时候，大家都会觉得心里没有底，而通过考试后认真分析，就发现数据能为我们提供信心和支撑。考试分析，能够为我们下一步的教学指明方向。

很多学校的考试分析做法都值得我们借鉴和学习，一年多来，我们也一直在重视并进一步规范考试分析的程序和步骤。

（一）成绩统计系统

在莞中的帮助下，我们建立了一个成绩统计系统。这个系统对保存原始考试数据、学生成绩的跟踪和初步统计非常方便。然而，部分老师对该系统还不太习惯。

（二）数据分析、学情分析、找增分点

实际操作中，可分四个层面对考试进行分析：

年级层面——统计（年级、学科、班级、学生个体）、发现问题、反馈。

备课组层面——知识点、小题分、找不足、想办法。

班级层面——收集意见、沟通协调、营造氛围、跟踪落实。

科任层面——优生、学困生、知识点、小题分、分数段、问题、办法、措施。

做好考试分析，增分点和增分策略自然就出来了。

总之，抓好常规教学，学校工作就能基本规范，学校办学特色才能彰显，学校的教学质量才会出现质的飞跃。希望全体同事发扬工匠精神、钉子精神，抓课堂效率、抓集体备课、抓课后落实、抓考试分析，把细节做实，把特色做强，把常规工作做得有血有肉、有规有范、科学合理。我相信，我们学校的教育、教学水平会因此得到极大的提高，我们也一定能创造更美好的未来！

科学备考中考策略分析

初中和高中有很多不同的地方，我记得多年前我在莞中做年级组长的时候，年级有一名男生，学习的积极性很差，经常不交作业，成绩也很差，后来我查了一下他的中考成绩，发现他还是正取进入莞中的，我当时就觉得很奇怪，作为一名正取生怎么会发展成这样呢？后来就请家长来校交流，家长也一直对他的学习态度不满意，讲是因为在中考前几个月这家伙打球的时候不小心受伤了，没得玩就安心学习了一段时间，成绩进步比较大，结果才出人意料地考进了莞中。到高中后，他还认为就高三努力一下就可以了。是不是可以这样讲，初三学生的变数会更大一些，只要抓得好，师生一起努力，是能够创造奇迹的。

所以针对初三的数据分析，尖子生、有潜力的学生、临界的学生的人数应该会比高中更多一些。因此需要我们对更多的学生建立备考策略。

另外，中考我们首先关注的是平均分，平均分直接决定了上级领导对学校的评价。我们还要关注尖子生，考入莞中多少人、五大校多少人，这影响到社会对学校的评价。

所以我们是平均分和尖子生两手都要抓。在这两手都要抓的中考备考里面，大家都有很多好的经验和做法。

下面我简单谈谈科学备考中考的策略，请大家指正。

一、强化备课组集体备课、共享智慧

发挥备课组的集体智慧的力量，不让一个班掉队，不让一个学生落伍，是保证我们的中考平均分最有力的措施。如果某科只有少数班的平均分高，这不算好，要整个学科的平均分都高才是真的好。

这里向大家介绍其他学校备课组的一些做法：备课组长统筹安排教学进度，确定每单元的中心发言人和周测命题人。备课组每个成员的教学进度必须严格按照进度表进行。中心发言人负责课件、教案、复习课件、听写内容（早晚读使用）的制作。中心发言人需提前2周把该单元的课件、教案、复习课件、听写内容放入资源库，在备课组会前所有老师要根据课件备好该单元的课，并在会上对该单元课件等进行研讨。研讨后中心发言人对课件等做出修改然后投入使用。中心发言人还须上一节组内公开课。这所学校对老师的绩效考核主要是以备课组为单位的，其中有一项非常重要的指标就是日常考试备课组内部不同老师所任教班级的平均分的差值，最高分和最低分差值在5分以内的算一档，10分以内的算一档，超过10分就没有奖励了。

我们大多数学科还是比较重视备课组活动的。接下来我们也会以提高备课组活动的质量和效率为抓手，进一步提升课堂的质量。这项工作最重要的环节是落实。

二、基础内容人人过关

大家在第一次段考总结中提到了一些策略：

希望我们能利用好早读、午练和晚练的时间，明确任务，培养好科代表。初一初二英语单词、简单句型、听填信息、短文填空、单项选择题，古诗、生字的默写，等等。

以分层的做法降低后进生作业的难度，抓好英语作文低于12分的学生；希望语文作文人人能写800字。

上次万江三中的张校长来学校做讲座的时候也特别提到，她提高平均分的一项重要做法就是利用好每天晚上6点45分的晚练的时间，明确每天晚练的任务，严抓落实，做到基础内容人人过关。

三、盯好尖子生

各班有希望冲击莞中的苗子，都须予以重点关注。班主任要将相应学生的情况，特别是学生的薄弱科目及时反馈给科任教师，大家齐抓共管，坚持进行全方位的家教式辅导。

四、找准临界生

临界生指的是有希望冲击五大校的学生，大概范围是年级成绩排名在50名至150名的学生，接下来每个班还要进一步明确自己班哪些学生属于这个范畴，从前面的单科匹配度来看，这部分同学应该是我们工作的一个重点。

从班级、学科和学生个人三个层面帮助临界生制定增分策略，首先考虑“补其短”；如果“短板”实在难以在短期内改善，则应考虑“扬其长”，明确每一位临界生的指导老师，找准具体的增分项目，落实增分策略。

五、精准辅差

（1）第一次段考分析确定的重点帮扶对象这次的成绩情况。

（2）第一次段考的主要失分题型这次有没有好转。

（3）针对目前学生的状况，如何有针对性地做好后进生的市统考备考，特别是平均分方面的备考。

六、加强应试技巧的训练

在测试当中除了知识点的巩固以外，还特别要强调应试技巧的训练。

训练学生养成以下习惯：考试之前，一定要了解和练习不同的考试策略，逐步形成适合自己的答题顺序的安排、答题速度的调控、答题时间的分配等方案。考试之中，要学会随时监控自己的解题进度、情绪状态、把握时间、调整策略，拿全自己该拿的分数，学会知难而退，不要被个别“拦路虎”卡在半路，也不要在送分题上栽跟头。考试之后，要对做题过程进行反思，并做好考试策略的调整。通过几次尝试和训练，形成稳定的解题风格，以及适合自己的应试策略。

七、对各班级分析会的建议

（1）时间上：教师之间的沟通和班会都要尽快完成。

（2）规范分析，为提升后阶段备考效率奠定基础。

分析要遵循三项原则：

平均分和尖子生并重。

在充分发挥群体作用的前提下，实施“包班”制度：自己的孩子自己抱，而且要抱好。

在研究改进措施时，要注意保证强项不会减弱，弱项能得到一定的改善。

分析要做好四件事：

把重点关注学生找出来；把问题和原因找出来；把指导老师定下来；把增分策略定下来。

八、对班级后期管理的建议

有效管理的目的是进一步提升中考竞争力。

（1）做好动员。把学生的学习积极性、内动力进一步激发起来。

（2）做好规划。

班级：整体均衡、总分优先。

教师：整体规划（训练内容与时间），“不占不让”，克服教学的随意性。

学生：形成上线期望，明确努力方向，合理安排时间，克服学习的随意性。

（3）做好心理辅导，防止过度焦虑，纠正不正确的归因。

（4）做好检查落实，防止“单科冒进”或“单科滞后”。

九、对各备课组分析及后期训练的建议

上一次段考英语备课组的分析做得非常好，希望大家都能分析得更细一些：把问题找出来；把增分点找出来；把增分策略找出来；把增分对象找出来。

复习内容要符合中考要求，训练的题目在题型难度、材料特点、命题风格等方面要尽可能与中考试题的特点相吻合。

突破中考考查的重点和学校生源的得分点，把学校生源得分点作为重点，即要把该拿的分尽可能拿到。

加强知识的综合运用。

加强应试策略的训练、题型训练、答题规范性训练、怎样高效答题训练。

课内不要满堂讲，确保课内有效训练的时间；练在讲之前，讲在关键处，有布置、有落实、有检查，及时归纳总结；答疑辅导个性化，特别关注重点关注学生。

做好“一导”“三精”，即做好课前的导学案和精讲、精练、精测。

十、进一步提升管理在中考备考中的竞争力

发挥德育在中考备考中的作用，注重学生心理的调整，让学生能够平静进取，专注刻苦，不燥不怨不怕比较，身心调适，张弛有度，适可而止。保证学生适度的运动，抓好大课间，可以适当地安排全年级的趣味体育比赛（迎面接力、拔河等）。

加大教学调控的力度。整体均衡，总分优先。要保证自习课的效率；每个学科用好自己的时间，不要明抢、暗抢别人的时间；各科都不能只强调自己的重要性；所有的学科都要在重点关注学生的问题上做认真分析。

老师间真诚协作，科学高效，不让不抢不遗余力。

十一、合理安排睡眠时间，科学备考

所有中考前的考试都是模拟、诊断型的考试，非终结性考试，对考试中暴露出来的问题，我们要积极面对，力争在中考前最大限度地解决这些问题。对成绩不理想的学生、不理想的科目和数据不太好的班级我们要抱着不放弃、不抱怨的态度，齐心协力、再创辉煌!

评教、评课与集体备课

一、关于学生评教

上学期末学校用南中原有的评教方法进行了一次全校性的评教，在实施的过程中发现有两个地方有必要进行改进。一是评价的内容方面，针对课堂教学的评价偏少，仅有一项与课堂教学有关。二是统计分析比较麻烦，不能自动生成统计结果，要花大量的时间处理数据，要得到一份令人满意的分析报告比较困难。

针对这两种情况，这学期学校做了一些调整，教导处在科组长会议上对评教的内容、方式和时间进行了通报。今后将主要从教学工作和班主任工作两个方面进行评教。

评教的数据不会全校公开，原则上只发给本人和相关的负责人。数据也不会作为评价教师的主要依据，主要是用来供教师“照镜子”用，用来促使教师反思自己的教育教学。

二、教学公开课

这三周正是学校的公开课活动密集期，有32位教师承担了公开课的教学任务，学校学术委员会的委员们也全程参与了听课和评课，同科组教师听课和评课的积极性也比较高。其实我们都知道，公开课这项活动不仅仅是对我们教师评职称有用，更重要的是有助于教师的专业发展，也能为我们学科组这个共同体提供很好的教研机会和教研平台。

有的时候我们会讲到学校的文化，如何建设学校文化，是一所学校发展的重大理论问题，也是重要的办学实践问题。学校文化是由许多的文化特征所组成。比如，我们对现在的“教学公开课”的评课进行一些有趣的思考就会发现以下情况：

第一种情况：公开课评课是指向人的，是指向授课教师的教学基本功、教学能力等方面的，授课者处于被动、被评价的地位，担心别人对自己的评价影响个人的名声或利益。发言人也相当谨慎，评价结果的形成主要以权威教师、行政领导的意见为主，并形成对教师能力类型的评价。授课者一般都处于一种比较紧张的心理状态，有一种被人“放在火上烤”的感觉。

第二种情况：评课指向公开课引出的教学问题，指向课程教法与学法的设计研究，授课者处于问题研究的中心地位。评价结果的形成主要是智慧的交流，以此形成教学的共识并形成对课堂教学效率的追求。授课者一般都有一种活动主角的心理感受，同行之间处于一种平等对话交流的关系之中，无须有什么顾虑。

上述两种情况中任意一种情况如果成为学校教学公开活动的主流形式，那么该形式也就成为学校的一种文化特征。而各个方面表现出的特征就组成了学校文化。

三、集体备课

这个学期，我们明确提出了对学科备课组集体备课的要求，也加强了对集体备课的监督和管理的力度。我们这样做的目的是共享智慧、促进个体的专业发展、提高课堂的效率。

1. 说到课堂教学的效率，我们选择从两个方面对其进行衡量：

一方面，学生在课堂里获取知识和信息的数量、质量及方法。

另一方面，学生在课堂中的学习心理（兴趣、参与意识、思维状态等）的表现。

以上两个方面最终反映在：

学生能达到课程标准所规定的知识性目标。

学生对课程学习能持续地保持兴趣和主动参与意识。学生的学习方法、学习习惯、思维品质、合作精神等方面呈现不断优化的趋势。

学生能摆脱单调、机械、重复、烦琐的作业训练，获得更多的自主学习、自主发展空间。

2. 对集体备课，我们有这样一个基本的认识，实施集体备课是提高课堂教学效率的重要途径。因为集体备课是一个发散思维、集中智慧、整合经验、共享资源的教研活动过程。集体备课能实现群体优势和个性特长的完美结合。集体备课应成为校本教研的主要活动形式，成为真正打通教育科研与教育实践之间的联系通道，成为一种具有实际教育价值的行为。集体备课应成为教师的常态工作，集体备课制度应成为学校制度文化的重要组成部分。

（1）集体备课的基本要求：每一个教学内容必须经备课组的研究后才能进入教学实施过程；集体备课的时间及人员必须通过制度加以保证。

（2）集体备课要研究和解决的问题：

① 课程标准的解读。

② 教学目标的分析。

③ 学生学习基础的分析。

④ 教学过程（时间、内容、方式、策略）的设计。

⑤ 教学资源的开发与整合。

⑥ 课后反思与总结。

（3）集体备课的规范化措施：每个阶段（单元）和每节课都必须确定中心负责（发言）人。

（4）集体备课的运作程序：中心负责人提供教学设计书讨论稿—集体研究，提出修改意见—中心负责人根据交流讨论的结果，修改设计书—将修改后的设计书分发给备课组成员作为该次教学内容的执行书。备课组的各任课教师在完成每一次教学内容后，在设计书上认真填写课后小结部分的内容（学生学习情况反馈及教学反思）。

（5）集体备课的考评方法：教师在集体备课中所完成的中心设计任务，记入个人业务档案，作为个人教学情况考核的重要依据。

对科组集体备课的考评从以下四方面进行：

① 科组集体备课制度的执行情况（时间保证、人员出勤等）。

② 科组集体备课文档的数量和质量。

③ 公开教学研究课的数量和质量。

④ 学生对学科教学综合反馈意见。

科组集体备课情况的考评结果，将作为科组评比的依据。

一堂好课的标准

对于一所学校来说“课好了，学校就好了”。这里的课除了狭义的课堂教学之外，还有课程的意思，包括了学校的一切教育教学活动。

那么什么样的课才是一堂好课？这是个难以回答的问题。好课是有标准的，但其标准又绝对不是唯一的。正因为好课标准的不唯一性，让课堂教学成为教师专业发展的主阵地。在学期初黄校长就提出了要以课堂教学为抓手，以录像自评课、课后教学反思、教学论文等具体的措施来促进教师的专业发展。一个学期快过去了，我们全体教师一直在以共同承担、共同创造、共同分享的主人翁精神挖掘我们自身的潜力，全力推动能让我们每一个人直起腰、挺起胸的专业方面的发展。

德育处和教导处的两位主任做了很好的总结，在此我也想利用今天这次机会做一个针对课堂教学方面的梳理和分享。

一、本学期在教学方面的几项具体要求

（一）校内公开课

这个学期我们举办了为期三周的校内公开课，每一个学科、每一位上公开课的老师都做了认真的准备，取得了非常好的展示效果。承担公开课以及参与备课、打磨等准备工作的老师有很多，在此我代表学校向这些一起承担、一起创造、共同分享的老师们表示衷心的感谢！接下来我们还要认真总结，进一步完善，譬如在课表的安排上尽可能合理一些，在听课老师的参与积极性方面再提高一些，在课后的评课方面能更客观一些，在课后的反思方面能更及时一些，争取明年做得更好。希望通过我们坚持不懈的努力，将这项活动建设成推动我们南中全体教师专业发展的大舞台。

（二）录像自评课

这个学期到目前为止，已有多位老师到录播室上课，一些时间段录播室是“一节难求”，开始时可能还会有一些任务驱动的意识在里面，但是后来听到一些老师们讲面对面地听别人上课、观看别人的录像课，通过听课汲取别人的优点，反思自己的课堂，能够改进自己的不足，从而使自己一步步成长起来，这些都是我们教师经常做的事情。这便是录像自评课的初衷。我们都是教师，都希望把课讲好，把工作做好，以这种方式来推动自己的专业发展，压力比较小，效果也比较好。学校已经为每一位老师配备了一个64G 3.0的高速U盘，接下来我们会再建一间录播室，希望大家都能用好录播室，用好录播自评这种非常好的教研方式。

另外，希望没有完成本学期录播课任务的老师找时间完成这项工作。

（三）教学反思

学期初，学校布置了每位老师每周至少写一篇教学反思，教导处也在按计划推出优秀的教学反思展，目前大家都做得很好，希望大家能够坚持。

《学记》中写道：“学然后知不足，教然后知困。知不足，然后能自反也，知困，然后能自强也。故曰：教学相长也。”

可见反思在我们教师专业发展中的重要作用，教学唯有反思才能知困，唯有知困，才能自强，才能教学相长。希望我们全体老师都积极行动起来，积极反思我们的教学，做专业成长路上的明白人，努力让自己从职业走向专业，从专业的成长和提升中感受教师的幸福与尊严。

也许有一天我们不做教师了，但我们在工作中所积累的经验、资历和教育的智慧将永远属于我们自己，这就是我们追求专业提升为我们带来的最大价值和财富！

二、我听课的一些感受

这个学期到目前为止我共听了近200节课，基本上集中在中、高考科目，以高三和初三的课为主，大多数是常态课，也有一部分公开课期间的展示课。原计划本学期要听100节课，看来后面的几周还要努力。

（一）我的态度

所听的课中，大多数课都很精彩，在听课的过程中我感受到了，也享受到了老师们教育的智慧。每一堂课下来，我都会认真地写听课的心得和体会，也会顺便用自己的眼光对该堂课做一个评价。当然这种评价不一定客观，在此我想表达的是我对所听的每一堂课认真及对授课老师尊重的一种态度。

（二）个体情况

我听课较多的时候是按同一年级同一备课组这样来听的，作为常态课，在听的过程中我更多的是在关注作为主体的学生的反应和状态。另外，化学以外学科的知识点对我来讲都是比较陌生的，所以我也会努力地去听懂授课老师所讲授的内容。在前面两点的基础上才会去研究和分析这堂课。

现在回想起来，真的有许多的课让我豁然开朗和兴奋不已。

比如陈莉老师的“唐雎不辱使命”，让我感受到了讲练的精准与高效。

余继军老师的“唐雎不辱使命”，由点到面，再由面到点，让我体会到了什么样的课才是有生成性的课。

杨明老师的“二次函数的应用”，让我真真切切地感受到了什么是教学中的深入浅出，这是一种境界。听了杨老师这节课后，我豁然开朗，原来所谓“二次函数的应用”就是列出相关的函数关系式，求出顶点的坐标而已。

徐清来老师的“二次函数的应用”，在例题的选择和问题的提出等方面非常用心，较好地帮助学生做到举一反三。

高宏老师的“开启新时代的宣言”线索清晰，将马克思主义的诞生这么宏大抽象的主题讲得透彻明了。

冯友琼老师的“O_2的性质”也给我留下了非常深刻的印象，一堂课始终围绕怎么学化学展开，有血有肉，从知识到方法，从方法到生活，环环相扣。

谢丹老师上的“认识电阻”这节课，把学生带进实验室，让学生在老师的指引下自己动手做实验，探究欧姆定律，其实整堂课老师所讲不多，但学生却有效地突破了瓶颈，这值得我们去深思。

余椅老师和肖好芬老师的英语课让学生体验到了学习和成功的愉悦，让他们有进一步学习的愿望，这非常可贵。

金昌国老师的“数列求和方法”，在课堂上他通过例题的解析和问题情境的创设，有效促进了学生的深入思考、积极探索，体验了一个较为完整的思维过程。

杨虎老师面对高三物理C班的同学，也能让绝大多数学生积极主动地与老师的教学互动，究其原因是他能让大多数学生听明白，让我感受到了分层教学、因材施教的效果。

还有很多非常棒的课，由于时间的关系，在这里我就不一一提及。

另外，也还有少量不太理想的情况。有的是方法的问题，也有的是态度的问题。有的老师一节课从头到尾下来都是自己在不停地讲，全然不关注学生的反应。有的课课前准备不足，随意而为，用一两道题随便敷衍一节课。有的老师凭印象随便讲几个点，课后沟通时发现其根本没有备课，就连教材上也没写几个字。有老师搬了一堆实验器材到教室，但一堂课几个演示实验无一成功，说明其课前根本没有去过实验室。有的老师教学手段单一，一节课就捧着一本书、站在同一地方、无一板书、没有投影，仅动嘴巴就应付了一节课，在这样的课上学生很难不睡觉。有的老师在课堂提问，居然念到隔壁班同学的名单……

林林总总，真是越听越急。凡是这样的课效率都极为低下，我想这样的课即便是一个班每周给十节课也都是没有用的。这样下去是没有出路的。

（三）如何在课堂教学中激发和培养学生学习的兴趣

在听课的过程中，我发现有的老师能让大多数学生在课堂上都处于比较兴奋的状态，同学们也对这位老师的课比较感兴趣。后来我就跟踪听了几节类似的课，发现这些老师都有一个共同之处，那就是特别善于循循善诱，所“诱”的是学生学习该科的兴趣。兴趣是最好的老师，这些课给我的启示就是：培养学生学习的兴趣，主要靠老师把课讲好。关键处讲得清楚明白，学生能够听懂和掌握，学生可以跟得上，可以独立完成作业，学习自然有兴趣。如讲授含混不清，学生就会感到困难重重，视这门功课为畏途。教师讲课不平淡、不沉闷、方法灵活、集中紧凑、师生关系融洽，学生就会对此课有兴趣。教师备课不充分，讲课内容贫乏，拖延时间，重复不已，给予学生的东西实际学生自学也可获得，则学生不会积极。

（四）有关备课组的集体备课

刚才我也提到我听课较多的时候是按同一年级同一备课组这样来听的，从中我也感觉到我们同一备课组在集体备课方面所下的功夫。由于时间的关系，今天我就不展开详细讲了，应该说这方面我们还有努力的空间，接下来我们还要进一步对备课工作进行规范。没有合作、没有分享，我们是走不远的，一个失败的团队是没有成功者，一个成功的团队中也没有失败者。还是那句话，让我们共同承担、共同创造、共同分享。

（五）一堂好课的标准

在此，还是想同大家交流我比较认同的好课的标准。

从听课和评教中总结好课的共性，我们可以将其概括为“四有”：有知识、有方法、有生活、有境界。有知识、有方法的课就算是好课了，如果有生活，那就更好了，如果能上升到思想层面，那就更不一般了，不要认为这遥不可及，我觉得娄校长的公开展示课就带给了我们这样的感受。

最后，我想引用一段我在阅读时所摘抄的话作为今天交流的结束语：能在学生的青春记忆中存留对成长的包容与尊重、关爱与美好，能和一群志同道合的同人一起老去、能看着孩子们不断成长而心安理得地老去，也是一种幸福。

感谢大家的聆听，谢谢大家！

学校疫情防控与线上教育教学

由于新冠疫情的影响，我们过了一个极其特殊的春节和寒假，乃至于今天需要通过这样特殊的方式同大家进行交流。

刚过去的这个寒假，我们一点也不轻松，许多老师都以高度的责任心和使命感投入这场疫情防控的战斗中：各种数据的收集、统计、上报，网络教学的准备和实施，疫情的防控宣传和教育，校园防控措施的落实，都是时间紧、难度大、压力大的任务，好多同事经常工作到深夜。虽然辛苦，但是大家都能在思想和认识上同上级的精神保持高度一致，坚持认真落实各项防控工作，积极投身网络教学。在各项工作的落实过程中，有许多令人感动的人和事。由于时间关系，这里不一一列举。在这里，我谨代表学校向大家表示衷心的感谢！目前学校各项工作开展顺利，全校师生平安，绝大多数教职员工已经回到东莞。

我们相信疫情一定很快就会过去，但这一段经历，注定会成为我们每个人生命中一段重要的历史和印记。我们虽然目前仍然不清楚何时能正常返校，但是却很清楚现在应该做什么。每一位南中人都应守土有责，我们的主要责任在防控和教育两方面：一是认真做好疫情防控特殊时期学生返校前后的各项准备工作，守护好我们的学校，保护好全体师生的健康安全；二是保证好线上教育教学的效率和质量。

一、关于疫情的防控

对于这次疫情，大家都非常关注。作为学校，我们应该怎样去防控，怎样保障全校师生的身心健康，怎样保障师生正常的学习、工作和生活呢？为此，学校根据上级文件要求，根据有关工作会议精神和实际情况，已经做了较为周密的安排，诸多措施正在逐步实施。为了方便大家理解和记忆，学校整理出东莞中学南城学校疫情防控的“十项”重点内容。接下来，请各处室、部门组织大家深入学习，以确保师生平安。

一是学校防控必须达到的“一个目标”：通过严防疫情输入，杜绝聚集疫情，保障师生安全。

二是落实学校制定的“两个方案”：《东莞中学南城学校开学准备工作方案》《东莞中学南城学校新冠疫情应急预案》。

三是落实学校防控工作的“三全防控网”：防控工作的全员参与、全程跟进、全方位落实（无死角、无遗漏、无盲区）。

四是做到学校师生情况掌握的“四个精准”：精准掌握全校每一位师生的位置分布情况、在校的岗位及班级分布情况、身体健康情况，特别是要精准掌握重点人群的上述情况（公布部分数据）。

五是落实学校门岗防控的“五个一律”：未经学校批准，学生一律不准提前返校；校外无关人员一律不准进入校园；师生进入校园一律核验身份并检测体温。

六是学校防控重点关注的“六类场所”：校门、教室、宿舍、食堂、办公室和实验室。

七是储备好校园防护的“七种必备物资”：体温探测仪、口罩、手套、消毒液、洗手液、医护人员防护服和临时健康观察室。

八是做好学校饮食卫生的“八个确保”：确保饮用水符合卫生标准；确保食堂员工健康上岗；确保食材原料安全；确保食堂设施设备清洁卫生；确保食品制作和发放卫生安全；确保师生错峰用餐措施科学和落实到位；确保食品安全隐患排查到位；确保监管责任落实到位。

九是执行学校疾病防控的“九项制度”：传染病疫情及突发公共卫生事件的报告制度；学生晨检制度；因病缺勤登记、追踪制度；复课证明查验制度；学生健康管理制度；免疫接种证查验制度；环境卫生检查通报制度；传染病防控的健康教育制度；通风、消毒制度。

十是对照落实开学前的“十项检查”：防控工作制度体系到位；师生状况精准掌握到位；师生分期分批返校安排到位；临时观察室准备到位；教育教学安排到位；全员培训宣传到位；环境消毒饮食安全到位；防护物资配备到位；沟通协调到位；关心关怀工作到位。

二、关于学生不返校期间的线上教育教学

作为学校，我们要做好防疫和教学两手抓、两不误。

2020年2月24日，广东省教育厅印发《广东省教育厅关于线上教育安排的通知》，明确全省中小学校3月2日起开展线上教育，学生不返校。线上教育是正常教学的有机组成部分，线上教育时长纳入正常教学时长（这之后的时间不会再用周末或暑假来补上）。另外，还有几点与前一段时间的要求有所不同：一是初中可以上新课；二是线上学习的时间可以达到3小时；三是要坚持“五育并举”，接下来，教导处、德育处还会结合文件精神和学校的实际情况，做出详细的工作安排。

关于线上教育教学，千万不能走形式主义，一定要保证效率和质量。学生在家线上学习是暂时的，一段时间后他们会回到学校学习，段考、市统考和中考一样都不会少。学生的学习成绩仍会成为评价各个层级教学效果的一个非常重要的指标。社会评价学校，会看我们的中考成绩，学校评价一个年级、一个科组、一个备课组和每一位老师的教学效果，也会相应地参考考试成绩。这一段时间的网络教学，用心与不用心，抓与不抓，落实与不落实，教学效果的差距一定会比正常的校内教学更加明显，无论是学校之间，还是老师之间，经过这段时间，一定会产生一些黑马。这几年，经过全校师生的共同努力，校内每个备课组的均分差逐渐缩小，绝大多数学科均分差距控制在10分以内，部分学科控制在5分以内，这样的成绩真的是来之不易。因此我满心期望，在这一个不太好掌握的线上教学过程中，我们学校能够取得先机，进一步扩大我们的优势，继续保持黑马的态势。假如回校后的考试成绩较之以前差距很大，无论我们有多少理由，都很难向社会、向家长、向学生交代。

关于这段时间的线上教育工作，我认为最基本的一个原则是“层层落实，责任到人”，自己的孩子自己抱，而且要想办法抱好。只要每个人做好自己的本职工作。那么每个人、每个班、每个备课组、每个年级和科组就一定不会差。而且，其中的责任也是非常清晰的。学校也将探索建立教师线上教育工作激励机制，引导教师主动、负责地做好线上教育工作。

在这里，我和大家分享一些线上教育的建议。

（一）合理制订课程方案

1. 调整好本学期的教学进度。各科组和备课组要按照大约1个月的线上教育时间，尽快调整本学期课程计划，合理安排新学期教育教学进度。根据线上教育教学的规律和特点，科学设计教育教学内容，确保学生的有效学习。

2. 线上线下紧密结合。一定要把学生线下自主学习和教师线上教育教学结合好。教师线上教育教学单次不超过20分钟，两次之间安排5分钟以上的间隔休息时间。各年级每天线上教育教学总时间原则上不超过180分钟。其他学习时间可通过问题、任务、项目等方式引导学生线下自主学习。一定要确保线上教学的效率，充分挖掘线下学习的潜力（在家里，线下学习的效果至关重要）。

3. 确保教学实效。学生居家学习的特殊性和线上教育的特点，要求我们从侧重教转向侧重学，做到三个有利于——有利于学生居家学习、有利于学生主动参与、有利于学生自主进行。线上教学要避免完全照搬套用常规课堂教学方式，要体现“小而精”，吃透教材、把准学生，重导学、重示范，突出重点、剖析难点，做到精讲、精练。作业批改和评价要及时反馈，反馈要讲究方式方法，注意保护学生自尊心和自信心。

4. 不让任何一个学生掉队。对缺乏在线学习设备、家庭确有困难的学生，我们要主动为学生提供学习条件，如指引观看电视课程教学，或通过电话、短信布置线下学习任务，指导学生学习，力争不让任何一个学生掉队。加大对学困生的帮扶力度，在教师指导下鼓励学生结对帮扶，开展小组合作学习。还要特别加强对防疫一线人员子女的学习指导和关爱。

（二）提升家校共育合力

在组织开展线上教育教学的同时，我们也要做好学生居家学习和家庭教育的指导。

1. 加强学生学习指导。加强理想教育，增强学生学习内驱力。指导学生根据实际制订学习计划，使学生加强时间管理和情绪管理，增强自我管理能力和自主学习意识；积极引导学生养成“八个习惯”（早读、课前预习、专注听课、课后复习、及时完成作业、巧做学习笔记、积极主动提问、每日反思总结），促进高效学习。

2. 帮助家长提高指导效率。指导家长根据家庭实际帮助孩子制订合理的学习计划，尽量减少家长复工与孩子学习的工学矛盾；向家长提供学科学习常规任务清单，明确监管督导的具体职责，定期向家长反馈孩子学习情况，形成有效督促。

另外，我们在线上授课的时候要举止得体，言行得当，教学环境要简洁，技术操作安全规范。

各位同事，目前疫情的形势还比较严峻，请大家继续做好疫情防控工作，尽量少出门，保护好自己，保护好家人，相信我们很快就会相聚在美丽的校园。

疫情期间线上教育的挑战与对策

今天，在这里，我首先要向大家表示衷心的感谢。

这三个月里，我们虽然不是一线战场上的医护人员，但是作为教师，我们的压力也非常大，工作任务也十分繁重。特别是我们在座的各位，作为年级组长、班主任，线上教育之前天天催学生填表，时间紧，家长和学生又不是很配合，后面德育处又在催。线上教育之后除了各种数据信息以外，大家还要操心学生的学习，可以说是一路过来，劳心劳力。我们的科组长和备课组长也同样不轻松，线上教育对于我们来讲是全新的事物，而且时间也不断地超出我们的预期，要组织好备课组的老师，使大家能适应线上教育的要求，完成各项工作，也真的不容易。虽然非常辛苦，但是我们大家都做得非常好，我们用责任和智慧做到了守土有责，保障了各项工作的顺利进行。在这里我代表学校向大家表示衷心的感谢!

在这里，还有一个非常沉痛的消息要向大家通报。大家可能也都知道了，前几天我们初二的一位学生因意外永远地离开了我们，家长、学校和老师都非常非常的痛心。这几天，好多老师都同我一样，脑海中经常会出现这个孩子的面容，心里异常的悲痛。我们也在不断地同家长进行沟通联系，表达关心和慰问。家长真的非常痛苦、非常难受，但他们对学校和老师的工作与付出还是很认同和感激的。

我还想谈一谈我们的线上教育。

线上教育开展至今已进行了两个月左右，大家都在积极地学习、适应和调整，可以说在我们大家的共同努力下，我们的线上教育是非常有效的，我们也摸索出了许多新的做法，有了许多新的体会。前几天有老师向我建议，返校后希望学校组织师生进行线上教育相关主题的征文比赛，我觉得非常好。

对于线上教育，我们都感受到了前所未有的挑战。

首先是学生。学生这个年龄应该与同龄人在一起，应该经常在户外奔跑。但是，两个月来，他们像鸟一样被关在家里，几乎不能出门，整天只能对着电脑、手机。学习任务也不轻，还要天天面对父母的批评。

其次是老师。老师看不见学生了，不知道学生学习的真实状况，掌控感被高度弱化，心里不踏实，于是想了许多手段和办法来摆脱这一困境，甚至把压力直接转给家长，但是大多数人效果依然不好。

最后是家长。家长也不容易，不少的家长管不了孩子，后面老师又在不停地催，于是手段就变得简单粗暴，导致亲子关系恶化。

因此，近段时间，老师、家长和学生都不容易，都有不同程度的焦虑。我想家长以后一定能更好地理解老师的工作，特别是理解班主任的工作有多么不容易。

在整个教育的过程中，老师、家长所关注的对象都是学生，但学生还是孩子，他们的自律、承受和适应能力都是较弱的。对于学生来讲，整天盯着电脑，盯着手机，整天都专注于学习，真的很不容易，可能真正能靠自觉做到自主学习的还真不会太多。所以，对于学校、老师和家长来说，在这疫情的特殊时期，我们每个人都要认真地思考，怎样让我们的教育工作更加有效？

现在学生返校的时间已定，初三还有两周，初一、初二还有一个月。这种线上教育还将持续一段时间，接下来，我们怎样才能在前面的基础上做得更好？这需要我们共同来思考。

这里，我提一些建议：

一是要克服我们自身的焦虑和急躁的心理。线上教育这么久了，老师、家长和学生都有不同程度焦虑的情绪，这很正常。但是我们老师要率先克服这种心理，如果我们带着这种情绪去工作，就一定会把家长和学生的情绪带动得更焦虑，还可能会激化更多矛盾。那么我们应该怎样自我调节？

我认为，一方面，我们要对现状下的线上教育有一个正确的认识。我们所做的是线上教育，而不是线上教学，字面上差一个字，但内涵却完全不同。学习是一个终身的过程，教育也是一个很广的范畴，我们一定要把学生的健康发展放在第一位。只抓教学，是抓不好教学的，这个道理我们都懂，我们一定要指导好学生积极、健康地度过这一段特殊的时期。昨天我看到初一（11）班家委会所推的美篇——《疫情期间居家学习记录》，看完后内心非常激动，建议大家都看看。当时我的第一反应就是，只要我们用心，我们一定不会简单粗暴，我们一定能践行我们理想中那真正的教育，我们的教育也一定会更加有效，我们也一定会收获更多的成功和幸福。

另一方面，我们对线上教育的预期还要有一个正确的定位。好多我们在学校里面都解决不了的问题，在线上教育期间也不太可能解决，所以我们要合理安排教育教学内容，适当地降低要求，调慢节奏，减少作业量，减轻学生学业负担。更不能认为学生在家时间更多，要比在校学习抓得更紧。有的时候，我们也许寄希望于家长帮忙，但事实是家长更没有办法。

二是不能走极端。一种极端是什么都不做、不管、不沟通，这一种是严重失职，我想我们都不会这样做。另外一种极端是只管学习，只管考试成绩，严重超量布置作业，动不动就向家长投诉、公开批评，甚至公示学生各种所谓的不良情况。这种做法也是达不到预期效果的，很多时候还会适得其反。不走极端，就需要我们的工作做得更细致一些，需要我们对学生多些理解、信任、关怀、包容和支持，而且我也希望把这种教育理念传递给每位家长。疫情期间，大家都有不同程度的焦虑，目前最需要的是互相理解、鼓励和关怀。对于一些完成作业有困难的学生，我们可以适当降低作业的要求，多鼓励他们，我们可以给一个班的老师分工，每位老师鼓励几位学生。要想鼓励，总能找到鼓励的理由，鼓励比批评更容易，更能产生正面的激励作用，我们一定要用好。其实不只是学生，我们成年人也是这样的，在教育教学中有的时候只是需要我们转换一下思路。

三是要关注学生的身心健康。充分发挥好班主任的作用，加强与学生的沟通交流，及时发现和帮助学生解决居家学习中遇到的困难和问题，特别是关注和疏导家庭有变故学生（亲人离世、失业经济困难、父母不睦、离异）、已有心理问题学生（抑郁等）、学困生等的心理和情绪。前几天德育处已经安排大家做了一次梳理，大家对排查出来的学生一定要重点关注。

四是要重视每一个家庭在促进孩子健康成长中的作用。切实做好家校沟通和对家长的引导工作，要向家长讲清楚，我们不应逼学生学而是应引导学生学，要重视言传身教，不要把自己方方面面的压力转移给孩子，要共同为孩子营造轻松和谐、积极向上的成长环境。经验告诉我们：老师与家长的交流重点应放在学生的思想和身心健康方面，每次开口就谈学生的学业、成绩、作业，并不能达到让家长成为孩子教育合作者的目的，反而会引起家长的反感和焦虑。

各位同事，学生很快就要返校了，这也是我们所期盼的。但目前疫情防控的工作任务还很艰巨，线上教育的压力还很大，这是对我们的考验。但我想，只要我们齐心协力，我们一定能保证学校各项工作的顺利开展。

第四章

陪伴学生
超越考试

初三学生如何有效备考

在这孕育希望的季节，我们一起走到了2018年中考百日冲刺的关键节点。今天我们在这里百日誓师，作为老师，除了对大家满满的美好祝愿以外，也想借此机会同同学们交流一些有关中考备考的话题。这些年，我一直在研究如何更有效地备考，发现高效备考有一些共性的东西。

一、自信

大家知不知道，世界上相对自己的身高的跳高冠军是哪一种动物？对，是跳蚤。曾经有生物学家做过这样一个实验：将跳蚤随意向地上一抛，它能从地面上跳起一米多高。但是如果在一米高的地方放个盖子，这时跳蚤会跳起来，撞到盖子，而且是一再地撞到盖子。过一段时间后，拿掉盖子就会发现，虽然跳蚤继续在跳，但它已经不能跳到一米以上了。后来生物学家逐渐降低盖子的高度，就发现跳蚤跳的高度也越来越低，直至最后几乎不能跳了，只能爬行。这就是著名的“跳蚤效应”。

跳蚤变成“爬蚤”并非自身已失去跳跃能力，而是经过一次次的挫折，它不再相信自己还能跳了，这就是可怕的自我设限。我们有的同学也是这样，几次考试成绩不理想之后，就对自己失去了信心。

美国的汽车大王亨利·福特说过一句话：“无论你认为自己行，还是不行，你都绝对是正确的。”因为当你认为你行的时候，结果就是行；当你认为你不行的时候，结果就是不行。所以不管你认为你行还是不行，结果都同你认为的一样，你都是正确的。

这里，我想告诉大家，所有的成功，首先源自你认为你自己一定行，相信自己能成功，如果连你都不敢相信，那就真的成功不了。理由很简单，因为你已经调节了自己目标的心理高度。你会常常暗示自己：成功是不可能的，这个是没办法做到的。而且你的行动也逐渐适应这种情况，不再改变，所以就只能如此了。

有一种方法能帮助我们快速地树立信心，这种方法叫相信成功法。具体的做法就是相信自己能成功，然后进入一种天才状态。所谓的天才状态有三大特征：一是相信可能发生的事情；二是承诺自己会竭尽全力；三是经常想象成功后的情况。就是对我们来说想象自己学习顺利，进步明显，考试成功，想象自己中考取得好成绩后扬扬得意的样子，想象自己拿到莞中的录取通知书后给老师报喜时的情景，简单点说就是偶尔做一下白日梦，进入自我催眠的状态。心理学研究发现，想象越逼真，越当真，内心的动力就越强大。

在相信自己能成功的基础之上，要做的就是要勇于挑战自我。有一句话叫“心有多大，舞台就有多大”，只要我们勇于自我挑战，结果就不会差，至少比安于现状要好很多，我想同学们是能认可这种观点的。

挑战现状，一个很重要的方法就是将目标具体化、数字化。有的同学下决心要背英语单词，但背来背去都还停留在单词表的前两页，为什么会这样呢？这就是没有定下具体的计划。日本有一位著名的马拉松冠军在他的自传中，曾解释他取胜的原因：每次比赛前，他都会把比赛的路线仔细看一遍，并且把沿途比较醒目的标记记下来。比如第一个标志物是银行，第二个标志物是一棵大树，第三个标志物是一个红房子，就这样一直记到比赛的终点。等到真正比赛的时候，他会奋力地向第一个目标冲刺，等到达一个目标之后，再用相同的速度跑向第二个目标。这样一来，不管多远的赛程，只要分解成几个小目标，他就可以轻松跑完全程。可见，拆解目标后，成功的概率绝对比跟无头苍蝇一样到处碰壁要强得多。

二、坚持

越临近中考，就越需要坚持。有的人讲：最后三个月大势已定，努力也没有多大的用，这样的话是有毒的，是不正确的。大家都知道，中长跑比赛，决出胜负的是哪一段赛程吗？是最后一个弯道。拳王阿里曾有一句经典的名言，“我取胜的秘诀是，我在拳击台上快不行的时候，我知道对手也快不行了，我要做的就是比对手多坚持一会儿，只要我坚持到最后，我就会击败对手”。

我告诉大家，只要中考没有结束，一定不要放弃坚持，一分钟、半分钟都不要放弃，每一刻都是你超越其他人的宝贵时间，决定胜负的就是最后三个月。我见过好多同学，在摸底考试的时候考得不怎么样，但在正式的考试时照样取得了好成绩。

在这里，我希望我们每一位同学都能坚持到最后。

其实，只要我们坚持不懈地努力，我们每一位同学都能成为中考的状元。同学们，你们同不同意？因为每个人都可以成为自己的状元，都可以通过最后一段时间的努力，让中考成为自己历次考试中最好的一次。大家觉得有没有道理？

三、行动

考前的100天，希望大家能做到四个认真。一是认真上好每一节课，用好每一个早读、晚修，做好每一次作业，弄懂每一道题，不放过每一个疑点，把握好每一次考试，实现每一次提升。二是认真对待每一个学科，查漏补缺，凡是有薄弱学科的同学要多吃苦，多下功夫，全力补救，多考一分就多几分希望！三是认真思考，充分挖掘自己的潜力，充分挖掘每一门学科、每一个基础知识点和规范答题等方面可能存在的增分空间，以求最大限度地提高自己的成绩。四是认真对待自己的身体，加强锻炼，注意营养和休息，确保身体的健康和精力的旺盛，健康过好每一天，全力冲刺100天。

同学们，奋斗成就人生，未来应该由自己掌控！行百里者半九十，让我们坚定地相信自己，以科学的方法、认真的态度、良好的心态、不懈地去努力奋战100天。让我们一起铭记今天我们所立下的誓言，迈出坚实的步伐，把希望留在明天，把行动放在今天，一起去创造我们今年中考的辉煌！

最后，预祝同学们2018年中考成功！谢谢大家！

管理好信心与压力

今天下午，我们新老高三两个年级的老师在这里举行今年的高考总结会。2017届高考我们取得了优异的成绩，主要表现在以下几个方面：以较大的增幅全面超额完成各项指标；尖子生也有较大的突破，理科最高分达到了606分的高分，我们还有两名美术学生在全省的统招考试中美术科目分别获得了市第一和第三名的好成绩；在今年市高考总会上，局长也点名表扬了我们南城中学。应该说今年的高考为我们南城中学以及学校的每一位教职员工赢得了荣誉和尊严，但是过程却是非常的不容易，与往届相比，2017届的指标增幅较大，重点指标从16届的4人增加到11人，本科指标也有较大幅度的提升，但是我们全体高三老师在压力面前没有退缩，迎难而上，从上学期的市统考没完成指标，到一模的基本完成指标，再到最后高考的全面超越指标，过程中老师们付出甚多，最终取得非常不错的成绩。在此，我们要向2017届高三的全体老师表示热烈的祝贺！感谢你们，你们辛苦了！

我们为什么要开这样一次高考总结会？其主要目的就是提炼和传承一些好的做法，听了刚才两位备课组长、两位班主任和级长的发言，我想我们大家都一定感受很深，收获良多。正如五位发言代表所讲，为了每一位学生都能有一个好的高考成绩，我们所有老师真的是穷尽所能，由于时间的关系我们今天只能安排代表上台介绍经验，其实我们每一个备课组，每一位班主任，每一位老师都是非常棒的，都有许多好的做法。

有了往届成功的经验，面对2018届的备考，我们又有怎样的期待和做法呢？

2018届是我们南城中学最后一届高三，是收官之战，更是荣誉捍卫之战。我知道，我们高三的每一位老师，心中都憋足了一股劲儿，都希望这最后的一届能取得最好的成绩，也都有这个信心和决心。

学校和大家一样，也有这样的想法和信心。学校的信心源于以下几点：

首先，我们这一届高三的老师都非常优秀，应该说能为学校站好这最后一班岗，送走最后一届高中的学生，也是我们每一位高三老师的荣誉，所以从这一点上来讲，我们有信心。

其次，这一届，我们有好的学生。从生源情况来看，纵向比，这一届是我们南中历来最好的一届生源；横向比，我们的生源比很多兄弟学校如长安中学、济川中学、麻涌中学、大岭山中学等的生源都要好，以前我们曾抱怨生源太差，怎么努力也出不了成绩，但这一届将带给我们惊喜，正如2017届的班主任在学生录取结束后，在微信群里所讲：这一届在很多省份和城市都有了我们的学生，终于也有了桃李满天下的感觉。我想我们2018届也一定会有这样的感受，我们将从学生的成功上感受到事业的成功。

最后，2018届学生，在高一、高二时打下了很好的基础，特别是在班级管理方面做得非常好，这一点是大家有目共睹的。

另外，我们这一届还有14名美术生、7名体育生，这些同学的文化课成绩都不错，昨天叶主任带队去了广州看望了正在进行美术培训的同学，感觉到大家在方方面面都有较大的进步，所以这也是我们这一届的一大增长点。

当然，仅有信心还是不够的，我们还必须直面我们这一届所面临的压力，采取有效的行动。压力在哪里？我们应该怎么办？

很多时候、很多场合，我们都在讲，我们南中的高考从来没有差过。确实是这样的，这是我们以往的荣耀，但这一届我们有压力。我们来看一组数据：从2012年以来我们每年的重点指标数据分别为0、0、0、2、4、11、24，也就是2012年到2014年这三年都没有重点指标，2015年2个，2016年4个，2017年11个，明年将会是24个。那天在教育局开会的时候，杨虎告诉我这个数据，我心里一惊，第一感觉是级长算错了，后来再算一次发现没有错，本科的指标也有较大幅度的提升。24个重点指标是一个什么样的概念？我想大家都清楚，指标数越大，空间也就越小，超越的难度也就越大。换句话讲，以往那种低指标时代的红利已经没有了，按以往比较松的节奏可能还真解决不了问题。我们必须要有紧迫感和危机感，要打破习惯性思维，要做到更精细化的教学和管理，要投入更多的时间和精力，要有更多的责任和担当，这样我们才能为我们南中的高中画上一个圆满的句号。

这里我有几点意见和建议：

1. 要认真分析上一届以及往届比较成功的做法，拟好整个高三的备考计划和节奏，给老师和学生提供明确的指引。

2. 做好年级的管理。协调好年级、备课组和班级各个层面的工作，保证备考的各项工作流畅、有序，保证时间的安排、人员的分配科学、合理、高效。要求学生做到的，那么我们相应的老师也要做到；要求老师做到的，我们级长和下级行政人员也要做到。

3. 对教学要有更高的要求。要确保教学的有效性，备好每一节内容，上好每一堂课，命好每一套题，改好每一份卷，讲好每一道题，落实好每一项教学要求。做到有布置就有检查，有练习就有批改，练在讲之前，讲在精要处，避免教学的随意性。

4. 责任到人。落实任务清单，自己的孩子自己抱，而且还要抱好，做好跟踪辅导，抓好临界生。

5. 帮助学生树立信心，明确目标。目前我们的学生比较大的一个问题就是目标不清晰、不具体，信心不足，对未来的思考不够。如果学生没有信心，没有具体的目标，就不会有充足、持续的动力，想考一个较高的分数是不太现实的。如2017届的肖必鸿同学，他有自己明确的目标：人大新闻系，所以在整个备考的过程中，他明显与身边大多数同学不一样，更淡定、更执着、更能坚持，最终考出了606分的高分。

老师们，正如刚才杨虎级长在表态中所讲的那样，我认为在我们的一生中需要我们勇敢地站出来，为自己、为集体、为荣誉、为尊严而拼搏的时机并不是很多，我想我们这一届的高考就是这样的一个重要机遇，我们期待、我们也相信我们2018年一定能取得优异的成绩，为了这最后一届的高中学生，也为我们60周年的校庆献礼！

信心与行动清单

今天下午，我们新老初三两个年级的老师在这里举行今年的中考总结会。正如林俊级长在总结中所写的那样，我们2017届中考取得了优秀的成绩，为我们南中以及学校的每一位教职员工赢得了尊严和荣誉。在此，让我们以热烈的掌声向2017届初三的全体老师表示热烈的祝贺和感谢！你们辛苦了！

刚过去的一年，学校各方面的工作都为南中未来的发展做了很好的支撑，其中非常重要的一项就是我们2017届的中考成绩，也正是我们的这些成绩，在帮助我们在社会上逐步塑造更好的口碑，争取到更多的人对我们的支持和信任，今年我们初一的招生工作的顺利展开就是这份支持和信任的一次集中体现。

但是对2017届的初三来说，备考的过程却是非常不容易的。正如五位发言代表所讲，为了每一位学生都能有一个好的中考成绩，我们所有老师真的是穷尽所能。作为第一年接触初三教学工作的我也深有同感，也常被老师们的敬业精神感动。同时，作为我个人来讲，这一年也得到了大家的大力支持和帮助，一年来大家对我这个初中的新手没有抱怨，只有包容，只有想到如何一起将接下来的工作做得更好，每一次沟通都非常的真诚，每一次被提醒都显得那么温暖。在此，我也借用这个机会向大家表示衷心的感谢，感谢大家的关心、支持和帮助！

我们为什么要开这样一次中考总结会？其主要目的就是提炼和传承一些好的做法，刚才听了两位备课组长、两位班主任和级长的发言，我想我们大家都一定感受很深，收获良多。由于时间的关系我们今天只能安排代表上台介绍经验，其实我们每一个备课组，每一位班主任，每一位老师都是非常棒的，都有许多好的做法。

有了往届成功的经验，面对2018届的备考，我们又有怎样的期待和做法呢？

2018届，对于我们南中来讲，是至关重要的一届。经过2016年的托管，南中吸引了众多关注的目光，但这目光仅仅是关注而已，因为家长们对于孩子的教育是非常慎重的，他们更需要看到实实在在的进步和成绩，才会给予我们充分信任。2017届考得很好，但仅仅是2017年考得好还远远不够，如果我们2018届不理想，达不到大家的预期，那么学校前进的步伐和未来的高度将受到较大的影响。这几年正是我们南中崛起的关键几年，几年后如果我们莞中过线人数能达到50人，被五大校录取的学生人数能达到总考生数的40%—50%，那个时候我们就会进入一个良性循环的轨道。但是，目前我们却处于爬坡的紧要关头，需要我们所有人一起咬紧牙关、竭尽所能，一鼓作气，以较快的速度实现我们一流学校的梦想。

我知道，我们的每一位老师，也都是这样想的，也都在心中憋足了一股劲儿，也都有这个信心和决心。

那么，2018届我们的目标是什么呢？在开学前的全体教职工会议上，黄校长在解读学年计划的时候提出了2018年的中考成绩要在2017年的基础上稳中有升。接下来我们就在不断地讨论我们的目标，偶尔也会陈述我们这一届的现状和压力，也有许多老师对我讲：目标一定要定得比2017届高一些，但希望不要高太多。

其实，学校也一直在思考和分析2018届的目标。同市公办和优质民办学校平均分的比较，当时我们都不太服气，后来仔细一想，孙校长说得没错，能不能超过茶中，不是看茶中怎么说，关键还是看我们自己怎么做。

结合各方面的情况，前几天学校给出了2018届初三的中考目标：除五大校的目标以外，其余目标与2017届相同。莞中过线基本目标18人，争取目标24人，五大校人数基本目标125人，争取目标150人。五大校2017届考了133人，所以今年定在125—150人也不算太高。可能有的老师会觉得有些意外，比预想得要低。学校是这样想的：基本目标是我们的底线，我们不想把这条线设得太高，我们相应的评价和奖励措施也会以这一条为基本参照，但是希望我们2018届能全面超过我们的奋斗目标，在2017届的基础上进一步提升我们的高度，这样每届进步一些，我们就能不断地超越。

只要讲到目标，可能部分老师还是会觉得有压力。不知大家是否还记得林俊级长在去年的中考总结会上表态的场景？他自己都显得有些羞涩、不太自信，大家都笑了。现在回想起来，当时确实是一个我们不太敢想的分数。有了这样一个明确的奋斗目标，全体初三老师迎难而上，最终取得超市均分这样一个非常不错成绩。所以，同学生一样，我们有了明确清晰的目标，才能不断地超越自己。

对于2018届，我们也有这个信心。我们的信心源于以下几点：

第一，我们这一届初三的每一位老师都非常优秀。谁能上初三，不是哪一个人说了算的，必须是学生认可、同事认可、教学效果突出的老师。应该说能担任毕业班的教学工作，是我们每一位老师的荣誉，所以从这一点上来讲，我们有信心。

第二，这一届，基本上我们每一个备课组都有上一届初三的老师，上届的一些好的做法在2018届可以延续，不足的地方可以得到进一步的完善。

第三，在老师人数的配备上，这一届也是最充足的。比如，物理、化学我们每位老师最多也就上两个班，单从课时量来讲，可能在全市都是较少的。上次物理科组长黄老师在备课组集体备课时讲过这样的话："学校减少我们的任教班级，并不是说我们身体不行，而是希望我们能腾出部分精力更好地做好课堂教学研究，提升教学效果。"确实是这样的，这一届，我们有更高的期待。

第四，2018届，在班级管理方面做得非常好，这一点是大家有目共睹的，学生的成绩也一直呈现良好的上升势头。

当然，仅有信心，还是不够的，我们还必须采取有效的行动。我们应该怎么做？

这里我有几点意见和建议：

1. 要认真分析上一届以及往届比较成功的做法，对于有效的做法，我们要将之规范化，形成传统，避免备考的随意性，同时要力争每一届都能比上一届做得更好一些，这样才能延续不断进步的势头，保持强大的生命力。

2. 做好年级的管理。协调好年级、备课组和班级各个层面的工作，保证备考各项工作的流畅、有序，保证时间的安排、人员的分配科学、合理、高效。要求学生做到的，那么我们相应的老师也要做到；要求老师做到的，我们级长和下级行政人员也要做到。

3. 落实好集体备课的各项要求。从历届考试的情况来看，但凡能认真做好集体备课的学科，在考试中都有不错的表现。一个成功的团队是没有失败者的，同样一个失败的团队中也是没有成功者的。一个人的力量是有限的，我们初中班级越来越多，同一备课组的老师也越来越多，只有做好集体备课，共享资源和智慧，我们整个学科才能整体大幅度地提升。集体备课备的是什么？怎么备？希望大家能认真研究。希望同一个备课组的老师，都能积极配合备课组的要求，认真完成自己应该做的工作，不要让其他老师为你操心。我们希望通过集体备课的每一堂课，都是集中了大家的智慧，能代表该备课组的最高水平的课堂。学校的评价也会首先考虑备课组的整体成绩，重集体、轻个人。同时，还希望每个备课组都能做好资料的积累，逐步整理出相对固定的导学案，形成校本教材，逐步完善学科的试题库。

4. 对教学要有更高的要求。要重视课外的时间，更要重视课堂的效率，要确保教学的有效性。备好每一节内容，上好每一堂课，命好每一套题，改好每一份卷，讲好每一道题，落实好每一项教学要求；做到有布置就有检查，有练习就有批改，练在讲之前，讲在精要处，避免教学的随意性。

5. 责任到人。落实任务清单，自己的孩子自己抱，而且还要抱好，做好优生的培养，学困生的辅导等方方面面的工作。

6. 帮助学生树立信心，明确目标。没有信心，没有具体的目标，就不会有充足、持续的动力，想考一个理想的分数是不太现实的。

老师们，正如刚才志鹏级长在表态中所讲的那样，只要我们凝聚智慧、汇聚力量，南中必然向好。我们期待、我们也相信我们2018年的中考一定能取得优异的成绩，为我们更好的南中加油！为我们60周年校庆献礼！

咬紧牙关、一鼓作气

——2018年中考总结会的发言

尊敬的各位同事：

大家下午好！

今天下午我们新老初三的两届同事在这里举行今年的中考总结会，今天的会议开得很成功。

首先，要感谢2018届的全体老师。说实在的，2018届的压力，真是不是一般的大，因为2018届生源有先天的不足。大家都知道这一届初一的入读率只有百分之五十多，优秀生源的流失非常的大，再加上社会对我们这一届的关注比较大。面对压力，我们这一届的全体老师没有退缩，在下级行政和年级组长的带领下，大家狠抓学习习惯，狠抓课堂效率，狠抓课后辅导，终于在2018年的中考中交出了一份令我们所有人都非常满意的答卷，取得的成绩再创新高。这一优秀成绩的取得非常不容易，正如刚才几位发言代表所讲的那样，一点一滴都是出自我们的智慧和汗水。幸福都是奋斗出来的，当我们看到中考成绩的时候，我们全校师生都沉浸在开心幸福之中，所有的付出都是值得的。这一优秀成绩的取得，不仅仅是年级向学校交出的一份非常令人满意的答卷，更是学校向全社会交出的一份令人满意的答卷。社会也因此给予了我们学校更多的关注和信任。这种信任对学校的快速发展是至关重要的，影响也是非常深远的。我们都知道今年我们的新初一学生的素质与往届相比，又有很大程度的提升。什么原因呢？我想其中一个主要的因素就是我们今年中考取得了优异成绩，提升了学校的形象和知名度，让更多的家长愿意把他们的小孩送到我们东莞中学南城学校。

有了这样的成绩，我们离进入良性循环，实现一流学校的梦想又近了一步。所以，2018届中考所取得的优异成绩不仅帮助更多的孩子实现了他们中考的梦想，对学校的发展也做出了巨大的贡献。

在此，让我们再次以掌声，感谢2018届的每一位老师，谢谢你们！

今天的这次中考总结会，除了感谢以外，还有一个重要的目的，就是提炼和传承2018届备考的一些好的做法。刚才听了两位备课组长、两位班主任和级长的发言，我想我们大家都一定感受很深，收获良多。由于时间的关系，我们今天只能安排代表上台介绍经验，其实，我们每一个备课组，每一位班主任，每一位老师都是非常棒的，都有许多好的做法。

2018届的成绩，已成为荣耀和历史，接力棒传到了我们2019届全体老师的手上。面对2019届的备考，我们又有怎样的期待和做法呢？

首先是期待。在本学期初解读学校工作计划的时候，我们就提出了力争再用一年的时间，实现我们一流学校的梦想。能否实现这一目标？最关键的一项，就应该是我们2019年中考的成绩。

还记得去年中考总结会的时候，我们曾提出了这样的愿景：我们希望，真正崛起后的南中，莞中过线人数能达到50人左右，五大校的过线学生人数能达到30%以上。直到那个时候，我们才算真正地实现了南中的腾飞。

我想只要我们2019届的成绩能在2018届的基础上实现稳中有升，那么我们就可以宣告我们已进入一个良性循环的轨道，上述的愿景也就指日可待。那个时候，我们将不仅是南城最好的初中，也将是我们东莞最好的初中之一。我知道我们的每一位老师，都在心中憋着一股劲儿，也都有这个信心和决心。但是，目前我们还处于爬坡的紧要关头，需要我们所有人一起咬紧牙关，竭尽所能，只有这样我们才能一鼓作气，以较短的时间实现我们的愿景。

让我们非常高兴的是，刚才邱级长代表2019届，亮出了我们2019届的奋斗目标。这个目标反映了我们2019届全体师生对2019年中考的信心，也让我们充满了信心。

正如刚才邱级长所讲，这个信心不是凭空而生，它是有充分依据的：

第一，我们这一届初三的每一位老师都非常优秀。谁能上初三？不是哪个人说了算的，必须是学生认可，同事认可，教学效果突出的老师。应该说能担任毕业班的教学工作也是我们每一位老师的荣誉，所以从这一点来讲，我们有信心。

第二，基本上每一个备课组都有上一届初三的老师，上一届一些好的做法在2019届可以得到延续，不足的地方可以得到进一步的完善。

第三，这一届学生在初一、初二时已打下了不错的基础。虽然在初一、初二的时候，少数学生和个别班级在某些方面的表现还不是非常令人满意，但是进入初三后学习习惯、学习纪律已有一个非常明显的转变，所以我们相信这一届学生的潜力会更大，学生上升的势头会更猛。

另外，我们所有的教室都装上了空调，所有的投影也都是刚新装上的，这些硬件设施的提升将会为学生提供更好的学习环境。

因此，我们完全有理由对这一届充满信心。

当然，仅有信心是不够的，我们还必须采取有效的行动，我们应该怎么做呢？这里我想结合刚才几位代表的经验，提出几条建议供大家参考。

第一，总结过去。要认真分析上一届及往届比较成功的做法，对于有效的做法，我们要把它规范下来形成传统，避免备考的随意性。在每一点做法上要力争每一届都能比上一届做得更好一些，这样才能延续不断进步的势头。

第二，年级是学校的管理重心。要注意发挥榜样的作用，如果我们要求学生做到的，那么我们相应的老师就要做到，要求老师到位的，我们年级级长和下级行政也要做到。年级级长要做好年级的管理，协调好年级备课组、班级等各个层面的工作。保证备考的各项工作流畅、有序，保证时间的安排、人员的分配科学、合理、高效。

第三，评价导向，要打好团体战，用好集体备课的各项要求去落实各项工作。

学校评价的时候也会优先考虑集体，考虑团队，考虑年级的整体成绩，考虑备课组的整体成绩，考虑某个班的整体成绩，重集体、轻个人。从历届考试的情况来看，但凡能认真做好集体备课的学科，在考试中都有不错的表现。一个成功的团队是没有失败者的，同样一个失败的团队中也没有成功者。中心发言人提前调研近三年本节内容在中考的考察内容和方式，形成多维细目表，并列出本节课的重难点，针对每一项重难点，都要进行针对性训练。主备人在分享教学设计理念、教学流程、教学活动的设计意图和教学评价方式后，备课组长要组织其他教师积极讨论，发表自己的教学设想并阐述理论依据，经过“百家争鸣”和“头脑风暴”之后，对主备人教案、学案、课件、练习进行修改完善，形成共同成果。

第四，人人有事做，事事有人做。学校的工作、年级的工作以及备课组的每项工作，我们希望都有专人负责，同时我们希望每一位老师对教学都要有更高的要求和追求。所有教师都要备好每一节课，上好每一堂课，命好每一套题，改好每一份卷，讲好每一道题，落实好每一项教学要求，做到有布置就有检查，有练习就有批改，练在讲之前，讲在精要处，避免教学的随意性。我们每位老师都要有各自的任务清单，也就是人人都要负责相应的事情，每一件事尤其是每一件学生的事都要有专门的老师负责。

第五，信心是成功的关键。在当前的阶段对学生学习成长影响最大的是学生的心理，因此，我们要帮助学生树立信心。我们要充分关注非智力因素对学生学习状态和考试成绩的影响，要在这些非智力因素上多下功夫，以便特别优秀的学生在学业上形成比较好的惯性。

老师们，只要我们齐心协力，用心抓好、落实好备考的每一个细节，我们相信我们2019年的中考一定能在2018年基础上再创辉煌，取得更加优异的成绩。以此为我们更好的南中加分！

以优秀树信心，为差距想对策

每年这个时候，我们都要开这样一次会议，以集中大家的智慧，对我们的阶段性备考工作做认真的分析，从而找出优势树立信心，找准差距想对策。在这里，我想代表学校讲以下几点：

1. 感谢在座的每一位老师，感谢大家的支持，感谢大家每一天所有的付出。从暑假补课开始，我们在备考高考的日子里，体验了酸甜苦辣，也加深了对个人利益和集体荣誉的理解。我想，今天我们在座的每一个人都一定非常地期望我们这一届能取得好成绩。从学校的角度讲，也对我们这个年级、这个团队充满信心，只要我们咬紧牙关，坚持到最后，我们一定能为南中的高考画上一个圆满的句号！

2. 刚才级长和叶主任的分析很全面，这次考试有喜有忧，及时地给我们做了一个诊断，提了个醒。对这次考试客观、冷静地分析对我们的备考意义重大。

从几条线来看，从各科的平均分来看，此次我们的成绩都还较市统考有明显的进步，应该说照目前的状况来看，我们对完成教育局的任务还是有信心的，完成我们校内的争取目标也是有希望的。

对于暴露出的问题要高度重视，备课组、班主任和每一个科任老师要敢于承担责任，想办法，重行动，抓落实。高考打的是团体仗，对于目前薄弱的科目在时间上要适当地倾斜，大家要理解和支持。

3. 结合以前大家交流的一些观点，有以下几点共识需要我们一起来行动：

（1）大局意识。如何保证完成任务？不是逞个人之勇，而是团队协作，是团队精神的发扬。说直白一些，是短板的比较，谁的备考能力之短板，谁的责任心之短板，谁的合作力量之短板的相对高度高，谁就赢！好几年前高级中学有一句口号我觉得很值得我们学习：以我为主，以基础为本，狠抓落实。

（2）我们对今年的高考既不要盲目乐观，也不要心理负担过重，要外松内紧，紧张有序。

（3）群策群力，共渡难关。在备考的过程中会有这样或那样的困难和分歧，大家要为解决困难积极献言献策。

（4）忠诚于我们这个团队，不利于团结的话不说，不利于士气的话不说。

（5）盯好尖子生和临界生，从班级、学科和学生个人三个层面帮助临界生制定增分策略，首先考虑“补其短”；如果“短板”实在难以在短期内改善，则应考虑“扬其长”，临界生的指导老师，应找准具体的增分项目，落实增分策略。

（6）关注学科贡献率、命中率，关注学科匹配度，关注总分上线。

（7）在充分发挥群体作用的前提下，实施“包班”制度：自己的孩子自己抱，而且要抱好。

（8）班级的有效管理：做好动员。把学生的学习积极性、内动力进一步调动起来；做好心理辅导；防止过度焦虑；纠正不正确的归因；做好检查落实；防止“单科冒进”或“单科滞后”。

（9）备课组，认真研究考纲，突破高考考查的重点和学校生源的得分点，把学校生源得分点作为重点，就是要把该拿的分尽可能拿到。

我们要明白，我们所有的考前考试都是模拟、诊断性的考试，非终结性考试，最为关键的是对考试中暴露出来的问题，我们要拿出方法和对策，力争在高考前能解决这些问题。当然，我们对每一位学生负责，对成绩不理想的学生和数据不太好的班级我们要有不放弃、不抱怨的态度，齐心协力、再创辉煌！

珍惜青春，科学备考

踏着春天的脚步，我们迎来了中考100天冲刺的新征程。今天，我们在这里为2021届初三举行隆重的百日宣誓大会，为同学们加油、鼓劲！

同学们，我们都知道，知识和能力决定人成长的力量，意志和品格则决定人发展的方向。站在长远的角度，我们既要努力学习知识、备战中考，更要培养自己直面困难、勇于进取的精神和品格。因此，中考备考应是我们所期待的一场青春磨砺，中考也是我们成长必须经历的一次考验。

今天是距离中考还剩一百天的日子。我们应该如何度过从现在开始的每一天呢？在此我想给同学们提出几点建议。

一、珍惜青春

这有两方面含义，一方面是要明白青春的意义。过去的2020年是曲折的一年。新冠的肆虐，让我们感受到生命的脆弱与伟大，更让我们思考人之为人的意义。青春是用来奋斗的，你们拥有无比美好的青春，人生不可返程。你们是生命个体的主宰，是青春岁月的画师，如何让青春更有价值，更精彩，只有自己才能把握。现在的你，是一个正在努力改变、完善、超越，正在用汗水攀登理想高峰的你。这样的青春，值得为之鼓励！

另一方面是要珍惜所拥有的宝贵学习环境。请记住，在你们奋战中考的道路上，各科老师正在全力以赴，精心为你们的进步做充足准备；你的父母为你的生活舒适、学习进步费尽心思，默默付出；他们别无所求，只为你们在青春的这段人生路走得无怨无悔。

因此，除了珍惜青春，努力成长，我们别无选择！

二、静心备考

诸葛亮把对儿子的所有期盼都写在86字的《诫子书》中，无论是做人还是做学问，他反反复复强调的就是一个字——“静”。中考前的最后百余天，每个人都会碰到各种各样的困惑和干扰。越到最后，越需要大家排除干扰，不问余事，集中精神，静心学习。“心静则明”，心静了，思路自然就清晰了，学习的效率也会自然地得到提升。

“非宁静无以致远。”希望同学们以平静的心态直面中考的挑战，不管遇到什么困难、遭受什么挫折，都要学会沉心静气。要学会从困难中获得动力，从挫折中取得经验，从考试失误中找准努力方向，不畏艰难。只要该爬的山都爬过了，该打的仗都打过了，该挺住的时候都不曾退缩，该直面的时候都没有逃避，在奋斗之后，成功的花一定会开得无比灿烂，自有幸福恭候。

三、高效备考

距离中考虽然仅有百日，但100天的振翅足以让燕雀成为凤凰。希望你们厘清自己每门课的优势和不足，明确自己的长处和短板，精准定位自己的学习需求，紧跟老师的复习指导，狠抓基础，学精学透每一个知识点。

因此，我们必须认真地上好每一节课，用好每一个早读、晚练、晚修，做好每一次作业，不放过每一个疑点，把握每一次考试，精准地实现每一次提升。以不服输的韧劲，不怕难的闯劲，肯吃苦的干劲，埋头苦学，直面问题，精准地“啃”下薄弱学科。每一轮复习，都是你们查漏补缺的好机会。

四、坚持运动

生命在于运动，身体是革命的本钱。身体好，精神就好，学习起来就会效率更高、效果更好。所以希望你们不要透支身体，要倍加珍惜身体这个“本钱”，这样身体才能支撑你奋发前行的脚步。同学们，我相信你们体育中考之前每天都一定会有足够量的运动，我希望体育中考之后大家也要坚持足量的运动。坚持运动，不仅仅会强健体魄，还能建立积极的情绪，同时也能实现对自己意志品质的磨炼。

希望同学们每天都能好好吃饭，按时睡觉，坚持运动，健康的身心会让学习事半功倍，为中考助力，为自己加油。

行百里者半九十，越临近中考，往往也是越困难的时候，但同时也是离成功最近的时候，这会极大地考验和磨炼我们的意志，我们需要坚持不懈向前奔跑。时间是我们努力的最好见证，相信我们一定不会被困难吓倒，不会辜负我们宝贵的青春。

同学们，在往后的100天，让我们彼此鼓励，彼此温暖，一起战斗，为最好的青春收获最好的中考！

预祝同学们2021年中考大捷！谢谢！

中考备考的重点是什么?

感谢在座的每一位老师，感谢大家的支持，感谢大家每一天所有的付出。从暑假开课开始，我们在备考中考的日子里，体验了只有我们自己知道的酸甜苦辣，并收获了友谊，有师生间的友谊，也有我们老师间的友谊，同时加深了对个人利益和集体荣誉的理解。我想，今天在座的每一个人都非常期望我们这一届能取得好成绩，也很有信心再考好一些。

通过这次联考，通过两校的对比，以及校内横向和纵向的比较，可以发现我们此次的考试成绩有喜有忧，可以说此次考试及时给我们做了一个诊断，提了个醒。对这次考试客观、冷静地分析对我们的备考意义重大。

从尖子生来看，从各科的平均分来看，我们的成绩都有一定的进步。应该说照目前的状况，我们对完成学校的基本任务还是有信心的，完成校内的争取目标也是有希望的。

对于暴露出的问题要高度重视，备课组、班主任和每一个科任老师要敢于承担责任，想办法，重行动，抓落实。中考打的是团体仗，对于目前薄弱的科目在时间上要适当地倾斜，希望大家对此能理解和支持。有几点共识需要我们，特别是班主任一起来行动。

一、针对薄弱环节的措施

1. 考前学生的心理调适和应试技巧训练，考后的问题诊断和信心鼓励。

2. 做好规划，减少随意性，点面结合抓落实。

3. 平时考试中考化，中考考试平常化。

4. 抓细、抓准、抓落实，抓与不抓效果会有不同。

二、落实学校历年来考前要求的工作重点

1. 要有学校大局为重的意识。如何保证完成各级给我们学校下达的任务？我们要求的不是个人之勇，而是团队之勇，是团队精神的发扬，说直白一些，是短板的比较，谁的备考能力的短板，责任心的短板，合作力量的短板的相对高度高，谁就赢！在这里我们再一次强调一句口号：以我为主，以基础为本，狠抓落实。

2. 面对今年的中考要学会淡定应对，既不要盲目乐观，也不要心理负担过重。其实我们最好的状态就是外松内紧，紧张有序，重过程，轻结果。

3. 搁置分歧，群策群力，共渡难关。在备考的过程中会有这样或那样的困难和分歧，我们最重要的是要在这些分歧中找到共同目标，希望大家积极建言献策。

4. 以团队的方式赢得胜利。要像爱护眼睛一样爱护我们的团队，不利于团结的话不说，不利于鼓励士气的话不说，我们需要将东莞中学南城学校这块招牌擦亮，说到对南中的感情，没有人能比得过我们。我们在校内可以抱怨、埋怨，这都没有问题，但是在校外，在面对家长和其他校外人士的时候，我们每个人都要自觉维护学校的声誉，我们是学校的宣传员，只有我们每个人都主动维护学校的声誉，才有利于南中的发展，为南中赢得更好的口碑，这也是为了我们每个人的荣誉和尊严。我们还要保证备考过程的平稳，尽量减少一些不稳定、不利于备考的事情的发生，目前这种良好的备考势头来之不易，要珍惜，要维护，要保持。

5. 工作重心是着力盯好尖子生和临界生。“补其短”首先考虑从班级、学科和学生个人三个层面帮助临界生制定增分策略。如果“短板”实在难以在短期内改善，则应考虑“扬其长”。临界生的指导老师要找准具体的增分项目，落实增分策略。这是下期工作的重要抓手和工作重点，班主任要组织科任老师一起分析，我们这里罗列了30名尖子生、80名五大校临界生，分配到每位老师头上，任务都不重，希望大家落实好这项工作。

6. 关注学科匹配度，关注总分上线。以总分优先，只有总分上线才有谈下一个环节的意义。

7. 在充分发挥群体作用的前提下，实施“包班”制度：自己的孩子自己

抱，而且要抱好。

8. 调整班级有效管理的状态。做好动员，把学生的学习积极性、内动力进一步调动起来。做好心理辅导，防止过度焦虑，纠正不正确的归因。做好检查落实，防止“单科冒进”或“单科滞后”。

9. 认真研究考试说明，尤其是要突破中考考查的重点和学校生源的得分点，把学校生源得分点作为重点，就是要把该拿的分尽可能拿到。这也是我们一线教师专业发展的一条重要途径；对于老师个人而言，专业发展比什么都重要。

所有中考前的考试都是模拟、诊断性的考试，非终结性考试，对考试中暴露出来的问题，我们要积极面对，力争在中考前最大程度地解决这些问题，这样我们前面的努力才会有意义，才会是被人们承认的努力。

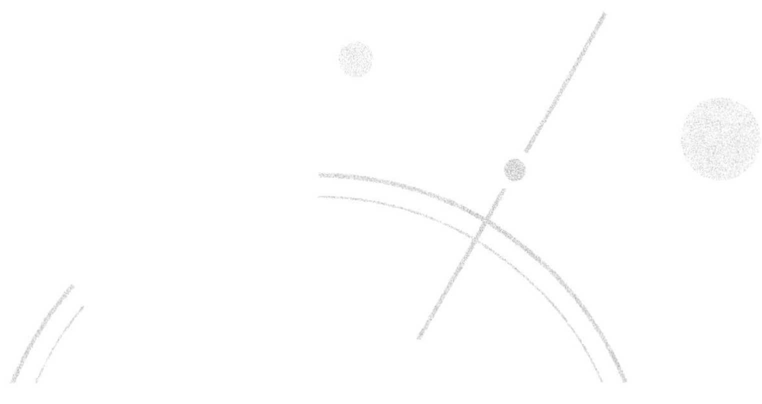

第五章

学生要培根铸魂

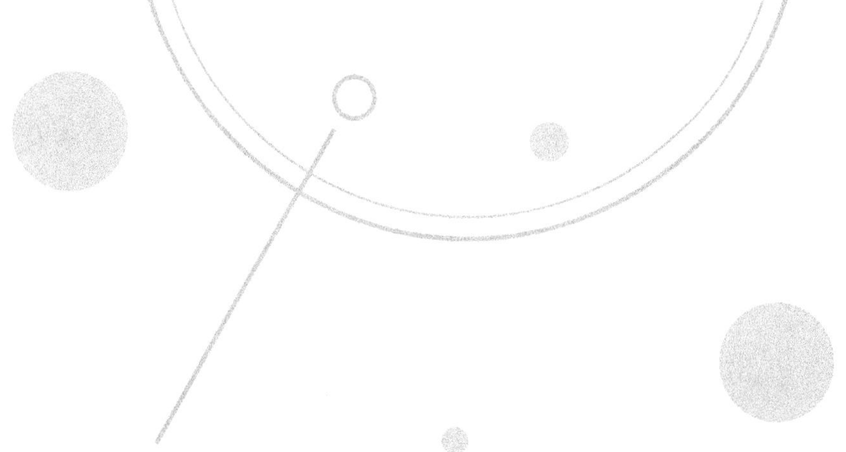

怀揣目标，坚定地走自己的路

今天，我们在这里欢聚一堂，隆重举行东莞中学南城学校2017届初中毕业典礼。在此，我谨代表学校，向一直以来关心支持学校发展的南城街道党委、政府以及教办领导表示由衷的感谢！向理解支持学校工作的各位学生家长表示诚挚的谢意！向三年以来为同学们成长倾注了辛勤汗水的老师致以崇高的敬意！向圆满完成初中学业的全体同学表示热烈的祝贺！

2016年6月29日，经市人民政府批复，在市教育局的主持下，南城街道办和东莞中学签订了委托管理南城中学的协议，在莞中系列学校里，有了“东莞中学南城学校”这一新的力量，从那一刻起，同学们就成为东莞中学大家庭的一员。作为校长，有幸陪伴大家走过这一年的时光，此时此刻我是幸福的。我知道，正是因为同学们，莞中南城学校的校园才充满朝气和希望。在我心里，你们都是好样的，都是最棒的。

同学们，今天你们就要走出校门，将要进入高一级学校学习，对你们来讲，现在正面临着一个人生的岔路口。希望你们能从今天开始，将自己的未来放在一个20年甚至30年的时间尺度上，去整体规划。所以我今天想对你们说的话就是：怀揣目标，坚定地走自己的路。

人生如登山，目标是顶峰。我们登山时会遇到许多岔路。有些路是到达顶峰的捷径，虽然不是每个人都能走上捷径，但很多人都希望走上捷径，所以捷径上往往十分拥挤。也许你走的路会比别人的长，可能你比别人到达顶峰的时间要晚一些，但这些都不重要，重要的是你的目标的高度不要比别人低。你们应当明白，那些绕远的、崎岖的、人迹罕见的道路上，往往能欣赏到更加壮美的风景，这些风景可能是走在捷径上的人看不到的。将来有一天，你决定写回忆录的时候，就会知道，经历的沟沟坎坎越多，见到过的风景就越绮丽，你的人生就越丰富，你的生命历程就愈加绚丽多彩。

走自己的路，需要有积极的心态。不论走在哪条路上，你都要眼望顶峰。当你看到别人的位置比你高的时候，不要着急，因为那不是你的终点。当你站高一步、看到别人比你低一些的时候，也切不可得意，因为这也远不是你的终点。人生的路很漫长，忽高忽低是常有的事，要大气一些、宽广一些、豁达一些。不论你走上一条什么样的路，只要你意志坚定，不懒惰，不停顿，不放弃，永远眼望顶峰，就一定能够到达那里。所以，希望大家不要抱怨眼前的一点点坎坷，不要抱怨自己付出了许多的汗水，不要抱怨自己脚底磨出许多的血泡，更不要把一次跌倒看成什么了不得的事情，须知这些都是你未来回忆录中的宝贵素材，没有这些，人生怎能绚丽多彩？

还有，无论走什么路，你们都需要同伴。你们的朋友、同学、老师和父母，他们对你们非常重要。在未来的旅途中，他们会为你带来温暖、帮助、信心、鼓励，关键时刻还能为你指点迷津。为了有更多的同伴，有更多同路的人，你们要学会感恩，学会合作，学会关心他人，要"协同尚义"。不忘他人的恩惠，这是一种善良，是一种高尚，也是一种大气。

我希望你们能够理解今天我所讲的这些话，带着在母校所打下的基础，进入下一阶段的学习。我相信，只要你们能怀揣自己的目标，勇敢坚定地走自己的路，你们每个人都会获得成功和幸福。

同学们，世界这么大，你们早想去看看。今天的毕业典礼，是你们人生旅途的一个新起点。无论你们今后走到什么地方，母校都会时刻关注你们的进步，衷心希望你们能够成为莞中南城学校后来人的学习榜样，成为国家建设的优秀人才。也衷心希望大家以后能常回家看看！

最后，祝可亲可爱的2017届初三学子们，一切顺利，前程似锦！

时间与相信的力量

“阳春布德泽，万物生光辉。”

在这孕育希望的季节，我们一起走到了2017年中考百日冲刺的关键节点。在此，我谨代表学校，向全力备战中考的全体老师表示衷心的感谢！向为了实现心中梦想而努力拼搏的同学们致以美好祝愿！

短暂百日，弹指一挥。在决战的号角吹响之际，我想给同学们提出三点建议，与大家共勉！

一、珍惜时间

“一寸光阴一寸金，寸金难买寸光阴”，时间很宝贵，我们每一个人都应当珍惜时间。道理很浅显，似乎谁都明白。可现实中，少数同学不珍惜时间、学习效率不高的现象却时有出现。

时间对于每个人都极其重要。时间分配给每个人都是相等的，但有些人在相同的时间里却比别人多做了一倍甚至几倍的事情。鲁迅先生就是这样的典范，鲁迅几乎每天都在挤时间。他说过：“时间，就像海绵里的水，只要你挤，总是有的。”他还说，“哪里有天才，我是把别人喝咖啡的时间都用在工作上。”爱迪生在79岁时曾诙谐地宣称：“今天，我已是一百三十五岁了。”别人大惑不解，这位一向敏捷严谨的大科学家，难道连自己的年龄都搞不清吗？当然不是，爱迪生的意思是说，他每天都工作十几个小时以上，如果用平常人一生的活动时间来计算的话，他的生命已经成倍地增长。原来他们都走在了时间前面，做了时间的主人，活出了效率。

珍惜时间，首先要盯紧眼前、抓住今天。世界上最容易丧失的就是“今天”。正因为最容易丧失，所以我们更应该发掘今天的宝贵。古人说“明日复明日，明日何其多，我生待明日，万事成蹉跎”。强调的就是我们应该抓住今天。倘若今天抓不住，明天也就会失去。处在中考百日冲刺阶段，同学们一定要把握住当下的每一个今天，把握住了每一个今天，也就把握住了我们最美丽的青春。

二、相信每天都进步一点点的巨大力量

大家都非常熟悉“水滴石穿，绳锯木断”的成语。小小的水滴怎么能把坚硬的石头滴穿呢？细细的绳子又怎么能把硬邦邦的木头锯断？一滴水的力量很小，但是许许多多的水滴不懈地冲击石头，年复一年，日复一日，再坚硬的石头也会被滴穿。同样的道理，如果用绳子不停地锯木头，木头最终也会被锯断。这就是坚持的巨大力量。

有一道非常励志的数学题，请大家帮我算算。

1的99次方=？1；

1.01的99次方=？2.68>1；

0.99的99次方=？0.37<1；

题目大家都会做，1.01和0.99，大家也都看得出两者仅仅相差了0.02，表面看起来真的是微不足道。可是99次方后，差距却越来越大。

1.01，也就是每天进步一点点，99天以后，你将成为2.68，进步很大。

0.99，也就是说你每天退步一点点，99天以后，你将成为0.37，远远小于“1”，远远地被人抛在后面。

如果是1.02的99次方呢？7.10259423；如果是0.98的99次方呢？0.13532608。

每天只比你努力一点点的人，其实已经甩你很远了。希望全体同学都相信每天进步一点点的巨大力量，保持每天都要进步的心态，每天让自己完善一点点，成长一点点！成为1.01，甚至是1.02，100天之后我们一定能遇见一个更加优秀的自己！

三、相信自己，相信我们都有不可限量的潜力

拿破仑说过：“在我的词典里没有‘不可能’这三个字。”和拿破仑一样，我们每个人都有不可限量的潜力。

人的潜力是不可限量的，但是需要用毅力去挖掘它。只要我们有目标，有

理想，有信心，有持之以恒的努力，并听从我们身边老师的指引，我们就一定能够创造一个又一个的奇迹。

不知大家是否读过食指所写的一首诗："朋友，请坚定的相信未来吧，相信不屈不挠的努力，相信战胜死亡的年轻，相信未来！热爱生命！"希望同学们相信自己的力量，坚定信心，积极进取！

同学们，少年自有少年狂，藐昆仑，笑吕梁，磨剑九载，今将试锋芒。如果说之前的九年是漫长的马拉松，现在我们已进入那最后的冲刺，我们唯一差的，就是这最后100天的努力，最后100天的挥汗如雨。行百里者半九十，让我们合理、充分地利用现有的时间，以科学的方法、认真的态度、良好的心态、不懈的努力去奋战100天。

同学们，奋斗成就人生，未来应该由自己掌控！我们相信，现在的每一滴汗水和每一分付出，都会交织成绚丽的双翼，在六月破茧而出，在梦想的舞台上，绽放异彩！让我们一起铭记今天我们所立下的誓言，迈出坚实的步伐，与时间赛跑，去冲刺、去迎战、去拥抱中考的成功！去谱写人生新的篇章！

最后，预祝同学们2017年中考成功！谢谢大家！

相信梦想的力量

今天我们欢聚在这里，满怀祝福和不舍，为2018届初三同学举行庄严的毕业典礼。在此，我郑重地宣布：亲爱的同学们，你们出色地完成了初中三年的学习任务，今天毕业了！

在这特殊的时刻，请允许我代表学校，向即将迈向人生新起点的初三同学表示衷心的祝贺！向所有曾在这一届任教的老师表示崇高的敬意！向关心、支持学校工作的上级领导和所有家长表示诚挚的感谢！

同学们，三年前，略显幼稚的你们，满怀好奇心走进了东莞中学南城学校。三年来，你们用敏捷的身影、灿烂的笑容、琅琅的书声，让校园充满朝气和希望。三年来，同学们在知识学习、思想形成、能力提高等方面都取得了很大的进步，为你们今后的成长和终身发展奠定了牢固的基础。三年来，你们在老师的心里都是好样的，都是最棒的！

同学们，今天对我们来说是三年前就已经注定要经历的一个时刻，我们依依惜别，在此我还想向大家提几点建议。

我曾经读过一个发生在美国关于梦想的故事。一位老师曾在课上让每个孩子说出一个梦想。有一个小孩一下子说出了两个梦想，而另一个小孩却没能说出来。于是，老师就建议他从有两个梦想的小孩那里购买一个。于是，这个小孩用三美分买了一个梦想，这个梦想是“去埃及旅行”。这两个孩子长大成人后都事业有成。那个卖出梦想的孩子长大后去过世界上很多地方，唯独没有去埃及。作为一个诚信的人，他认为这个梦想已经卖给了他人，不属于自己，只有将这个梦想买回来，才能心安理得地去埃及旅行。于是，他找到了当年买他梦想的那个孩子，提出了赎回梦想的请求，但遭到了拒绝。后来，这件事被送到了法院进行裁决。裁决的结果是，赎回这个梦想要付出3000万美元！但，即便是这样，那个买梦想的人仍不肯把这个梦想卖出。不是钱的问题。他在法庭上说："过去我是一个穷孩子，穷得不敢有自己的梦想。但是自从我买了这个梦想后，完全变成了另外一个人。它使我发奋学习，最终考进了华盛顿大学；这个梦想使我遇到了美丽贤惠的妻子，因为她是一个埃及迷，没有这个梦想，我们就不会走到一起；这个梦想还使我的儿子考进了斯坦福大学，因为我曾经答应他考进斯坦福大学，我们就去埃及旅行。这个梦想是我生命的支撑，是我人生的无价之宝。"

这个故事曾在一段时间被广为转载，虽无法考究其真假，但它却道出了一个人生哲理：人需要梦想，梦想之光会指引和照亮人们未来前行的道路。一个人，只有怀着对梦想的追求，才能不断奋斗，不断超越，不断从一个山峰登上另一个更高的山峰。

所以，同学们，希望你们相信梦想的力量，拥有自己崇高的梦想。

有了梦想，如何将梦想变为现实呢？现实是此岸，梦想是彼岸，中间隔着湍急的河流，桥梁就是行动。追逐梦想，关键在于行动。今后很长的一段时间，你们的行动主要还是学习。

在未来的行动中，希望你们能养成更加主动的习惯，更加主动地学习，更加主动地做事。你主动学习、主动做事，还是被动学习、被动做事，这将决定你在今后是优秀还是平庸，差距就因是否主动而产生。没有主动性的人，不会主动学习、主动做事的人，总需要他人督促提醒的人，是很难有出息的。

那么，在未来的学习过程中应当更主动学习些什么呢，更主动做些什么呢？在这里，我有一些建议。

第一，要主动锻炼身体。健康是你将来做一切事情的基础，没有健康的身体一切都无从谈起。锻炼身体的习惯，也反映了你的生活态度和对生活的热情。具有良好锻炼习惯的人常乐于积极进取，勇于克服困难、迎接挑战。只有那些对生活充满热情和积极进取的人，才可能在社会上有所作为。

第二，要主动读书，多读书，读好书。我建议大家多读经典名著。所谓经典名著，就是在较长的时间里，许许多多人都读过，都公认的好书。这些书可能影响了好几代人，是传世之作。我建议同学们高中三年至少要读50本好书，这些书至少要涉及十个以上的领域。读了这些书，你就会变得丰富，变得与众不同，你的生活中就会有许多乐趣。

第三，要养成主动帮助他人的习惯。任何人都需要帮助。你帮助了他人，就会得到他人对你的帮助，就会有很多朋友。助人是一种意识，一种习惯，一种境界，一种信仰。只有养成了助人的习惯，你将来才可能成为一个受大家欢迎的人，对社会有影响力的人。

未来的学习，要做的事情还很多，要养成的习惯也很多，今天我不能一一列举。那么怎样才能做好这么多事情呢？这就需要主动，主动做好自己的生活计划和学习计划。你们以后的老师还会在这方面给予你们很多帮助。同学们，请记住，今后检验你们是否优秀的标准，不仅仅是考试分数，还有你们是否养成了主动学习的习惯、主动读书的习惯、主动锻炼身体的习惯、主动帮助他人的习惯、主动服务集体和社会的习惯。有了这些良好的习惯，我相信你们将来一定是一个幸福的人。

同学们，今天是你们在东莞中学南城学校学习的最后一天，分别在即，眼前浮现的总是你们的努力与乖巧，非常幸运我们能在这里彼此相遇，非常幸运在这生命中重要的三年我们能相互陪伴！我们舍不得你们离开，还想给予你们更多的呵护，但你们已经长大，你们必须得走出去，我们只能以满怀祝福的目光，目送你们前行的背影。

同学们，明天学校就变成了你们的母校，你们就变成了校友，母校会时刻关注你们的进步。今后，无论你们走到什么地方，都请记住母校永远是你们的精神家园，希望你们常回家看看。

相信未来有无限可能

现在我郑重地宣布：亲爱的同学们——你们毕业了！

同学们，首先，我要向你们表示衷心的祝贺，你们刚刚结束了人生旅途上最为重要的一次考试，你们都是凯旋的勇士！

在这里，我还要感谢各位同学，感谢你们三年前选择了南中，感谢你们三年来对学校工作的支持和理解，感谢你们让我们在这里遇到彼此！此时此刻，我建议同学们怀着感恩的心，把掌声送给你们可亲的父母和可敬的师长！

我为你们欣慰。你们这一届是南中最后一届高中毕业生，三年来，你们怀揣理想，用矫健的身影、灿烂的笑脸、琅琅的书声，为南中校园留下勃勃生机，为南中的高中教育画上圆满的句号。

作为过来人，在这样的场合总要和你们谈谈未来人生。虽然这不免有些流于俗套，但也有一点儿必要性。

首先，你们要相信你们的未来具有无限的可能。

同学们，你们即将进入高等院校，开始崭新的大学生活。希望你们在今后的日子，不需要太关注过去，不需要关注现在所在的大学是好还是坏，不需要关注家庭是否富足，不需要关注长相是好看还是难看，因为所有这一切都是外在的东西。外在的东西尽管在一定阶段对我们来说是很重要的，但是从长远的一辈子来说，是不重要的。

以大学为例，进了北大或者中大这样的大学固然好，但我们也看到很多进入一般院校的学生，他们在经过了自己全力以赴的努力以后，也取得了较大的成就，成为社会的精英。

我的一个朋友，20多年前中专毕业后，从四川来到我们东莞虎门打工，经过了一段时间的工作，发现中专学历远远不够。就开始一边工作一边努力自学，两年后他获得了大专的文凭。大专以后，他发现大专学历还是不够。现在一般来说，要本科毕业才能考研究生，但那时只要大专毕业就可以考研究生。大专毕业之后，他下定决心要考研究生，又用了两年的时间，最后终于考上了中国人民解放军火箭军工程大学的硕博连读研究生。就四年的时间，身边的工友还在重复日常普通流水线工作的时候，他成了一名研究生。博士毕业后，他投身于导弹发射技术的研究，目前已成为我国该领域的核心技术人才。

有无数中专生以中专生结束了自己的一辈子，但是我们也可以看到由一个中专生到国家核心技术顶级人才这一路的奋斗历程。

所以，一个人的成就跟这些外在的东西没有必然的联系，而跟他内心的冲动、渴望有关系。这些渴望和向往，不是指每天渴望吃一顿饭、喝两瓶啤酒，每天交几个朋友，玩两个小时的游戏。尽管我们可以有这些渴望，但是这些渴望应该放在更大的渴望之上，那就是渴望自己能变得伟大，渴望自己能获得成功，渴望自己能变得有影响力，渴望自己能养活自己、养活家庭，渴望自己为这个社会做贡献。这种渴望是我们走向未来的强大动力。新东方的创始人俞敏洪曾讲过："一个人就像一株植物，如果内心没有渴望长大的种子，他就永远长不大。如果你内心只有草的种子，你就是草；如果你内心有树的种子，你必然会长成树。"在人的心里，树的种子和草的种子是可以改变的，这种改变往往是一瞬间的事情。只要内心想要把自己变得崇高、变得伟大，就能改变。所以，我们都要做到一点，那就是内心有一颗渴望自己成长的种子。

其次，人的成长有两种：一种是自然成长；另一种是心灵成长。所有人都可以自然地成长。你完全可以预料到自己30岁、40岁甚至到80岁自己的长相会变成什么样。但是，你能预料你30岁能获得什么成就吗？你能预料你40岁获得什么成就吗？你能预料你80岁获得什么成就吗？你预料不到，你永远没法预料自己的潜力。

那么，你的潜力在什么地方？在你的心里。

所以，同学们，你们未来的潜力是无限的，不要用你们的现在去判断你们的未来，因为你们的未来不可判断，你们要去努力。

那么，怎样才能努力让自己无限的潜力变成能力？

面对无限可能的未来，我们始终要坚持一个特别重要的态度，这个态度就是：不要原地踏步，要坚持进步！

唐人魏徵说过，善始者实繁，克终者盖寡。我想当代尤其是这样。今天，我们生活在一个多样化的时代、多样化的世界，每个人在每天都面临着许多选择或者被选择的机会。正因为机会如此多样而丰富，才为许多人提供了半途而废、见异思迁的理由，轻易地放弃，又轻易地选择。正如挖井一样，有人挖了无数口井，但都不是很深，所以都没能发现水，所以就怀疑这个地方根本就没有水。人也正是这样，在轻易地选择与放弃之间，怀疑自己的潜力。

最后，怎样才能让自己无限的潜力变成能力？今天，我想越来越多的人会越来越坚信，在诸多的影响的因素当中，智力不是首要的，不是要看一个人有多聪明，而是要看一个人的执着与坚持。不论你做什么，哪怕是一件极其简单的事，都要把它当作事业，当作信仰，甚至当作生命，坚持和坚定地做下去，自始至终不动摇、不放弃，把它做到极致，做到完美，这就是成功。

所以，充分发掘自身的潜力所需要的这种精神就是坚持，就是善始善终的坚持。

希望同学们内心永远充满对进步的渴望，行动永远是善始善终的坚持。

同学们！今天是你们在东莞中学南城学校学习的最后一天。在与你们分别的时刻，我想引用古印度诗人迦梨陀娑在《沙恭达罗》中的一句诗，作为对你们说的最后的话：“不论你走的多么远，你永远也走不出我的心，这如同夕阳中的树影，无论它多么长，也永远连着树的根。”

同学们，母校南中永远是你们的精神家园，希望你们常回家看看。

心存理想，与“坚持”同行

一学期以来，学校在全体师生的共同努力下，贯彻落实科学发展观，秉持着“自主、和谐、共同发展”的办学理念，各项工作开展顺利，取得了很好的成绩。新的学期，新的希望！在此，我与大家分享的话题是：心存理想，与“坚持”同行。

先请同学们听一个80后男孩的故事。

这个农村男孩，家境贫寒，五岁时父亲去世。初中时一本叫《北大才女》的书深深地影响了他，北大的书籍和北大学术大师的人格魅力让他无限向往。于是，他树立了要去北大读书的理想。然而，2002年，他高考只考上了一所普通大专，梦想破灭了。毕业后，他南下广东打工，然而，当初埋下的北大梦依然强烈地刺激着他。2007年9月，辞职后，他和3000多名新生一起走进了北大的校园，但他的身份只不过是北大的一名保安。工资每个月约2000元。除了基本的花销和定期寄钱回家，他把剩下的钱都拿来买书了。休息时，他就泡图书馆，或者到教室做旁听生。回到宿舍，就做读书笔记和写学习心得。2008年，他参加了成人高考，以高出分数线60分的成绩成为北大成教中文系的本科生。站在岗亭里，他是北大保安；走进课堂，他是北大学生。几年时间，他认真阅读了400多本书，写出近10万字的笔记。2012年2月，他获得了北京大学本科文凭；同年6月，他所写的《站着上北大》这本书正式出版，被誉为“中国保安出书第一人”。他就是当选为“中国教育2011年度十大影响人物”的甘相伟。

有人为赚钱而站岗，但甘相伟却是为理想而站岗。他与众不同，他心存理想，不断努力，最终实现了自己的人生梦想。

从甘相伟的事迹中，我有两点个人的体会，供同学们思考。

一、要尽早明确自己的奋斗目标，树立自己的人生理想

周恩来总理12岁时就立下了“为中华之崛起而读书”的远大理想，这一直激励着一代又一代的中国人。同学们，你们正处在12—15周岁，正是树立远大理想的黄金时间，你们是否都拥有了自己的理想呢?

有了理想才有方向，有了理想才有动力，有理想与没有理想的人生是不一样的。

哈佛大学曾经做过一个调查，调查对象是一群智力、经历、生长环境都差不多的年轻人。调查发现，这群人中，27%的人没有人生目标，60%的人人生目标不清晰，10%的人有清晰但短期的目标，3%的人是具有清晰且长期的目标。25年过后，3%的那些人，大都成为社会各界顶尖的成功人士、行业领袖、社会精英；10%的那些人，大都成为律师、工程师、行业主管等；60%的那些人生目标不清晰的人，大都生活得不如意，没什么特别的成绩；27%的那些人没有人生目标的人，生活非常糟糕，常常失业、喜欢抱怨。

这个例子告诉我们，理想对于人的一生非常重要。也许，现在让大家都有一个远大、清晰的理想还有一些困难，但是，作为初中生，阶段性的目标是必须要有的。

其实很多优秀企业家一开始也不清楚自己一辈子要干什么。比如，马化腾年轻的时候，不会想到做一个人与人无缝对接的腾讯社区——微信；马云也是连续做失败了四个公司以后，才开始做阿里巴巴的；俞敏洪年轻的时候也只是想通过开一个英语培训班，赚足自己出国留学所需的费用而已，后来却做出了新东方这个超级培训机构。但他们都有一个共同特点：通过努力，用一个接一个的阶段性目标，来不断增强自己的信念，不断地让自己的理想长大，最终实现自我的超越，取得了巨大的成功。

所以，目前我们至少有两件事情肯定能做：

第一件是想清楚自己一年后、两年后、三年后应该成为什么样子?

第二件是保持每天都要进步的心态，每天让自己完善一点点，成长一点点!

做好这两件事，我们的理想就会一天天地长大，我们的人生目标就会越来越清晰。

二、用坚持不懈的努力来拉近理想与现实的距离

曹雪芹用一辈子完成了巨著《红楼梦》，巴尔扎克耗尽身上的每一滴血汗终于演绎了《人间喜剧》，马克思写《资本论》花了40年，《徐霞客游记》的诞生用了34年，歌德的《浮士德》更是60年之精华。这些事例告诉我们，大凡有所成就的人，总是离不开坚持两个字，甚至一坚持就是一辈子。

我们身边也有这样的同学，学习特别努力、特别刻苦，而且还能够长期坚持下来。虽然这样的同学人数不是很多，然而正是这些少数的同学，往往能够获得更大的舞台、更多选择的机会。

同学们，好好审视历史以及现实生活中那些令人敬佩的成功人物，就会发现，他们身上都有一个共同点，不轻易为“艰辛”而退缩，不轻易被“挫折”打败，不轻易因“失败”而放弃！他们总是为了达成自己的理想而坚持不懈，孜孜不倦，并最终实现了自己的人生理想。

同学们，理想、坚持是每个追寻自己梦想的人都必须认真面对和思考的。没有理想的人生必定是庸俗的人生，而有了美好的理想却不能矢志不渝地追求，同样是充满遗憾的。希望大家珍惜在南中的美好时光，找到属于自己的理想，明确自己的奋斗目标，并坚持不懈地努力，为自己的成功人生打下坚实的基础！

愿我们都心存理想，与“坚持”同行，拥抱成功！

修身立德追逐梦想

金牛贺岁迎新春，慧臻至美启新程。在欢乐、祥和的新春氛围中，我们迎来了新的学期。在此，我谨代表学校向大家拜个晚年，祝愿全体教职员工阖家安康、工作顺利！祝愿各位同学学业进步、健康快乐！

过去的一学期，在上级部门的关怀、支持和领导下，我们全体师生共同努力，秉持“自主、和谐、共同发展”的办学理念，教学相长，学校各项工作开展顺利，教育教学硕果纷呈，学校入围市品牌学校培育对象，再次荣获南城街道教学质量综合考核优秀单位。所有成绩的取得，都是我们全体师生努力奋斗、不断进取的结果。

现在，我们又面临新一年的机遇和挑战。在实现品质办学的征程中，我们仍需要砥砺前行。

所以今天借此机会，我想与同学们交流三点。

一、要自觉修身立德

“国无德不兴，人无德不立。”在纪念五四运动100周年大会上，习近平总书记讲道：“青年要把正确的道德认知、自觉的道德养成、积极的道德实践紧密结合起来，不断修身立德，打牢道德根基，在人生道路上走得更正、走得更远。”

这就要求我们树立规则意识，自觉把社会主义核心价值观转化为个人的情感认同和行为习惯，学会感恩、助人、宽容、自律、勤俭、担当，等等，踏踏实实修好品德。

“君子慎其独也。”自觉修身正行，要从勤于反思自己的言行开始，要从做好小事、管好小节开始。那么，我们身边有哪些现象值得我们反思和修正呢？细一想，真还有那么一些。例如，我们的用水情况，我们偶尔会看到个别同学忘记关水龙头，不经意浪费直饮水。再看看我们的用电情况，少数班级，同学们不在教室上课时，教室的灯还亮着，电脑还开着，空调、投影也开着；这些设备经常处于待机状态，既耗电，又会加速设备的老化，而且还有安全隐患。还有少数同学随地乱扔垃圾、讲脏话、领餐不排队、随意浪费粮食、不按时就寝、不尊重他人的劳动、不认真值日、自习时不保持安静，等等。以上列举的现象虽然不多，但也都是我们校内存在的现象，希望能引起重视。

“一屋不扫，何以扫天下。”修身立德，需要我们从做好身边的小事开始。

二、要树立人生的目标

目标或者说理想对于人的一生有非常重要的导向作用。

也许，现在让大家都有一个远大、清晰的理想还有一些困难，但是，我们可以有几个阶段性的理想，也就是小目标，一个个小目标连在一起就会变成远大的理想。

我曾经找了两批学生做过试验，我对第一批学生说：“你们回去要认真读书，每天都要读一点书。”一个月后，我统计了一下，有的孩子读了一本，有的读了两本。我对第二批学生说：“你们每个人每天要读50页书。”一个礼拜就是350页，相当于一本书。大部分学生一个月读了三到四本书。

为什么第二批的效率高出了一倍以上？是因为我给第二批人设定了一个非常明确的阶段性目标——每天读50页书，而对第一批人只提出了一个模糊的要求——要读书，没有明确告诉他们每天要读多少页。

所以，明确的阶段性目标非常重要，它能为我们每个阶段的前行带来动力。

我们南城学校有一位校友，在这方面就给我留下了极为深刻的印象。他初三的上学期告诉我，他要努力争取到信息特长生的考试资格；初三的下学期他告诉我，他要争取成为莞中的信息特长生；那年中考莞中的录取分数线是713分，他考了705分，但他以信息特长生的身份实现了进入莞中的理想。他的中考成绩在莞中虽然排在年级中下的位置，但他高一的目标是争取高二分班时进入年级的理科实验班，高二进入实验班后的下一个目标就是考入中国科技大学。在2020年他以680分的高分实现了他的梦想。这位学长就是我们2017届的初三毕业生闫肃同学。

同学们，让我们认真地想一想，我们的阶段性目标是否清晰？接下来，我们的第一个目标是什么？第二个目标又是什么？第三个目标在哪里？希望你们通过努力，用一个接一个的阶段性目标，来不断增强自己的信心，不断地让自己的理想长大，最终实现自我的超越。

三、要坚信奋斗的力量

人其实有两种基本的能力。一是想的能力，二是行动的能力。这两者缺一不可。你光想，不行动，永远是个空想家。长时间坚持不懈地奋斗，很多当初被认为不可能的理想，也会变成现实。

列子曾经讲过一个故事，有位老人想要一条通往山外的路，于是全家克服重重困难齐上阵，开始这个浩大的工程，这就是“愚公移山”的故事。1941年，在全旅资源匮乏的情形下，八路军三五九旅开展大生产运动，将荒地变成良田，于是有了“自力更生”这个壮举。

同学们，学习从来也不是一件容易的事，成长的过程也从来都不轻松，身边那些优秀的同学无一例外都是勤奋的典范。

开学的第一天，面对新学期，每个同学都要面临未知的困难、未知的学业、未知的挑战，而战胜对未知的恐慌最强大的武器就是勤奋。希望我们能继续珍惜时间，每一天都能做到有目的，有计划，积极主动，不放过任何一个学习机会，勤学好问，虚心学习，永不满足。希望我们能不怕困难，持之以恒，不论失败多少次，都有重新站起来再次奔跑的勇气和决心。这样的历程就是奋斗，在这样的成长过程中，我们一定能见证奋斗的力量，体会奋斗带给我们的幸福。

同学们，你们是国家的未来和希望。希望你们能努力做到修身立德、志存高远，勤学上进，锤炼意志，砥砺坚韧。希望你们能通过努力不断实现自己的目标和理想。希望你们能努力做一个品德高尚、热爱学习、有文化修养、有责任担当、有家国情怀的人。

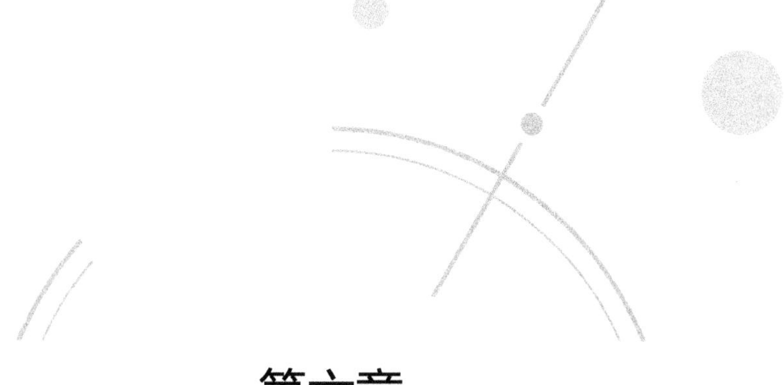

第六章

让学生学有方法

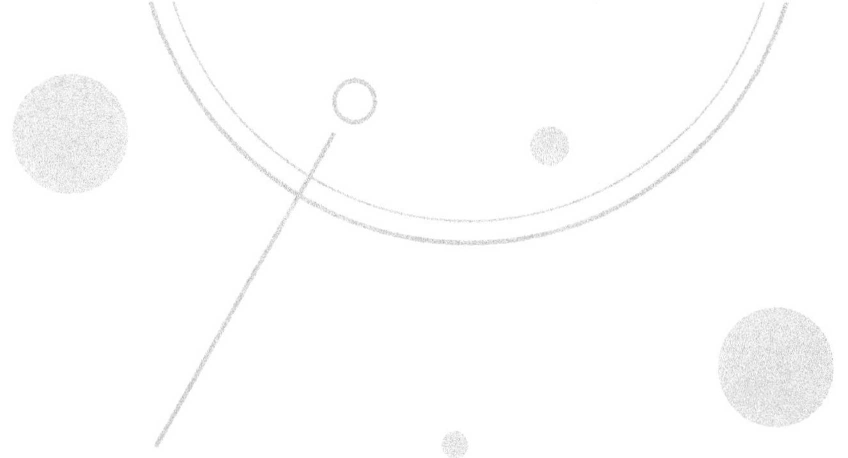

拼搏，从今天开始

经过一楼走廊的时候，看到了一幅大大的标语，“拼搏，从今天开始”。从今天开始，我们全体高三学生必须直面高考，奋力冲击我们的人生目标。

回头看看刚刚毕业的2017届高三，总的来讲考得非常好。回顾这一年的历程，我们看到了许多同学不甘落后，奋力拼搏，终于实现了自己的理想，但也看到部分同学因为不能坚持不懈地努力，最终带着遗憾告别自己的高中生活。

有一句大家都耳熟能详的话，“知识改变命运，学习成就未来”，高考无疑是所有高三学生人生中一次难得的机遇，从某种意义上说，它将直接改变或决定每一个高三学生今后的人生走向。

大家都知道，你们是我们学校目前最后的一届高三，你们的每个人都牵动着家长和众多人的心，我们一定会全力以赴帮助大家。上一届考得非常好，我们这一届生源也不错，而且备考的经验比上一届也更加成熟，所以可以预计明年会更辉煌。我们说这句话是有底气的。

首先，我们会安排最好的老师。所有的高三老师都在高三年级摸爬滚打多年，在师资团队这一块学校已做好了充分的准备。今天上午我们召开了高三年级的教师会议，全体高三老师已经动员起来了，老师们将合理地安排教学进度，科学地设计教学方法，精心地为大家挑选复习资料，周密地安排复习计划。

其次，备考的过程将更加科学，我们会抓得更到位、更严、更细，当然学习时间也会更长，任务会更重。这需要同学们投入更多的时间和精力。

最后，后勤保障会更到位，明年的高考，教室一定会有空调。

总之，我们将尽最大的努力，支持高三的工作，关注、关心高三的工作。目的就是希望高考中我们每位同学都能考出自己理想的成绩。

为此，我也对同学们提几点要求。

一、坚持理想、树立目标，并持之以恒地努力

一个人就像一株植物，如果内心没有渴望长大的种子，他就永远长不大。如果你内心只有草的种子，你就是草；如果你内心有树的种子，你必然会长成树。在人的心里，树的种子和草的种子是可以变换的，不像自然界，让松树的种子变成杨树是不太容易的，让草的种子变成松树也是不可能的。但是，人是可变的，人的改变往往是一瞬间的事情。只要你内心想要把自己变得崇高、变得伟大，你就能改变。所以，我们要求在座的同学都要做到一点，就是在内心要有一个渴望自己长大的种子，要有自己的理想。

树立理想之后是瞄准目标。目标是一个比较具体的概念，是在某一段规定的时间内完成自己给自己规定的任务。目标非常重要，有了目标并为之努力，如同自己拿着一根鞭子鞭策自己前行。你有没有目标，有没有想考取的大学很重要，目标可以具体些，这样才有奋斗的动力。

在我们的成长过程中还需有一个特别重要的态度，这个态度就是不要原地踏步，要坚持进步。因为只有点点滴滴地进步，我们才能够在最后看到一个巨大的成就。这就是坚持，我希望同学们都能做到。

二、要有战胜一切困难的勇气

高考渐渐向我们走来，我们也一步一步走向高考。在这过程中同学们在思想上、生活上、学习上不可避免地会遇到这样或那样的困难。在弱者面前困难永远是一座不可逾越的大山，那些因为一次考试失利就垂头丧气的人一定是困难面前的弱者。为了实现我们心中的目标，我们要鼓足勇气，迎难而上，做学习上的强者。在高三复习的过程中，你可能会出现所谓的“学习高原”现象，就是你很有可能连简单的题目都做不对了，你可能觉得学习陷入了一个倒退期，这是学习过程中很正常的一个现象，同时这也是你学习过程中非常重要的一个时期，咬咬牙坚持下来，你学习的飞跃期就到来了，放弃了，就会真的出现倒退现象了。所以希望我们高三的同学都能够用自己的意志去攻克一个又一个的难关。

三、有良好的心态

很多高考的成功者在介绍经验的时候都会谈到心态，我是农村出来的，那时的读书是不需要动员的，在学习中多大的压力都能承受，但是对你们来讲，这些都不一样了，心态调整可能是最难的了。希望大家能换一个角度，把高考当成一次难得的历练，当成人生必经的过程。用一颗平常心来对待各种考试的成绩和名次。

四、听从老师的安排

老师的安排整合了很多届高三、很多学校的经验，也在不断地反思和完善，希望同学们能认真听从并严格落实老师们的各项安排。相信老师，听老师的，跟老师走，只有这样，才能有更好的备考效率。

五、学习上要有方法

（1）要克服急于求成的思想倾向，重视基础、重视课本，做好基本题，练好基本功，拿到基本分。

（2）要重视归纳总结，对做错的题目要及时纠正。我建议每个同学都要建立一个错题记录本，一个典型问题总结本，把学习中遇到的一些有价值的知识点记下来，养成分析错误、提高自己的好习惯。

（3）要努力培养自己思考问题、分析问题、解决问题的能力，要在老师的统一安排下，强化专题训练，提高解题能力。

（4）要突出“五练”，这“五练”是练规范、练速度、练重点、练技巧、练能力。练规范是指在解答计算题、实验题、问答题、论述题时，要坚决做到审题认真、解答规范，做到思路明确、书写认真、步骤清晰（现在是网上阅卷）；练速度就是要在规定的时间内，完成一定量的题目，而且一定要保证会做的题目要拿满分；练重点就是要加大重点题型、重点专题、重点知识点的练习力度，熟练掌握这些内容的基本的解题思路和解题规律；练技巧是指在练习的过程中要分析各类题型的隐含条件，巧妙选择解题方法，掌握常见题型的解题技巧，提高考试技术；练能力就是要通过练习逐步培养自己的应变能力，能够沉着冷静地解答好每一道题目。

（5）要注意分清相近、相似、相关内容的区别，搞清它们之间的联系，系统地强化综合性的内容；做到做一个题目，学一种方法，会一类，通一片，对那些错的题目要贴上纸重新做一遍，空着的题目要补做。

（6）要及时查漏补缺。复习过程中，假如发现了知识的缺陷，要采取积极的补救措施，及时弥补，对知识的掌握要系统全面，不留死角，不留遗憾。

六、养成良好的习惯

包括运动习惯、学习习惯、生活习惯，只要你坚持运动，你就不易生病，所以要坚持良好的运动习惯。还有生活习惯，提醒所谓的学霸，吃饭很重要，正确地吃饭更重要，没有好的身体，学习再好也没有用，到点要好好吃饭，少吃垃圾食品，吃饭后尽量半小时内不要学习，不要剧烈运动，让胃好好消化，身体好了，学习效率自然就高了。还有，要有良好的睡眠习惯，回到宿舍不要玩手机、聊天，这也是老师们挺担心的一个问题，有的同学晚上不好好睡觉，上课来睡，那怎么行！

我相信，只要我们下定决心，不怕吃苦，认真对待每一节课、每一次测验、每一堂作业，就一定能实现我们每个人的高考梦想。

最后，预祝每一位同学明年高考成功！为母校的60周年校庆献礼。

奋战百日，实现梦想

在这孕育希望的季节，我们一起走到了2018年高考百日冲刺的关键节点。首先我代表学校向百忙之中来参加我们这次誓师大会的家长朋友们表示热烈的欢迎！向努力备战高考的全体老师表示衷心的感谢！向刻苦学习、努力拼搏的同学们致以美好的祝愿！

短暂百日，弹指一挥。在决战的号角吹响之际，我想给同学们提出三点建议，供同学们参考。

一、明确目标

我们为什么要高考？

现在我们能想到1年后、5年后、10年后、20年后的今天，我们在从事什么工作吗？我们的答案越明确，越能帮助我们坚持度过这高强度的100天，越能让自己全力以赴。

成功心理学认为，要取得成功，最重要的是要有目标，而且目标要清晰、坚定、长远、有适当的挑战性。目标越明确，就越能坚持。

在年级走廊的目标榜上，我看到了同学们那些美好的愿景。这说明同学们都对自己的未来有了一定的思考，这一点是非常重要的。既然目标有了，那么我们就该审视一下我们的目标，它们是否清晰、坚定、长远、有适当的挑战性。

所以，我们每一位高三的同学，都应该有自己明确的目标，而且还要把目标内化到骨子里，流淌在血液里。在仅剩的100天时间里，我们时刻都要清楚自己想要什么，要有为了自己的目标敢于拿出半条命来学习、拼搏的勇气，唯有如此，我们才能实现梦想！

二、珍惜时间

我个人认为成功的根本在于对时间的珍惜。

有这样一道关于人生感悟的填空题：人生像一道加减法，加法是________；减法是________，请大家根据你们人生的感悟填空。

当下，我们可以这样理解，做加法的是我们所掌握的知识，我们的考试成绩，我们在班上、年级、全市乃至全省的排位，做减法的是我们高三所余下的时间，时间是越来越少的。如果一天天过去了，我们的时间少了，而所掌握的知识没有增加，那就是虚度了时光。所以，我们必须珍惜时间，有效率地使用时间。

那么，从现在到高考的这100天的时间里，我们应该怎样来做这个加法？

表面上看，我们每个人所拥有的时间是一样的，可实际上，我们都知道，每个人对时间的利用率是不一样的，每个人所把握的时间也是不一样的。我们每个人都可以做一次时间盘点：我的时间都用到哪里去了？我是否懂得了对时间进行管理？应该说，大时间的管理大家都是一样的，因为有学校制定的作息制度，它规定了每一段时间的安排和要求，而小的时间，也就是留给同学们自己安排的时间，我们管理好了吗？譬如早读、自习课、晚自修、晚上六点半以后等一些时间。每天我们是否都能在早上七点前回到教室？回到教室你是马上能静下心来投入早读，还是等待科代表组织才早读？或者是科代表已经在组织早读了，可你还在吃早餐呢？每次进入课室后，你能做到不干扰不影响别人学习吗？如果，一天下来，你总的时间利用率高，这一天就会比别人多积累一点知识，天天如此，你盘点一下，你比别人的知识积累就会厚重很多。所以说，表面上看每个人的时间是一样的，可当你每日回顾自己的时间管理，自我检查是否有浪费时间时，你就会懂得实际上每个人的时间的确是不一样的。

换句话讲，我们减掉的是一样多的时间，但做的加法却是不一样的，要把这加法做好，就须提高效率、珍惜时间。

关于珍惜时间，曾有这样一句名言：要每天多努力一些，至少要比别人多努力一个小时。

三、认真备考

考前的100天，希望大家能做到“四个千万”。一是千万要认真用好每一分每一秒。每一节课，每一个早读、晚修，每一次作业，每一道题，每一个疑点，每一次考试，每一次提升，这些都来自我们对时间的认真对待。二是千万要认真对待每一个学科。查漏补缺，每一科多考一分就多一分希望，如果每一科都多一分，总分就会多好几分。三是千万要认真思考自己的增长点。挖掘每一门学科、每一个基础知识点和规范答题等方面可能存在的增分空间，以求最大限度地提高自己的成绩，千万要相信自己还有无限的增长可能。四是千万要认真对待自己的身体。我们总说身体是革命的本钱，如果没有健康的身体，我们很容易把前面的努力都浪费掉了，确保身体的健康和精力的旺盛，健康过好每一天，保证自己一定可以冲刺的状态奋斗100天。

同学们，奋斗成就人生，未来应该由自己掌控！让我们明确目标，以科学的方法、认真的态度、良好的心态、不懈的努力去奋战100天。行百里者半九十，奋战100天，我们定将脱颖而出、翻开生命中崭新的一页。让我们一起铭记今天我们所立下的誓言，迈出坚实的步伐，与时间赛跑，去冲刺、去迎战、去拥抱高考的成功！去谱写人生的新篇章！

最后，预祝同学们2018年高考成功！谢谢大家！

如何考上一所好的高中

27年前，我同你们一样，也是初三的学生，当时我在四川一个非常贫困和封闭的小镇上读初三，也在用自以为很成熟的大脑思考我的未来。当时就三种出路摆在我的面前：延续父辈们的命运，继续在山沟里面做一位农民；同一些同龄人一起到南方当农民工；努力学习，考一所高中，最好是好一点的高中，完成自己跳出农门的梦想。转眼间这么多年过去了，今天又站在了初三的同学们的面前，想讲的真的很多，由于时间的关系，今天只和大家讲为什么要努力以及如何努力考上一所好的高中。

一、为什么要努力考上一所好的高中

北师大做了一项特别有意思的调查：清华、北大的大学生，小学和中学是否来自名校？这个调查持续了半年，结果是很多清北的学生，小学和初中都籍籍无名，但是高中，毫无例外的都出自名校。其实小学和初中是否是名校，对以后的成才影响可能没有我们想象的那么大，但是高中非常重要。

好高中能给你带来什么呢？

（一）优质的师资力量

很多超级中学的学生上一所不错的211是完全没问题的。稍微努力一点，一个重点的985也不是难事。而很多普通中学，经常会出现全校没有一个人可以考上重点本科一类大学的窘境。这的确有生源质量的因素，但也不得不承认，这样的结果与学校的师资力量是分不开的。好的高中的教学安排会非常合理，张弛有度，学校既不会对学生放任不管，也不会压榨学生所有的时间，我对这一点深有体会。

（二）浓郁的学习环境

有这样一句话：你交际圈子的水平，基本上决定了你自己的水平。

在一所超级中学读书意味着，你的周围会生活着很多学霸，重本率高达80%，这意味着在这里你只要跟着老师走，上一所不错的重点大学是完全没问题的。例如，莞中2012届的杨宇昌同学，也就是我们年级3班数学杨明老师的孩子，2009年4月，他先后参加了全国初中数学、物理和化学三科奥林匹克竞赛，结果全部获得全国一等奖，其中物理、化学在东莞赛区排名第二，数学在东莞赛区排名第一。2009年11月，整整3年没有参加信息学辅导的他重出江湖，参加了第15届全国信息学（计算机）奥林匹克联赛，获提高组（高中组）全国一等奖，同时获得免试保送上重点大学的资格。

你可以每日目睹身边学霸雷厉风行的学习作风，周详的学习计划，健康向上的个人习惯。耳濡目染的作用绝对是显著的，说不定哪一天，某位学霸的某个做法就启发了你学习的思路，让你发现一个全新的学习方法。

也许，你还可以与他们交流一下人生目标之类的话题。他们大多有着极为强烈的目标和超凡的执行力，与他们在一起，你也会获得境界上的全然提升。

你要记住，和你生活在一起的，会是你的同龄人中最优秀的那一批。与他们一起待上整整三年，对你的影响无疑是巨大的。

（三）开明的管理理念

很多超级中学社团活动、学生会、课题研究、选修课等都是其校园生活不可或缺的一部分。虽然它们所占的时间比重不会太多，但终究会有利于学生的全面发展。“素质教育”恰恰在这些重点学校才有试点的可能性，越是普通的学校，则越向应试教育靠拢，甚至到了最末流的学校，连“应试教育”四个字都无从谈起了。

越是好的中学，越能以一种开明的态度对待学生。这些理念给了学生很大的自由空间，让他们今后能以一个独立而完整的人的身份走出校园。学校带给你的除了优异的成绩，还有今后对一生的影响。

（四）良好的校园秩序

好的校园秩序，营造了好的名声，从而吸纳进了更多的好学生，从而促进学校和学生个人进入良性循环。

（五）开阔的人生眼界

好的中学有着多元化的环境，多种多样的人，让你的眼界不再局限于书桌前的“一亩三分地”，让你能够抬起头来，以一种更加宽容而平和的心态，看待世界，看待人生，看待形形色色的人。这些人还可以激励你在学校课业外充实自我，形成自己独立的思考。渐渐地，你所懂得的东西也不再只是课本，而更多的是课本外的知识。

（六）丰富的机会

还是以莞中为例，譬如这个暑假，其辩论队的同学就参加了全省、全国、亚洲和全球四个层次的华语辩论赛，而且都取得了相当不错的成绩；还有同学到新西兰的友好学校参加短期留学活动；还有同学到东莞的友好城市韩国牙山市交流，也有同学在莞中接待来自德国和韩国的朋友；等等。当然，我并不是说普通高中就有多么不好，只是相比于一所好高中而言，它所能给你的其实少之又少。

所以，如果我们对自己的未来充满期望，那就好好加油吧！

二、我们应该具有的优秀品质

同学们，前面同大家讲了好的高中的优势，这里我要问大家，大家想不想考入好的高中？是想还是一定要？如果是一定要实现，那么我们应该要做好怎样的思想准备，要克服哪些困难？就这个问题我曾经问过一位刚进入高三时成绩还不太好的同学，他给我的答案是，“我有拿半条命作为高三见面礼的决心”，后来这位同学成绩进步很大，考入了华南理工大学。当然仅仅是蛮劲还是不够的，那么初三这一年我们应该有哪些准备呢？

我们都知道什么样的学生是三好学生，这里我想提出一个新的“三好”。

（一）好的心态

在英国一个童话故事中有这样一道脑筋急转弯智力题：在一个荷塘中种荷叶，假设荷叶每天会增长一倍，30天刚好长满这个荷塘，问第27天荷塘中长了多少荷叶？答案是1/8个荷塘的荷叶。因为29天时长了半个荷塘，28天就长了1/4个。27天了，可在这荷塘中只有1/8的一小块，这前面漫长的27天因无法让人享受到成果，常常是令人难以忍受的，人们常常对第28、29天的希望和第30天的结果感兴趣，却因不愿忍受漫长的成功过程而在第27天时放弃。今天，我与大家讲这个故事，是想告诉你们，每天进步一点点，它是有无穷的威力的，只要保持进取心，有足够的耐力和信心，坚持到第27天以后，不轻言放弃，就会达到目的。我们明白了这一点，就可以少一点急功近利的想法；就会少一点“我这段时间已经很努力地学习了，可是考试还是没有进步”的灰心；就会多一点平常的心态，默默耕耘，知道自己在努力，其实其他同学同样也在努力；就会更客观地分析自己，多点自己与自己进行纵向比较，肯定自己取得的点滴进步，不断增强自己的信心，坚持到最后。就像荷叶的生长，越到后面生长的速度就会越快，最后达到目的，长满一个荷塘。

（二）好的习惯

对于每一个知识点的学习，都需要经历几个必要的环节。大家能列举一下吗？

对，有预习、听课、做笔记、课后复习、练习巩固等诸多环节。

那么每一个环节我们能给自己打多少分呢？60？80？90？还是100？

60分太危险，肯定学不好，也会被老师批评；100分太辛苦，也不太现实；每一个环节90分就很不错了。

这种说法似乎很有道理，但学习的过程是由一个一个细微的环节串联而成，每一个环节都会以上一个环节为基础，各个环节之间相互影响的关系以乘法为基准最终产生结果，而不是百分比的简单叠加。有这样一道数学题：90%×90%×90%×90×90%=？其结果是59。

环环相扣的一系列过程结束后，“很不错”的90分最终带来的结果可能是59分—— 一个不及格的分数，这就是过程控制效应。在5个环节之后，你的成绩就不是平均值90分，而是59分，一个会被激烈的竞争环境淘汰的分数。

90%×90%×90%×90×90%=59，这个简单的等式数学题之外的意义就是学习的过程需要我们有好的学习习惯，不能有差不多、已经不错了、我已经比较努力了这样一些借口，需要的是精益求精的学习习惯和品质。大家再想一想我们的中考，总分是多少？780分，今年我们南中的最高分是多少分？758分，今年莞中的录取分数是多少？713分。要达成这样的高分，需要我们每天、每一个环节都要尽最大努力去追求完美，这便是好的习惯。

（三）好的方法

讲到好的方法，我想问一下大家初三这一年我们除了学习新课以外，最主要的任务是什么？对，是复习。那么复习的主要目的又是什么？是查漏补缺，寻找自己新的增分点。那么增分点又在哪里？有些同学复习到一定程度的时候会觉得所有的知识自己都复习过了，而且还是都复习过几遍了，不知道该干什么了，学习进入了停滞不前的状态，我们称之为“学习高原现象”。下面我给大家做个实验：

大家看到水有没有溢出？没有？谁能告诉我这是为什么呢？具体的解释物理老师会更清楚，我只想借用这个实验告诉大家，无论你是哪一个层次的同学，知识提升的空间肯定是有的，那么怎样才能获得进一步提升呢？我这里引用一段以前在莞中的时候，一位优秀毕业生在向学弟学妹们介绍学习经验时的话。

"一年前的今天，我就像现在的你们一样，兴奋而迷茫，甚至有些焦虑，没有清晰的计划。事实上，到现在，要我说出9月应该干什么，10月应该干什么，高三上学期应该怎样，高三下学期又该怎样，我还是说不出来。因为我不是那种学有余力的同学，在完成老师的任务后，我根本没有时间再去开辟一片自己的天地，施展一个宏大的计划。因此，我的大计划就是跟紧老师的步伐，脚踏实地，走一步，再走一步。而我的小计划就是把每天的时间分配好。小计划不怕定得细致，可以精确到分钟，这样可以避免在烦躁的时候什么都做不进去，可以让大脑习惯于在某一个特定的时间段对一个特定的项目保持活跃状态，从而提高效率，这样做还可以保证时间分配得均衡，各学科平衡发展。我的小计划不一定是最好的，相信同学们定能摸索出最适合自己的时间表，并按照时间表有条不紊地快速运转起来。从现在起，不要再用天做时间单位了，要用小时，用分钟，甚至用秒来计时。小计划一旦制订就得坚持不懈地执行，雷打不动，但是有一点必须明确，小计划要配合老师的大计划，要根据老师的大计划调整做适当的灵活处理。这样安排的确很累，有时累得坐在凳子上觉得自己肯定站不起来，累得上楼的时候得扶着楼梯扶手，累得倒在床上连翻身都翻不动了，但是我不觉得苦，我感到的是充实，我感到自己离梦想越来越近。每晚10点半离开教室的时候，我总能微笑着对自己说"今天又是充实、有收获的一天"。为了实现自己的梦想，累一点又何妨？"

这位同学就是2008年东莞高考的文科状元，当年他被北大的北大元培实验班录取。

同学们，初三这一年确实会很辛苦，但正如这位学长所讲到的："为了实现自己的梦想，累一点又何妨？"希望同学们刻苦努力、奋发图强，以好的心态、好的习惯和好的方法去实现我们每个人心中的梦想！

最后预祝大家初三这一年学习顺利，中考成功！

如何养成规范的学习行为

今天与大家分享关于学习方法方面的一些体会。

都说学习方法因人而异，如果你有行之有效的方法，那么就恭喜你，并请你继续坚持；如果你目前还没有找到很好的学习方法，那你不妨认真听听我从优秀同学那里观察、总结得出的有效方法。如果你可以依照我提供的方法去学习，那么你的学习成绩一定会有很大的提升，不信你们都试一试。因为我已经让很多人试过了。

一个人学习成绩的优劣取决于他的学习能力，学习能力包括三个要素：规范的学习行为；良好的学习习惯；有效的学习方法。

实践证明：一个行为持续30天以上，就会形成稳定的行为，超过100天就可以形成习惯。有了规范的学习行为才能培养出良好的学习习惯，形成了良好的学习习惯才会形成适合自己的有效学习方法，三者是相辅相成的，规范的学习行为是前提，是基础。

如何养成规范的学习行为？我们从预习、课堂、复习、作业四个环节来一步步学习。

一、预习——争主动

1. 读：每科用5—10分钟的时间通读教材（当然这里的读并不一定需要发出声音），对不理解的内容标记下来，这是你明天上课要重点听的内容。预习的目的是形成问题，带着问题听课，当你的问题在脑中形成后，第二天听课时就会集中精力听老师讲这个地方。

2. 练：预习的最高层次是练习，预习要体现在练习上，就是做课后能体现双基要求的练习题1—2道。做题时若你会做了，说明你的自学能力在提高，若不会做，没关系，很正常，因为老师没讲。

当然，我也知道平时大家作业相当多，如果每天晚上都花时间用于预习的话，那复习、作业的时间就不够。所以，对于预习这项任务，学霸们都是在寒暑假以及周末提前完成的，上课前稍微再回顾一下就可以，你也可以学学。

二、课堂——重效益

课前准备。在课堂上我们常常会碰到这样的情况：老师让我们做某个练习或者翻到某本书的某一页时，有的同学还没有找到草稿本、笔或者老师点到的书，有的同学已经完成了老师布置的任务。你是属于哪一类呢？你觉得这两类同学的区别在哪里呢？对啦，良好的课堂行为习惯是提高你课堂效益的保证。所以，无论什么课，草稿本、笔是必不可少的，而不同老师上课常用的资料也应该在课前备好。只有这些准备充分了，才能更好地跟随老师的脚步。

做老师忠实的粉丝！我们在学校的主要目的和首要任务当然就是学习。跟谁学呢？当然主要是跟老师学。课堂是我们学习的主要阵地，老师应该是我们在课堂上要追逐的明星。我们的老师除了特别帅和漂亮以外，还都有丰富的教学经验和超群的教育智慧，不信你们可以去问一问你们的学长们，上次我陪部分同学去莞中参观，一位给我们做报告的师姐一口气数出了她所佩服的20多位老师。我们是不是应该为我们的老师和我们的幸运鼓鼓掌？（谢谢！）所以老师理应成为我们课堂追逐的明星。崇拜自己的老师，给自己积极的心理暗示，这样我们就会有很强的内心驱动力去追逐老师上课的节奏。追什么呢？看老师是如何把我想不明白、弄不清楚的地方用浅显易懂的方法推导出来的，也就是学会老师分析和解决问题的方法，知其然，还要知其所以然。有效的课堂就是你一直追随老师的节奏，积极动脑、动手、动口，一节课下来，如果你能在老师的引导下弄明白预习时的不明白之处而不仅仅是记住老师最后给出的结论，那你就学会了学习，你也是一个优秀的粉丝。

当然，要跟紧老师的节奏和步伐，你的预习会帮你大忙，不预习就很难跟上。事实证明：不预习而当堂懂的在50%到60%，而预习后懂的则能在80%到90%。当堂没听懂的知识我们一定要在当天找时间问懂、研究懂。

如果老师已经进入下一个知识点讲解时，你还在纠结上一个知识点，往往就会错过下一个，然后你再去补下一个时，老师可能已经讲下好几个啦。所以课堂上跟老师走的时候，有个知识点你确实没弄明白而老师又在继续往下走的时候，你要学会标记后果断放弃那个知识点，跟上老师步伐，过后再想办法弄清楚。

三、复习——讲方法

有效复习的核心是做到五个字：想、查、看、写、说。

1. 想：即回想、回忆，在大脑中“放电影”，这是目前联合国教科文组织承认的最有效的复习方法。想是没有特殊的时间及环境要求的，只要你愿意，随时随地都可以进行。有几个时间点我个人觉得是大家可以很好地利用的边角时间，同时加强课堂知识巩固的，分别是：①每节课后，你手上在收拾上节课课本资料时就简单回顾这节课你弄明白了哪些知识点，快速地过一遍；②中午和晚上躺床上时，入睡前那段时间；③早上赖床的三五分钟也可以用回顾昨天的知识点的方式唤醒自己。按照德国心理学家艾宾浩斯的遗忘曲线，在学习之后遗忘最快的24小时内，如果你间断地进行相关记忆，那么这些知识你就基本掌握了，如果周末再作一下回顾，月末再作一下回顾，知识就会深深印进你的大脑，别人是很难拿走的。

2. 查：回想也是查漏补缺的最好方法。回想时，有些会非常清楚地想出来，有些则模糊，甚至一点也想不起来。如果手头方便，对回想不起来的地方就应该马上进行补漏，让自己的知识体系尽快完善起来。如果是睡前回想，就起床后快速补录。

3. 看：即看课本、看听课笔记。既要有面，更要有点。这个点，既包括课程内容上的重点，也包括回忆的时候没有想起来、较模糊的“漏缺”点。

4. 写：随时记下重难点、漏缺点。一定要在笔记中把重难点和漏缺点详细整理，并做上记号，以便在复习的时候，注意复习这部分内容。

5. 说：就是复述，如每天都复述一下自己学过的知识，每周末复述一下自己一周内学过的知识。听明白不是真明白，说明白才是真明白。当有同学求助时，能用你自己的语言讲解给他听并且让他明白，那你就真正把知识内化成自己的了。坚持练习2—3个月，你就会记忆力好，概括能力、领悟能力提高，表达能力增强，写作能力突飞猛进。

四、作业——要自律

1. 不计时不作业：做作业时限时作业，记录作业时间，与作业无关的事不要做。比如，20分钟写完英语；25分钟写完数学……当然，对于基础较薄弱的同学，你的时间不会比别人多，而你做题速度又比较慢，怎么办呢？你同样要制订好计划，安排好时间，同样用25分钟做数学作业，你的主要时间和精力应该放在最基础的习题上，把当天的基础知识、基本概念记住，然后将它们用在基础题目中就可以。不用去跟别人比做难题、把时间花在少数偏难怪题上，因为考试中80%的题是大家都能做出的基础题，我们不能舍本逐末，做赔本生意。

2. 不复习不作业：先回顾所学的内容，然后作业，这是快速作业的有效途径。

3. 不分析不作业：写完作业后，如果有参考答案，应该要认真做好自己的检查和分析。我发现不少同学核对答案的方式是：正确，打钩；错误，划掉，写或者抄上正确答案，然后作业完成。你是这样吗？这样有什么地方不对呢？你的错题下次再碰到，是不是你还是会错？在同一个地方一再犯错是不可以的，这样你就达不到学习、进步的目的。

怎么办？这就是我们老师常讲的考后100分。

要取得高分，在对待我们见过的错题、难题以及每次大型考试就得下点功夫。

（1）错题——常反思

错题应重新做一遍。如果这次正确了，就要回头想想为啥第一次做错，是粗心还是知识混乱。如果还是做错，那就说明这部分知识确实没掌握，得做好记录，安排时间做相应知识的补救措施。

刚才易萱师姐讲到了错题本，这里我也想同大家分享一下如何设计错题本。错题本每页可分五部分。第一部分是原题；第二部分是错因；第三部分是改正，即写出正确答案；第四部分是归纳提醒，写出错题错在什么地方，如错在代数方面，则提醒自己这部分掌握不好，重新自学或请教老师和同学；第五部分是复习次数，每隔一段时间要复习一次，怎么复习？盖住原题自己用脑子想。

（2）难题——会溯源

一般来说，难题之难多半在于题目所涉知识点众多，知识点之间关系错综复杂，思维及方法运用跳跃性大、逻辑性强，因此，对于难题，建议用溯源的方法整理。一是查清楚题目所需知识清单，同步辨清知识间的内在联系。二是复原自己考试时的思维路径，查“堵”点、“歧”点。之后，同样需要每隔一段时间复习与检查一次。

（3）考后——找错点

用一张丢分统计表管理。按题目分为填空、选择、计算、阅读等项目。错了、丢了多少分，用统计表说话，这样，就能明白哪些错误是因为审题出了偏差，哪些错误是因为运算出了错误，还是什么知识点有问题，哪方面需改进和提高。然后再整理到错题本上。

以优秀的学习品质迎接高考

刚才级长对我们年级的情况做了很好的总结，几位同学代表的发言也很精彩。正如刚才大家所讲的，几个月来我们一直在努力、一直在进步。

这些进步的取得，除了要感谢我们自己的努力外，还要感谢许多人，除了父母、老师以外，今天在这里我还想特地感谢我们的科代表和班干部，他们每天无偿地为我们数、收发试卷和答案，每天提醒我们学习、运动和休息，让我们用热烈的掌声感谢他们！

为什么要高考？

现在你能想到1年后、5年后、10年后、20年后的今天的你是什么样子吗？

在目标榜上，我看到了同学们那美好的愿景。说明我们都对我们的未来有了一定的思考，这一点是非常重要的。

因为若这些问题你都不清楚，那你高考后如何报考志愿？你如何能坚持度过这八个月？如何能让自己全力以赴？

成功心理学认为：要取得成功，最重要的是有目标。目标越明确，就越能坚持。目标：一要清晰；二要坚定；三要长远；四要有适当的挑战性。

目标有了，大家知道离实现目标最接近的词是什么吗？在我的答案里它应该是：自律。今天我想主要就此谈谈我的一点看法。

一、自律来自对时间的珍惜

牛津英语词库有对人们常用名词使用频率的这样一项统计，当今人类最常用的100个名词中，排前三位的是哪几个词呢？“人”排在第二位，那么，谁排第一呢？时间。“时间”“人”“年”分别居统计结果的第一、二、三位，这从一个侧面反映了人们对人生苦短的惆怅。时间确实最为宝贵，一旦过去，就永远没有了，我们只能用时间换取自己的进步和发展。

关于珍惜时间，曾有这样一句话：要每天多努力一些，至少要比别人多努力一个小时。

二、要有毅力

说到毅力，有些同学会讲这些道理我都懂，但做起来就是另外一回事，把这些话挂在嘴边的人最缺的就是毅力。没有毅力的支持，一个人恐怕连最小、最简单的目标也无法实现。从某种意义上讲，毅力也体现在为了实现自己的理想而愿意做那些自己不感兴趣的事情。

在这里我举一个例子，美国第16任总统——林肯在他当选总统之前的30年里，碰到过多数人都不可能忍受的艰难和挫折。他经历过失业、经商失败、爱人死亡、精神失常、发表演说失败、角逐国会议员失败、当选后未能被再次提名、竞选地方官失败、竞选参议员失败、角逐副总统失败等难以计数的挫折，但他始终坚信自己肩负的历史使命，一直勇往直前，终于在1860年当选美国总统，成为美国历史中最伟大的人物之一。

类似的例子还有很多。这些成功的人依靠的就是坚韧的毅力。所以曾任微软公司副总裁、微软亚洲研究院院长的李开复博士在他的《做最好的自己》一书中讲道：毅力是一种心理忍耐力，是不怕挫折、越战越勇的精神。

举这些例子是为了说明一个道理，当你有一种坚忍不拔的精神，当你为了一个目标愿意不断去努力，用时间去争取自己的未来时，往往最后你取得的成绩要比那些不愿坚持、不敢坚持的人要大得多。

三、专注过程

有的时候我会听到同学们这样对我说："老师，这段时间我已经很努力地学习了，可是考试还是没有进步，我是不是真的不行？"

请大家帮我算这样一道数学题：在一个池塘中种荷叶，假设荷叶每天会增长一倍，30天刚好长满这个池塘，问第27天池塘中长了多少荷叶？答案是1/8个池塘的荷叶。29天时才长了半个池塘，28天长了1/4个。27天了，可在这池塘中只有1/8的一小块，这前面漫长的27天因无法让人享受到结果，常常是令人难以忍受的，人们常因不愿忍受漫长的成功过程而在第27天时选择放弃。因为人们常常对第28、29天的希望和第30天的结果感兴趣。今天，我在这里是想告诉你们，高三是一场等待，每天进步一点点，它是有无穷的威力的，只要保持进取心，有足够的耐力和信心，不轻言放弃，终究会达到目的。我们明白了这一点，就可以少一点急功近利的想法，就会多一点平常的心态，就会更客观地分析自己，肯定自己取得的点滴进步，不断增强自己的信心，坚持到最后。就像荷叶的生长，越到后面生长的速度就会越快，最后一定能达到目的，长满一个池塘。

“不积跬步，无以至千里”，“行百里者半九十”，讲的也是这个道理。

四、学习的建议

（1）学会做详细的计划。固定时间听老师的，自由时间越详细越好。计划定好后做计划的忠实执行者。

（2）坚持每天半小时的身体锻炼，保证体力。

（3）训练考试的最佳状态。保持最佳状态的唯一的目的是尽可能多地解决题目多拿分，只做有利的事，不做对拿分不利的事情，没有杂念，执着于题目。

（4）处理好自己与环境的关系。学会与他人做双向沟通，表达自己的意愿。改变不了环境，就做单向沟通——自己学会屏蔽外界不良干扰。

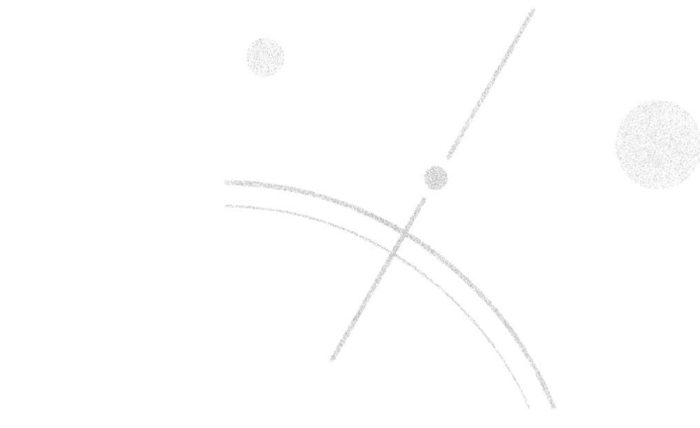

第七章

学生的责任担当

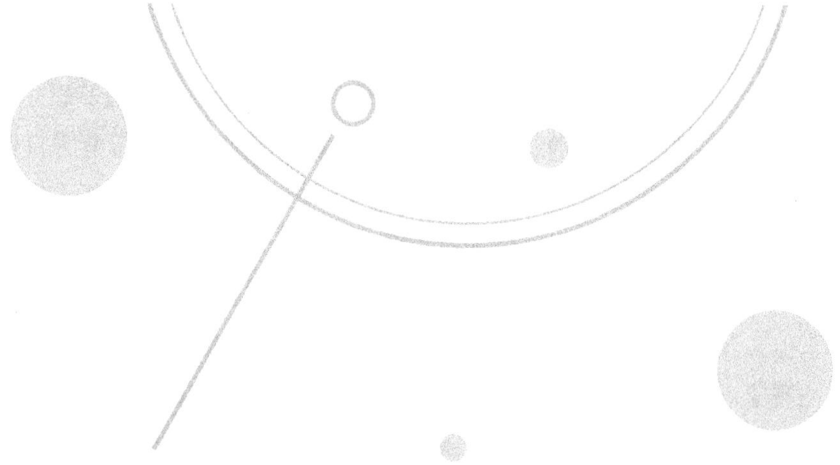

成功在于坚持

新春佳节的欢乐祥和还在空气中萦绕，我们迎来了2016—2017年第二学期的开学典礼。在此，我谨代表学校向大家拜个晚年，祝大家阖家安康、工作顺利，祝同学们健康快乐、学习进步！

一学期以来，学校在全体师生的共同努力下，贯彻落实科学发展观，秉持“自主、和谐、共同发展”的办学理念，各项工作开展顺利，取得了很好的成绩。

同学们，我们所有成绩的取得是全体南中人共同坚持努力的结果。今天借此机会，我想与同学们分享的话题是“成功在于坚持”。

首先，我想与大家分享我所喜欢的一位明星的故事。

在美国，有这样一位曾经穷困潦倒的年轻人。当年，在他所有的财富加起来都不够买一件像样的西服时，他依然全心全意地坚持着自己心中的梦想——做演员、拍电影、当明星。当时，好莱坞共有500家电影公司。他带着为自己量身定做的剧本前去拜访所有公司，三轮的拜访，无一成功，共计1500次的拒绝。1500次的拒绝也许可以耗费一个普通年轻人所有的热情与激情，但他没有退缩，每一次被拒绝后，他都会根据被拒绝的理由，认真地对剧本进行修改和调整。后来他又开始第1501次的拜访。终于，在第四轮拜访到第350家公司的时候，奇迹出现了。幸运之神终于降临到这个年轻人身上——这家公司老板同意投资开拍他的这部电影，并由他担任男主角。这部电影就是之后红遍全世界的《洛奇》，而这位年轻人就是后来的影视巨星——史泰龙。假设，在第三轮之后，他就止步于第1501次的拜访，现在还有这位巨星吗？还有他参与的电影佳作吗？他还能成就他美好的梦想吗？正是因为这种坚持不懈的精神，才让他取得了最终的成功。

同学们，法国启蒙思想家毕封说：“天才就是长期的坚持不懈。”如果你好好审视历史上及现实生活中那些有所成就、令人敬佩的人物，就会发现他们都有一个共同点：不轻易为艰辛而退缩，不轻易被挫折打败，不轻易因失败而放弃！他们总是为了达成自己的理想，坚持努力，坚持刻苦训练，坚持做好长久的准备，甚至会为理想付出毕生的时间和精力，不达目标决不罢休。

其次，关于坚持，我想谈几点个人的认识，供同学们思考。

第一，坚持有一个时间上的要求。它必然要经历一个过程，时间和付出是它的朋友。曹雪芹用一辈子完成了一部巨著《红楼梦》，巴尔扎克耗尽身上的每一滴血汗终于演绎了《人间喜剧》，马克思写《资本论》花了40年，《徐霞客游记》的诞生用了34年，歌德的《浮士德》更是60年之精华。这些数字告诉我们，大凡有所成就的人，总是离不开“坚持”两个字，甚至一坚持就是一辈子，正是这一辈子的坚持成就了他们，甚至成就了人类文明史上一个又一个奇迹。坚持，作为一个时间概念的要求，就是要求我们必须持之以恒、孜孜不倦。

第二，坚持有一个空间上的要求。不管环境如何变化，条件如何改观，都要始终坚守不变，不懈怠，不中断，不放弃。我国著名数学家陈景润一直屈居在只有6平方米的小屋，但他毕生坚持着数学研究，伏在床板上，借一盏昏暗的煤油灯和一支笔，终于攻下闻名于世的数学难题“哥德巴赫猜想”。

还有一个故事，一篇《素数间的有界距离》被数学界最高期刊《数学年刊》强烈推荐发表之后，有一个沉寂了30年的人瞬时成了数学界的传奇，这个人就是著名的美籍华人数学家张益唐。30年来，他送过快递、端过盘子、在汽车旅馆里做过小工、在赛百味里做过收银员，最接近数学研究的工作是在一所三流大学里面担任工资低廉、没有保障的临时讲师。没有固定收入，有时只能住在朋友的地下室的他，始终坚持从事理论数学的研究，终于在58岁时以孪生素数的研究声名鹊起，成为数学界的传奇。

第三，坚持只是对于追求真理或有意义、有价值的事情才有作用。倘若坚持的事情本来就是一种错误，坚持得越久，伤人伤己越重，假如你坚持赌博，你坚持一辈子也不会变成赌神；假如你坚持打游戏，坚持一辈子也不会在虚拟的世界里实现你的理想和人生价值；假如你坚持宅在家里做宅男宅女，拒绝与社会接触，坚持宅的时间越长，生存的本领就越弱化。所以，对坚持的事情也需要做判断和选择，坚持应该坚持的，这才是一种智慧。例如，我们坚持在听新课前预习，坚持阶段性学习小结，坚持收集错题、结集成册，坚持每天提前5分钟到教室，坚持每天参加体育锻炼，坚持以绿色低碳为导向的生活方式，等等，这样的坚持才能拉近我们与更美好的明天的距离。

最后，同学们，世间最容易的事是坚持，最难的事也是坚持。说容易，是因为只要愿意做，人人能做到；说难，是因为真正能做到的，终究只是少数人。坚持是一个人意志的体现，是一种宝贵的品质，是一种积极向上的生活态度，也是获得成功的密码。在南中，在我们身边的同学中，努力学习的有很多，但是特别努力、特别刻苦的就不多了，而这些特别努力、特别刻苦学习的同学能够长期坚持下来的就更是少数。而正是这些少数的同学，他们往往能够获得更大的舞台和更多选择的机会。

同学们，成功在于坚持，这是一个并不神秘的秘诀。在这里，我虽然不敢保证说坚持就一定会成功，但是坚持是值得自豪和骄傲的品质。只要坚持了，我们的生命就会更有意义。每个具有坚持做事的品质的人，都值得我们给予真诚的敬意。或许，我们无力改变自己的智力，但是让自己坚持去干一件事情应该不会很难。希望在座的每一位同学都能够找到一件或一些有意义的事情，持之以恒地把它们做好。坚持的过程可能会有酸辣苦涩，但成功的果实一定香美甘甜。

愿我们都与“坚持”同行，拥抱成功。

对自己的人生负起管理的责任

又一个九月如期而至，又一个学年拉开帷幕。首先，我代表学校，向辛勤工作、无私奉献的全体教职员工表示亲切的问候！并代表全体老师，向顺利完成学业，升到初二、初三和高三的各位同学表示衷心的祝贺！还要代表学校向刚刚加入东莞中学南城学校大家庭的各位新老师和初一年级的新同学，表示热烈的欢迎！欢迎你们和我们一起，共同谱写南中的美好未来！

在上一个学年里，在全体师生的共同努力下，学校各项工作开展顺利，取得了优异的成绩。以社会关注度很高的高考、中考来说，各项数据均创新高。

以上成绩的取得，离不开同学们的艰苦拼搏，更离不开教职员工的辛勤付出，让我们以热烈的掌声，向为学校做出贡献的师生致以衷心的感谢！

能取得这样的成绩，当然令人欣慰，但我认为，还有一些同样甚至更加让我感到欣慰的事情，是不能用数据表达的。我高兴地看到，在过去的一年，南中方方面面，如学校管理、教学效果、办学特色、师资水平、学生素养、社会满意度等都呈现出良好的上升势头。在我们的校园里，那么多的同学在勤奋地学习，幸福地生活，健康地成长！

新学年，新起点。在新学年开学的第一天，我想和同学们谈谈自我管理这个话题。莞中的办学理念是“自主、和谐、共同发展”，这里的“自主”，其中就包括了自我管理的意思。

自我管理不是一句简单的空话，无数案例说明，人只有做好自我管理，才能成为自己命运的主人。如果我们每个人只是消极地听天由命度过一生，那么这对社会、对自己都是不负责任的。因此，我们必须对自己的人生负起管理的责任。

首先，要养成良好的习惯。关于习惯的重要性，有一个很经典的事例。

1988年1月18日，75位诺贝尔奖获得者在巴黎举行聚会，就人类面临的重大问题进行研讨。在会议期间，有人问一位诺贝尔奖获得者："您在哪所大学、哪个实验室学到了您认为最主要的东西呢？"这位白发苍苍的科学家回答："是在幼儿园。"提问者愣住了，又问："您在幼儿园学到些什么呢？"科学家耐心地回答："把自己的东西分一半给小伙伴们；不是自己的东西不要拿；东西要放整齐；吃饭前要洗手；做错了事情要表示歉意；午饭后要休息；要仔细观察周围的大自然。从根本上说，我学到的全部东西就是这些。"可见，习惯绝对不是小事。习惯是人的外在行为的表现，体现的却是人的内在品格和素养。从这个意义上说，习惯就是一个人的本质，习惯也是一种力量，好习惯带来正能量，坏习惯带来破坏力。在中学成长阶段，我们必须要坚决戒除不良习惯，养成良好习惯，譬如良好的卫生习惯、睡眠习惯、学习习惯、饮食习惯、着装习惯、为人处世习惯等。同时，良好的习惯还需要不断地强化，让其成为自然，变成无意识的行为而让人自觉遵行，这样我们才能真正地做到自我管理，度过有意义的人生。

其次，要学会自我激励，这是自我管理的第二个方面。不管是才步入初一的新同学，还是刚刚进入新阶段的其他年级的同学，最开始的时候常常是踌躇满志，但当每天的学习生活进入一种重复、琐碎的状态时，尤其是遭遇了一些挫折与失败后，便容易变得苦闷懈怠起来，而且不断给自己找借口，比如"我太笨了""我记忆力太差，总记不住东西""我基础太差，恐怕再努力也白费心机了""我对某学科不感兴趣，是不可能学好的"。还有一些同学，在学习中取得了一点成绩，获得了一点进步，总是希望得到别人及时的肯定与奖励，但发现别人没有注意到甚至不屑一顾时，就觉得特别没劲。这个时候，我们需要的不是抱怨，不是去等待别人的关注，而是应该自己激励自己。光靠别人，就像仅仅往血管里注射营养剂，是不能从根本上强身健体的。因此，最重要的，还是要靠自己。事业上的成功者，大都是能自我激励的人。德国专家斯普林格在其所著的《激励的神话》一书中写道："强烈的自我激励是成功的先决条件。"1991年，一个名叫坎贝尔的女子徒步穿越非洲，不但战胜了森林和沙漠，更通过了400英里（1英里≈1.6千米）的旷地。当有人问她为什么能做到这令人难以想象的壮举时，她回答说："因为我说过我能。"当有人问她向谁说过这句话时，她的回答是："向自己说过。"由此可见，真正的力量，来自自我，来自内心。同学们，要记住，令我们苦闷的并不是学习本身，而是我们对待学习的态度。是以快乐的心情面对学习，还是以无可奈何的心情应付学习？我们有绝对的选择自由，不要总是怨天尤人，要果断地放弃抱怨，把每一天都当作一个新的起点，以更积极更快乐的心态迎接学习，去创造新的自我，这时你会突然发现天空比过去更蓝！更宽！更高！

最后，也是最重要的一点，要有拼搏的精神。我始终觉得，一个人活着，就是要诠释生命的意义，体现生命的价值。生命的价值只有拼搏才能得到淋漓尽致的发挥。每个人都拥有超过自己想象的潜能，这份潜能没有人能代替你去开发。能勇于开发自己生命潜能的人，不仅能展示自己生命的独特风采，而且有可能创造奇迹。最近吴京自导自演的《战狼2》很火爆，票房达到几十亿。这几十亿的票房是怎样换来的？吴京6岁进入北京什刹海体校练武。在别的小孩看电视、玩游戏、吃雪糕的时候，他扎马步、翻腰、一字马，他鼻梁骨折断时不哭泣、手臂骨折时不吭声，全身上下都缝过针。14岁时，他腰部脊椎受伤差点瘫痪，但伤愈之后仍然坚持练武。最终，他16岁那年获得了全国武术比赛枪术、对练双项冠军。在走上影视道路后，吴京也并非一帆风顺，很多年他都只能当男二号、男三号。为了拍好《战狼》，吴京专门到部队集训了18个月做准备，还学习开坦克，把自己打造成一名真正的特种兵。在拍摄过程中，他和他的团队克服重重困难，对每一个镜头都精益求精，为了拍好跳水的一个镜头，从舰船上连续跳下海26次。所以，没有这些拼搏精神和刻苦行动，就没有《战狼》系列的成功。同学们，新的学习生活从今天就要开始了，一个新的学年意味着新一轮的拼搏和奋斗。我衷心期待我们的同学，充满朝气，积极向上，只争朝夕，奋发学习，把美好未来掌握在你们自己的手中。

同学们，没有人能够包办我们的成长，我们要学会自我管理，对自己负责，勤奋努力，不断进步，要坚信自己一定会取得更大的成功，在你奋斗的征程上，有一批优秀的教师伴你同行，让我们继承百年名校的光荣传统，不断创造新的辉煌！

最后，祝老师们、同学们，工作顺利，学习进步，身体健康！

规则与担当

金秋十月，硕果飘香。

今天，我们迎来了2017届高三学子的成人典礼。在这个特别的日子里，我谨代表全校老师向即将加入成人队伍的同学们表示诚挚的欢迎和美好的祝愿。祝贺你们!

同学们，从今天起，你们将享有《中华人民共和国宪法》赋予的所有权利，也将承担起《中华人民共和国宪法》规定的全部义务。从今天起，你们要以成人的形象、成人的言行、成人的思考和成人的远见，开始新的生命历程。

18年来，你们汲取了大自然的精华，得到了父母的精心照顾，老师的悉心教导，感受到了亲情的美好、友情的珍贵，享受到了现代文明为你们带来的种种便利和美好。

今天，步入成人行列的你们，该用什么来延续这份美好呢？作为过来人，我也希望借此机会，和你们说几句心里话。

首先，希望你们在未来的生命中，都能够树立规则意识，恪守规则做事。

卢梭说过："社会秩序是一项给其他权利充当基础的神圣权利。然而这项权利并不是自然的产物。它是建立在一些约定之上的。"这种约定就是公民的意志和合理的规则。野蛮服从欲望和暴力的支配，文明遵循公权和规则的契约。文明程度越高的社会，所呈现出的规则意识越强；素质水平越高的民族，越能把规则意识内化为个人自觉的常态化的行为。同学们，社会丰富多彩，也有暗礁陷阱。面对压力，你们要恪守规则；面对诱惑，你们更要恪守规则。你们要始终遵循法纪的规则，从而捍卫生命的尊严；你们要始终坚守公共秩序的规则，从而营造社会的文明；你们要始终恪守伦理道德的规则，从而呵护家庭的和美。

其次，希望你们在未来的生命中，都能够坚守责任意识，做一个有责任感、能担当的人。

长大了，你们要懂得一个道理：责任永远放在第一位，享乐永远要让位于责任。什么是责任？什么是担当？诚实地说，时代精英只是少数，你们中绝大多数人会和我们一样，从事平凡的职业，踏进平淡的生活，但这并不影响我们的责任和担当。虽然平凡，但请永远记得，我们至少有一个使命，那就是照顾守护好我们的家园、我们的东莞。如果你是一个法官，就要眼里没有贵贱，心中只有曲直；如果你是一个医生，就要眼里没有贫富，心中铭记使命；如果你是一个电商，就要网上不卖假货，营销不用欺诈；如果你从事投资，就要不造交易黑幕，不玩圈钱把戏；如果你开办工厂，就要坚持达标排放，坚持品质标准；如果你在基层从政，就要先修下水道，后铺柏油路，先建科技园，后上房地产；如果你丰衣足食，就要关怀贫弱，济人之困；如果你事业有成，就要资助创新，扶持青年……

所有这些，都是我们的本分，我们的责任，我们的担当。

最后，我还有一些建议。18岁，从来不是一个轻松的词语。18岁以后，你们要学会自己独立、勇敢地面对挑战、战胜难关。正因为这样，你们才能从蜕变中焕发出不一样的人生风采。你们已经站在成人的门槛上，一脚踏入成人的世界。长大了，意味着更多的自由，也代表着更多的约束；意味着更多的选择，也代表了更多的困惑；意味着广阔的世界，更代表着绵绵而来的波浪。因此，大家要记住，你们不再是一棵还需别人庇护的幼苗，而应成长为能为他人撑起一片天空的大树；你们不再依赖他人，而要学会深思熟虑后的抉择；你们不要太看重结果，而要学会尽全力把过程做好；你们还要学会不计较，不抱怨；等等。只有这样，你们才能骄傲地对自己说，这是我自己的人生，独一无二的人生。

同学们，请记住今天这个特殊的日子，请记住你们所立下的誓言。18岁，是一个洋溢着少年的梦想和青年汗水的季节，路上春色正好，天上太阳正晴，我们都殷切地等着你们开启一段崭新的未来。

最后，祝愿同学们在今后的人生道路上越走越坚强，不断超越自我，梦想成真！

让过去成为最美好的回忆

此刻，我们欢聚在这里，为学校2019届同学举行隆重的初中毕业典礼。刚才，黄校长亲手为每位同学颁发了初中毕业证书，亲爱的同学们——你们毕业了！祝贺你们！

三年时光，转瞬即逝。

首先，我要感谢各位同学。三年来，正是因为你们，东莞中学南城学校的校园才充满朝气和希望，才让我们老师的工作充满挑战和创造，是你们带给了老师无限的感动、成功的喜悦和工作的激情。我们要感谢各位家长，没有你们的支持，我们不可能如此顺利地走过这重要的三年；我们还要感谢每一位老师，感谢你们辛勤的付出，同学们的点滴进步都离不开老师们的鞭策和鼓舞。此时此刻，我建议同学们怀着感恩的心，把掌声送给你们可亲的父母和可敬的师长！

同学们，我还为你们骄傲。三年前，略显幼稚的你们怀着满心的好奇走进了东莞中学南城学校。三年来，同学们在知识学习、思想形成、能力提高等方面都取得了很大的进步，为你们今后的成长和终身的发展奠定了较好的基础。三年来，你们在老师的心里都是好样的，都是最棒的！

母校见证了你们的成长，同样地，你们也见证了母校的蜕变。你们是莞中托管南中后的第一届新生，作为学长，你们经历了学校的不完美，也见证了学校的快速发展。三年来，学校的硬件设施发生了天翻地覆的变化，但是能为你们提供美好校园环境的时间却没有三年。在你们进入初二的时候，我们才能为大家提供良好的食堂膳食服务，才真正保证大家在宿舍24小时都有充足的热水供应；在你们进入初三的时候，你们的课室才安装上空调，校园才使用上我们自己生产的高品质直饮水。三年来，校园总是有部分地方在围闭施工，家长的接送也不那么方便；你们的活动空间也少了，一些学生实验也变成了老师的演示实验；我们有将近2年的时间没有专门的音乐、美术教室；少数时候校园的噪音还比较大，尘埃还比较多；等等，这一切都是我们老师的心头之痛。三年来，你们非常懂事，我们全体师生共同拥有对现实的善意、对变化的期待、对价值的坚守以及对未来的信心，勤勉地工作、努力地学习，校园生机盎然、日新月异。这一切都让我们坚信，你们一定会更加优秀和与众不同，学校也一定会因你们的优秀而更加优秀。

普希金说：“过去的一切都将成为最美好的回忆。”同学们，明天你们即将远行，临别之际，我也希望能和你们说几句心里话。

首先，希望你们在未来的生命中，都能够树立规则意识，恪守规则做事。卢梭说过：“社会秩序是一项给其他权利充当基础的神圣权利。然而这项权利并不是自然的产物。它是建立在一些约定之上的。”这种约定就是公民的意志和合理的规则。规则是人类社会发展的基石，是人类文明的体现，没有了规则的约束，社会将陷入混乱。所以树立规则意识是十分重要的，规则意识的树立，有助于人们自觉地约束自己的行为，使自己的行为符合规则，从而有效地维护自己的利益。古语讲“无规矩不成方圆”，其实讲的是规则的重要性，当然也体现了遵守规则的重要性。习近平总书记也多次讲到要遵纪守法，坚持原则，恪守规矩，并明确指出恪守规矩是做人做事的基本规则。社会是一个整体，人与人之间遵守规则，会使生活变得愉快、和谐和安定。规则意识的最高要求是遵守规则成为人的内在需要。在这种境界中，遵循规则已成为人的第二天性，外在规则成为人的内在素质。从规范向素质的转变，对于个人来说，意味着规则不再仅仅是一种外在强制，从而在某种意义上使人获得了真正的自由。按孔子的话来说，这就是“从心所欲不逾矩”。

其次，我还有一个希望，希望你们在未来的生命中，都能够坚守责任意识，做一个有责任感、能担当的人。慢慢地，你们要懂得一个道理——责任永远放在第一位，享乐永远要让位于责任。有了责任感，你们将多一份成熟，少一份幼稚；多一份自信，少一份虚无；多一份豪情，少一份浮躁。未来，你们将为了国家兴亡，担负起国家公民的责任。未来，你们将为了社会的和谐与美好，担任起继承传统和不断创新的责任。未来，你们更要为了家庭的幸福和父母的快乐、健康，承担起孝敬父母、关爱家人、珍重自我的责任。同学们，承担责任，意味着很多时候就是要吃苦。我的体会是，在学习和工作中吃吃苦，天经地义，物有所值。苦尽才能甘来，懂得吃苦才能懂得幸福。不怕吃苦，才能在逆境中不倒下，在迷茫中不沉沦，在挫折中不颓废！不怕吃苦，奋斗不息，你就是好样的，你就是真正意义上的有责任感、能担当的人！

再次，我还有一个祝福，祝福你们在未来的生命中，都能凭着善心、善言和善行去达成你们的美好愿望，臻于美好的人生境界。同学们，请你们坚信，善良是一种比任何强权暴力都强大、持久和神圣的力量；是一种比任何阴谋诡计都高明、有效和卓越的智慧。印度的甘地，南非的曼德拉，他们以非暴力、以善良的力量赢得了民族的解放、种族的融合，也赢得了世界普遍、恒久的赞颂。为世界各民族争取真正的平等、自由、和谐提供了最好的范本。我国古语也说得好，“仁者无敌”。因此，同学们，我们不要耍小聪明、不要玩小手段、不要弄诡伎俩。我们要坚信，用善良的意志和善良的行动，完全可以实现我们美好的人生，完全可以创造出幸福的生活。

同学们！今天是你们在东莞中学南城学校学习的最后一天。分别在即，眼前浮现的总是你们的努力与乖巧。非常幸运，我们能在这里彼此相遇；非常幸运，在这生命中重要的三年我们能相互陪伴！舍不得你们离开，还想给予你们更多的呵护，但你们已经长大，我们只能目送你们前行的背影。

同学们，母校会时刻关注你们的成长！你们的点滴进步，都将令母校引以为荣。

再见了！各位同学。请永远记住，育才路13号，东莞中学南城学校，永远是你们的家园，有空常回家看看！

最后，我衷心祝福亲爱的同学们一切顺利，鹏程万里！

好身体、好学习，做更多的事

岁月如歌催奋进，青春做伴跃征程。九月如期而至，我们又信心百倍地迎来了新的学年。首先，我谨代表学校，向刚刚加入东莞中学南城学校大家庭的各位教职员工和初一年级的新同学表示热烈的欢迎！欢迎你们！让我们一起，共同谱写南中的美好未来！

上一学年，在上级领导的重视和关怀下，经过全体师生的共同努力，学校各项工作开展顺利，办学条件有了较大的提升，各方面都取得了很好的成绩。其中，今年的中考再创佳绩。居全市公办学校前列；21人被东莞中学录取；28人以特长生的资格被优质普高录取；优秀率、及格率等多项数据创学校历史新高。

还有我们的校园改造。三年来，我们克服重重困难，校园改造现终于接近尾声。一个几乎全新的校园已经呈现在我们的面前。一流的校园环境和设施设备，为全体师生的工作、学习和生活提供了良好的外部条件。希望我们全体师生珍惜这来之不易的美好校园环境，更加勤勉地工作和学习，让我们的办学成绩更上一层楼。

以上成绩和变化，离不开同学们的努力拼搏，更离不开全体教职员工的艰苦奋斗，让我们以热烈的掌声，向为学校的发展做出贡献的师生致以衷心的感谢！

新的学年，我们站在了新的起点。我相信每位同学都有自己新的愿景。未来对于你们来讲，是一片新的天地。在这片新天地中，你们要做许多事情。你做的事情越多，你的收获就越大，你的成长就会越快。怎样才能使自己做更多的事情呢？我在这里向同学们提两点建议。

我的第一个建议就是，要学会自主学习。

绝大多数同学的学习都是老师和家长安排好的，完成任务后就无所事事。这样是不够的，你们一定要学会自主安排学习任务，比如说，读书、写作、有计划地完成一些练习，甚至琢磨一些事情，研究一些问题。那么，读些什么书呢？写些什么呢？琢磨和研究些什么问题呢？这就要看看你将来想干什么，对什么感兴趣。所以，你们从现在起就要想一想自己的兴趣，想一想将来的事情，想一想自己要读哪一所高中和大学。要明白自己想干什么，要干什么。其实，这就是目标和理想。把这些东西想好了，想明白了，理想和目标也就有了，学习的动力也会有了。

有了理想，知道了自己要做点什么后，就要想想应该怎样去做。所以，你们还要学会安排自己的时间和要做的事情。也就是要有一个学习的计划和生活的规划。每天要做一些什么事，循序渐进地去做，一天做一点，争取每天都有收获，每天都有进步，不急不躁，积少成多。

有了计划，还要做一个持之以恒的人，有计划就要将计划坚持完成。假如半途而废，一天一个计划，就等于没有计划。所以，同学们，学会做计划是重要的，坚持不懈的努力同样重要。比如说，一天读一点书，十天读一本书，初中三年下来就差不多是一百本。说到读书，学校提倡你们读经典、读名著、读精品。读完这一百本书，你就和别人不一样了！

所以我想说，学会自主学习，目标、计划和不懈的努力都必不可少，它们对你们的发展都是非常重要的。

我的第二个建议就是，你们一定要有一个好身体。做一个好的计划，自主学习，有条理地做事，这些都很好，这样可以帮助你生活得更有效率，学更多的知识，做更多的事情。但是，这一切都是在你有一个好身体的前提下才有可能，你要在一辈子的时间里做更多的事情，就一定要有一个好的身体。如果30年后你的身体垮了，那就什么也谈不上了。要知道，30年后，你们40多岁，这正是能干事业的年龄啊！要想拥有一个好的身体，一个非常重要的方面就是长期坚持科学的运动锻炼。所以，学校的课表为大家每周安排了3节体育课，我们每天还有大课间和课外活动，确保你们每天至少有一个小时的体育锻炼时间。你们明白了这个道理，就不会觉得体育课是多余的了。你们在初中三年，不仅要上好体育课，还要养成自觉锻炼的习惯，要至少有一项较好的体育技能，让它成为你们将来一生的爱好。接下来我还想做一个统计，看看在初中三年你们的平均身高增长了多少。希望有一个比较好的数据，同时还希望一届超过一届。长高，不完全在营养，更重要的是锻炼。

另外，要想身体好，还有一个方面也同样重要。一位长寿的老者曾透露了他的养生秘方——每天至少做一件好事，做一件让别人高兴的事，哪怕是一件很小、很不起眼、很平常的事，只要能帮助他人就行。这个习惯使得每天都有许多人对他说“谢谢”，每天都有许多快乐和笑容，他精神丰满、胸怀坦荡、心灵高贵。这么多的友好、关爱和笑容在他身边，这样的人怎么能不健康？“赠人玫瑰，手有余香”，你在帮助他人的时候，自己也收获了一份愉悦、一份幸福。所以，同学们，为了更加健康的生活，你们要学做好人，做一个善良的人、热心的人、坦荡的人、大气的人，多为集体做事、多为社会做事，多做自己认为有意义的事，这也是你们健康生活的一部分。

同学们，我相信你们在未来的学习生活中，一定能成为会学习、有理想、懂生活、能担当的人，一定会变得丰富，变得强健，变得成熟，变得高贵，这是我们学校所期望的、所追求的。期待你们，相信你们。

最后，祝全体教职员工和同学们在新的学年工作顺利，学习进步！祝福我们的东莞中学南城学校在新的学年成绩节节攀高，事业蒸蒸日上！

力行实干，知行合一

今天，我们开学了！首先，我谨代表学校，向刚刚加入东莞中学南城学校大家庭的各位教职员工和初一年级的新同学，表示热烈的欢迎！欢迎你们！让我们一起，共同谱写南城学校的美好未来！

刚刚过去的一学年，对于南城学校来说，是不平凡的一年。我们全体师生脚踏实地、团结奋斗，战胜了种种困难和挑战。学校各项工作开展顺利，在疫情防控、线上线下教育教学、校园改造等方面我们都取得了优异的成绩，实现了新的飞跃。2020年，学校中考成绩再创历史新高，各项数据居全市前列。历经4年的校园改造工程基本完工，四年来，我们克服了重重困难，如今一个几乎全新的校园已经呈现在我们的面前。一流的校园环境和设施设备，为全体师生的工作、学习和生活提供了良好的外部条件，我们相信美好的校园环境一定能培育更加优秀的人才。

学校连续四次被评为“东莞市中学教学质量综合评价优秀单位”，在南城街道首次教育质量综合考核中，学校也被评为优秀单位，学校的办学成绩得到了社会的广泛关注和赞誉。

“幸福都是奋斗得来的。”过去的一年，我们所取得的显著进步，得益于我们全体师生所付出的努力，所洒下的汗水。在这里，让我们以热烈的掌声，向为学校的发展做出贡献的师生致以衷心的感谢！

新学年，新起点。在新学年开学的第一天，我和同学们交流的主题是：力行。

2018年5月2日，习近平总书记到北京大学进行考察时指出：当代青年要力行，知行合一，做实干家。“知者行之始，行者知之成。”每一项事业，不论大小，都是靠脚踏实地、一点一滴干出来的。“道虽迩，不行不至；事虽小，不为不成。”这是永恒的真理。做人做事，不论学习还是工作，最怕的就是只说不做，眼高手低。不管小事还是大事，都应勤勉耕耘重在实干，实干才能有成效。

东莞中学有一位杰出校友邓学勤，1982—1985年就读于莞中。2002年他创办了正中集团，并担任董事长兼总裁。至今，该集团员工逾4000人，旗下业务涵盖房地产、医药、高端服务业、投资基金、新材料、冷链、金属板材等。2013年，正中集团进军美国市场，目前已收购美国标准石油大厦及旧金山湾区的商业用地。邓学勤校友成功的因素可能有很多，他在回母校同学弟学妹们分享时曾提出过几点建议：一定要足够勤奋，勤能补拙；要养成阅读的习惯，扩大阅读面；做任何事情都要讲究方法，学习解决问题；不要浪费时间；要成长，但不要急于成功。这里所讲到的关键词“足够勤奋”“阅读习惯”“解决问题”“不浪费时间”等都与务实精神和实干品格相关。可以说，他的每一项事业，都是脚踏实地、勤勉刻苦、一点一滴地干出来的。

那么如何做到知行合一，做一个实干的人？我想提三点建议与同学们共勉。

一、要从我做起，从现在做起，从小事做起

在20世纪70年代末80年代初，清华大学提出了“从我做起，从现在做起”的口号。这个口号代表着脚踏实地的实干精神。当时高考恢复不久，这个口号一提出来就立刻引起了全社会青年的共鸣，他们认真求学，真诚奉献，默默地为民族和祖国的发展和富强而贡献着自己的力量。今天，我与同学们分享“从我做起，从现在做起”的实干精神，并不意味着理想不重要，而是强调要把理想精神和实干品格结合起来。人生缺乏理想就会暗淡，理想脱离实干就会虚浮。我们应在理想指引下执着于实干，在实干历练中尊崇于理想，理想让我们人生境界迈向高明和开阔，实干让我们人生道路走得平稳而长远。

“从我做起，从现在做起”还意味着要“从小事做起”。《道德经》写道：“天下难事，必作于易；天下大事，必作于细。”汉朝的陈蕃，少年时曾只顾读书而不理家务。一天，他父辈的朋友薛勤来看他父亲，见到屋里垃圾满地，很生气，就说：“小伙子，客人来了，你为何不打扫房间接待客人呢？”陈蕃回答说：“大丈夫当扫天下，扫一屋子有何用？”薛勤知道陈蕃胸怀大志，但因为年少，很多事理还没明白，就说道：“一屋不扫，何以扫天下？”

陈蕃听了羞愧而大悟。从此他一边刻苦读书，一边勤恳务实地做好身边的每一件事，终于成为一代名臣。坚持不断从小事做起，才能养成良好的习惯。例如，有的同学在学习中能把各科课本、作业和资料有规律地整理好。待用时，一看便知在哪。而有的同学查阅某本书时，东找西翻，不见踪影。时间就在焦急的寻找中逝去。我们通常可以认为，对事物没有整理习惯的人一般在思维上也缺乏整理的习惯，因此，同学们在学业上是否有经常整理的习惯看似是小事，但能否把这个小事做好则决定了一个人做事情的效率和效果。

二、要刻意训练，坚持不懈，下苦功夫

有一本从国外翻译过来的书叫作《异类》，里面提到了“10000小时法则”，即认为一个人的技能要达到高端的顶级的水平，训练的时间常常要超过10000小时。比如说，那些具有成为世界级独奏家潜质的小提琴、钢琴的表演者都至少练习了10000小时。这个法则也应验在我们熟知的很多著名人物身上，例如，比尔·盖茨就几乎把自己的青少年时光都用在了计算机程序开发上。从1968年他上七年级开始，到创办微软公司，这期间盖茨持续编程有7年时间，远远超过10000小时，据说当时世界上有盖茨这样经历的人不超过50个。因此，当1975年个人计算机进入家庭时代的最初时刻，谁能占据这个市场成为世界第一呢？很容易得出结论：在这件事上成为世界第一的成功概率在盖茨那里是五十分之一，而对于我们普通人而言概率大约只有五十亿分之一了。

我们常讲的勤学苦练的“苦练”也正是这样的概括总结。

三、要专心致志，合理锻炼，保持身心愉悦

知行合一，坚持下苦功夫，做个实干的人，并非意味着痛苦和枯燥。事实上，只要我们能够在做事时专心致志，心无旁骛，自然而然就会在自己所从事的活动或工作中获得愉悦感。比如说，当我们在学习时做到全身心地投入，往往能有所收获，这种感觉是充实而愉悦的。

知行合一，做个实干的人，还必须要有好的身体。身体是学习和工作的本钱。没有一个好的身体，再大的能耐也无法发挥。因而，再繁忙的学习和工作，也不可忽视身体锻炼。同学们一天到晚伏案苦读，不是良策。学习到一定程度就得休息、补充能量。玩的时候痛快玩，学的时候认真学。学习之余，一

定要注意休息，要坚持合理的体育锻炼。

坚持实干品格，做个实干的人，还要保持身心愉悦，提高学习和工作的效率。当一个人身体健康、心情愉快、身心处于和谐的状态时，他的学习和工作的效率就会得到提高。反之，如果一个人情绪低落，心不在焉，那么他学习和工作的效率自然会下降。一个人的身心状态与他的学习和工作的效率是相互作用的。既可以相互促进走向良性循环，也可以相互阻碍陷入恶性循环。当意识到自己处于恶性循环的状态时，就必须通过实际行动去改变它。比如说，有的同学在学习中因为没有考到好成绩，就会情绪低落，情绪一低落，又会影响到学习的进步。此时，我们就应该既要调整心态，也要调整行动。在心态上，要学会合理调整，不要总想着名次和分数，先厘清自己的思路，认真对待每一道题、每一个知识点。把原来不会做的题和知识弄懂了，就是超越了自我。也就是说，不与别人比成绩，只与自己比对知识的掌握程度，试着按照这种方式来调整自己，就会发现自己是在进步的。在行动上，要坚持实干品格。战胜学习困难的最好办法就是继续坚持学习，以务实的态度，向教材学习、向同学请教、请老师指点，凡是不懂的地方一定要弄懂，一点一滴地积累，踏踏实实地训练。如此，一定能走出消极循环的状态，也一定能逐步提高学习的成效。

同学们，消极慵懒的青春是暗淡的，过度娱乐的青春是荒谬的，经常抱怨的青春是痛苦的。哲学家黑格尔说过："人应尊敬他自己，并应认为自己能配得上最高尚的东西。"我们应把美好的年华用于求知识、增本领，树立实干的精神和品格，做一个实干的人。在适应新时代的要求下肩负起力所能及的责任。这样，才能成为一个让自己尊敬的也配得上"高尚"两个字的人。

最后，祝全体教职员工和同学们在新的学年工作顺利，学习进步！祝愿我们的东莞中学南城学校在新的学年再创辉煌！

目标、规划、责任

今天，我们在这里欢聚一堂，隆重举行东莞中学南城学校2017届高三毕业典礼。在此，我谨代表学校，向一直以来关心支持学校发展的南城街道党委、政府以及教办领导表示由衷的感谢！向理解支持学校工作的各位学生家长表示诚挚的谢意！向三年以来为同学们成长倾注了辛勤汗水的老师致以崇高的敬意！向圆满完成高中学业的全体毕业生表示热烈的祝贺！

2016年6月29日，经市人民政府批复，在市教育局的主持下，南城街道办和东莞中学签订了委托管理南城中学的协议，在莞中系列学校里，有了“东莞中学南城学校”这一新力量，从那一刻起，同学们就成为东莞中学大家庭的一员。作为校长，作为一个有幸陪伴各位同学走过这一年时光的长辈和老师，此时此刻我是幸福的。我当然知道，正是因为同学们，莞中南城学校的校园才充满朝气和希望，才使我们老师的工作充满挑战和创造。同学们，你们的勤奋学习带给老师成功的喜悦，你们的青春活力带给老师工作的激情。在我心里，你们都是好样的，高三的毕业生都是最强的。

同学们，今天你们就要走出校门，即将踏上未来的漫漫长路，在同学们即将告别母校之际，请允许我代表母校，在你远行的背囊里，再放上几句深情的嘱托。

在未来的人生路上，希望你们有明确的目标。每一段新征程的开启，总让人充满憧憬。这时候，对于一个人而言，要有明确的目标和坚定的方向。高中毕业，这是同学们人生的一个新起点，我们不仅要清楚自己现在所处的位置，还要选择下一步所要努力的方向。这就要求我们，要正确认识自己的理想、兴趣和爱好；正确认识自己的性格、能力和发展潜力；正确认识自己的优势、劣势和自己的与众不同，并客观地评价自己。明天的路该怎样走，同学们一定要坚定正确的目标，然后按着既定的方向目标去努力、去拼搏、去奋斗。要树立科学的目标，如果我们树立的目标不切实际，到头来将会发现这个目标是多么的遥不可及，这样的目标不仅不会激励自己，还会起到相反的效果。制定针对自己的、具有可行性的、能够每天为之努力的目标，才能使自己体验成功。树立了清晰的目标，还要心态积极，即使碰到困难，也坚持对自己说“我能行！”“我很棒！”“我能做得更好！”如此，大家就一定能超越自我，成就梦想。

在未来的人生路上，希望你们能科学规划。成功的人生，需要自己去经营，同学们今天是走完了高中的路程，但还有更长更远的人生路，如果我们想拥有精彩的人生之旅，就需要现在为自己的人生做好规划，为人生点亮一盏盏明灯。微软大王比尔·盖茨在中学时期就规划好了自己的人生，那就是在30岁以前成为世界软件行业的精英。为此，他刻苦学习，努力钻研，在19岁时创建了自己的微软公司。他的成功人生证明，科学的人生规划可以成就人生梦想，选择什么样的人生规划，就会有什么样的人生。没有规划的人生，就好比漫无目的的航行。人生的道路上，只有认真规划，并为之努力奋斗，我们的目标才有可能变成现实，才能为自己的成功人生打下坚实的基础。

在未来的人生路上，还希望你们要坚守责任。一个人真正地成为社会一分子的时候，责任作为一份成年的礼物，已不知不觉地落在他的肩上。责任感为成功之基，一个人有了对家庭的责任感、对事业的责任感、对社会的责任感、对祖国的责任感，才会尽心尽力去做好工作。责任的存在，是社会对人的一种考验，许多人通不过这场考验，逃匿了；许多人承受了，自己戴上了荆冠。愿同学们都把责任之心，携带在人生的道路上，让人生散发出金子般的光辉。

同学们，世界这么大，你们应该去看看。今天的毕业典礼，不是一个结束，而是你们人生旅途的一个新起点。三年的高中生活把你们和莞中南城学校，和母校的老师们紧紧联系在一起。今后无论你们走到什么地方，母校都会时刻关注你们的进步，你们的成功就是母校最大的荣光，你们的发展就是母校最大的骄傲。衷心希望你们能够成为莞中南城学校后来人的学习榜样，成为国家建设的优秀人才。也衷心希望大家以后能常回家看看！

最后，祝可亲可爱的莞中南城学校2017届高三学子们，一切顺利，前程似锦！

踏上新的生命历程

金秋季节，硕果飘香。

今天，我们迎来了2016年高三年级学子的成人典礼。同学们在这里庄严宣誓。从你们喊出神圣的誓言起，你们就要以成人的言行、成人的远见、成人的思考、成人的形象，开始新的生命历程。

在这个特殊的日子里，我谨代表全体老师，向加入成年人行列的你们表示诚挚的欢迎和美好的祝愿！同时，作为你们的师长，我也希望能和你们说几句心里话。

首先，希望你们在未来的生命中，都能够树立规则意识，恪守规则做事。卢梭说过："社会秩序是一项给其他权利充当基础的神圣权利。然而这项权利并不是自然的产物。它是建立在一些约定之上的。"这种约定就是公民的意志和合理的规则。野蛮服从欲望和暴力的支配，文明遵循公权和规则的契约。文明程度越高的社会，所呈现出的规则意识越强；素质水平越高的民族，越能把规则意识内化为个人自觉的常态化的行为。同学们，社会丰富多彩，也有暗礁陷阱。面对压力，你们要恪守规则；面对诱惑，你们更要恪守规则。你们要始终遵循法纪的规则，从而捍卫生命的尊严；你们要始终坚守公共秩序的规则，从而营造社会的文明；你们要始终恪守伦理道德的规则，从而呵护家庭的和美。

其次，希望同学们终身热爱学习。

在生活中我们很容易有一种错觉：这一阵子努力一点学习，以后就轻松了，就不用学习了。事实上，我们今天所处的时代，知识的生产和更新速度可能比我们想象的要快得多，科技的发展更是日新月异。终身学习，在21世纪，已经不再算是一个人的优点，而是这个时代的标配。未来的世界究竟需要什么知识、技能和智慧，我并不清楚，但我知道，世界永远需要具备强大生命力和创造力的终身学习者。看看我们身边很多年过半百的爷爷奶奶，为了和孩子们甚至孙子们沟通，为了活得潇洒，也在不断学习如何使用智能手机支付，如何发朋友圈，甚至如何拍视频，如何发抖音。

学习，不仅可以使我们获取更多的知识、技能和智慧，还可以使我们提升对世界认知的宽广度。终身学习，将学习的成果外化成为新的行为习惯，内化成为持续的精神追求，才能保证自己过上更好的生活，也才能看到这个世界更美好更丰满的样子。终身学习，终身成长，才能不辜负我们的人生。

最后，希望同学们终身追逐美好与善良。

人来到这个世界时就是一张白纸，生命的过程就是在这张白纸上面自由挥洒创作自己的乐章的过程。我们所处的世界不是一个完美的世界，它有灰色，有黑暗，有不公平，等等，但是我希望无论你在什么时候，无论你走到哪里，无论你做着什么工作，无论你遇到什么事情，都要记住做一个美好的人。何为美好的人？孔子在《论语》中对美好的人提出了文质彬彬的要求，“文”指人的外在纹饰与展露于外的才华和文采，“质”指的是人内在的本性，也就是道德。那如何让自己文质彬彬呢？正如庄稼人都知道一样，一块地要打出粮食去除杂草的最好办法就是种上庄稼。所以我们要做一个美好的人，就要把时间专注在美好的事物上，要与美好的人为伍，以美好的人为榜样，这样才能使自己也成为一个美好的人。

美好的人还要以善良作为人生的底色。罗曼·罗兰说：“灵魂中最美的音乐是善良。”在我们东莞的一对夫妇来自四川，他们从事建筑行业，收入不高，但是夫妻俩经常帮助一些身体残疾、流离失所的流浪人员，聘请他们到工地上工作，让他们可以自力更生。后来他们家里常年准备着四五张床铺，就是为了方便收留一些迫切需要帮助的人。这些善举不仅仅帮助他们不断地获得工作，在父母的熏陶下，孩子在学校里也经常帮助别人，他们的家庭因此被授予“全国文明家庭”称号。这在东莞可是为数不多的荣誉。这就是所谓的“积善之家必有余庆”。所以，善良可以是这对夫妇一样的“老吾老以及人之老，幼吾幼以及人之幼”的爱意、善举，也可以是“以责人之心责己，以恕己之心恕人”的自我规范，更可以是“天下兴亡，匹夫有责”的情怀与担当。同学们，只要心怀善良，释放善意，奉献善心，这个世界就会更加和谐美好。希望同学们无论走到哪里，都能把“善良”作为生命的底色，常怀善心，常结善缘，常行善事，常得善果。

同学们，18岁，是一个洋溢着少年梦想和挥洒青年汗水的年纪，是一个充盈昨日回忆和明日希冀的年纪。希望你们牢记自己的誓言，并努力去实践自己的承诺。恪守规则，担当责任，追求善美，满怀信心地去迎接时代赋予的机遇和挑战！

最后，祝愿同学们在今后的人生道路上不断超越自我，梦想成真！

祝大家身体健康，万事如意！

育才路13号永远是你们的家园

今天，我们欢聚在这里，为学校2020届同学举行初中毕业典礼，因为疫情防控的需要，我们今年的毕业典礼与往年有些不同，但我们的心情却是相同的，我们也想为大家把毕业典礼办得隆重、庄严和富有仪式感。刚才，黄校长亲手为每位同学颁发了初中毕业证书，亲爱的同学们——你们毕业了！在此，我谨代表学校，向同学们表示热烈的祝贺！

今天，当看到初三年级的老师们穿着美丽的节日盛装跟同学们一起合影留念，我的内心很感慨。敬爱的老师们为了同学们的学习和成长，平日里兢兢业业、勤勤恳恳，甚至披星戴月、废寝忘食地工作，常常顾不上自己。在这样一个特殊的日子里，我提议同学们以热烈的掌声向我们最可亲可爱可敬的老师们表示最衷心的感谢和崇高的敬意！

三年里，我们见证了同学们从初一到初三，日渐成长。你们长大了，长高了，也更加成熟了。三年里，你们在老师们的引领下，在莞中南城学校的校园里，开心快乐地求知，自由幸福地成长。你们青春活力、勤奋求索的身影是母校美丽的风景；你们活泼可爱、欢歌笑语的面孔是母校美好的记忆。特别是刚过去的几个月，我们经历了一个史无前例的漫长寒假，经历了前所未有的居家学习和线上教学，经历了统一推迟的中考。无论是在线上学习期间，还是在返校学习之后，同学们都做到了摆正心态、树立目标，从守时做起，不断在坚持中努力、在努力中进步，经受了历练和考验，得到了成长与蜕变，为初中生涯画上了一个特别的、圆满的句号！

母校见证了你们的成长，同样地，你们也见证了母校的蜕变。在校的这三年，你们经历了学校的不完美，也见证了学校的快速发展。三年来，校园总是有部分地方在围闭施工，家长的接送也不那么方便，你们的活动空间也少了，少数时候校园的噪声还比较大，尘埃还比较多，等等，这一切都是我们老师的心头之痛。但是，你们非常懂事，我们全体师生一起勤勉地工作、努力地学习，校园生机盎然、日新月异。

三年来，你们在老师的心里都是好样的，都是最棒的！在这毕业的时刻，作为你们的师长，我为你们骄傲！真诚祝福同学们都能够顺利升入理想的学校，继续中学阶段的美好生活！

同学们，过去的一切都将成为最美好的回忆。明天你们即将开启新的航程，临别之际，我还想给大家一些嘱托。

同学们，人生就是一个航行的过程，就像轮船航行有方向，我们的方向就是我们的理想。一个人在成长的过程中不能没有理想，理想是方向，是目标，是我们前行的动力。你们正处在最美好的青春年华，如同初升的朝阳，洋溢着热情与活力，充满着希望。希望在座的每一位同学都要树立远大的理想和抱负，为自己的理想勇往直前。

同学们，我们人生的航船在大海中航行，既有风平浪静、风和日丽的时候，也有惊涛骇浪、暗流涌动的时候。当我们在风和日丽中顺利航行的时候，同学们不要忘了理想的召唤，要努力前行；当我们遇到人生风浪的时候，更要坚定必胜的信念，乘风破浪，勇敢前行。人生就是这样，有顺境也有逆境，有逆境也必有顺境，希望同学们在顺境中不骄傲，在逆境中不气馁，你们要相信惊涛骇浪之后必然是风平浪静、朝霞满天的日子。

同学们，航船底部很重要，如果我们在航行的过程中，航船的底部有了漏洞，慢慢地，水就会浸入航船中，航船就会有倾覆的危险。那么，人生航船的底部是什么呢？人生航船的底部是我们的道德品质。一个人道德品质好，人生的航船就坚固，不管遇到什么样的风浪，船都会安全行驶。如果道德品质有问题，就像船底有了漏洞，当船行驶到大海中间的时候，就会有倾覆的危险。所以立德修身是人生的根本，是人生航船能够乘风破浪的基础和前提。希望同学们一定要涵养美好的品德，崇德向善。

“长风破浪会有时，直挂云帆济沧海。”希望同学们人生的航船乘风破浪，向着理想奋勇前进！

同学们！今天是你们在东莞中学南城学校学习的最后一天。分别在即，眼前浮现的总是你们的努力与乖巧。非常幸运，我们能在这里彼此相遇；非常幸运，在这生命中重要的三年我们能相互陪伴！舍不得你们离开，还想给予你们更多的呵护，但你们已经长大，我们只能以满怀祝福的目光目送你们前行的背影。我想引用古印度诗人的一句诗，作为今天的结束语：不论你走得多么远，你永远也走不出我的心，这如同夕阳中的树影，无论它多么长，也永远连着树的根。

再见了！亲爱的同学们。请永远记住，育才路13号——东莞中学南城学校，永远是你们的家园，有空常回家看看！

最后，我衷心祝福亲爱的同学们一切顺利，鹏程万里！

增强本领，赢得未来

过去的一学期，学校在上级部门的关怀、支持和领导下，在全体师生的共同努力下、秉持“自主、和谐、共同发展”的办学理念，各项工作开展顺利，取得了很好的成绩，也为南中赢得更多的赞誉。

同学们，我们所有成绩的取得，都是我们全体南中人努力奋斗、不断进取、积极完善的结果。因此，今天借此机会，我想与同学们分享的话题是“增强本领，赢得未来”。

很多时候，我们会觉得未来不被自己掌控，有一种莫名的担忧，或者说是一种恐慌。从心理学讲，这种担忧来自对未来世界的准备不足，来自对自己面对未来的本领不够自信，从而产生恐慌。

2013年，习近平总书记在中央党校建校80周年庆祝大会上的讲话中讲道：“在农耕时代，一个人读几年书，就可以用一辈子；在工业经济时代，一个人读十几年书，才够用一辈子；到了知识经济时代，一个人必须学习一辈子，才能跟上时代前进的脚步。如果我们不努力提高各方面的知识素养，不自觉学习各种科学文化知识，不主动加快知识更新、优化知识结构、拓宽眼界和视野，那就难以增强本领，也就没有办法赢得主动、赢得优势、赢得未来。”习近平总书记的这番话不仅仅是针对党和政府的各级领导干部而言的，对每一位普通人也都具有警醒意义。

马克思指出：“人的价值蕴藏在才能里。”人的才能，是人的本质力量的体现。罗曼·罗兰也曾说过：“财富是靠不住的。今日的富翁，说不定是明日的乞丐。唯有本身的学问、才干，才是真实的本钱。”

可见，偶然的机遇不足恃，到手的财富不足恃，唯一可靠的保障是才能。一个人的前途、成就、幸福，归根到底，取决于他身上所蕴藏和展现出的才能和本领，这才是他赢得一切的真正资本。所以要赢得未来，我们就要学得足够的本领，也就是说要不断提高自身的能力和才干。

那么，才能从何而来？本领又该怎样获得呢？

最根本的途径当然是学习和实践，并且是终身学习和实践。怎样通过终身学习和实践来增强本领，赢得未来呢？我想提几点建议，与同学们共勉。

一、要树立终身学习意识，并要明确不同阶段的学习要求和实践任务

1994年11月，联合国教科文组织在意大利罗马举行的首届世界终身学习会议上，提出了终身学习的生存概念，强调如果没有终身学习的意识和能力，就难以在21世纪生存。可见，终身学习已成为21世纪的生存方式。与此同时，我们也要明确不同阶段的学习和实践的任务有所不同，我们应根据不同阶段的需求来落实好学习和实践的要求。比如，有的同学会觉得从小学到高中所学的东西似乎没有实用性，只不过是为了考试和升学而学的。其实这种想法是片面的。可以说，从小学到高中的学习主要是为我们求取本领夯实基础：一方面，在校园的学习是系统的基础理论知识的学习，这将成为我们未来发展所需要的最基本的知识和技能；另一方面，校园的学习也在培养着我们的学习习惯、学习态度、学习方法等，这些都将成为我们今后进一步发展的能力和素质。因此，希望同学们充分珍惜校园的学习生活，不要过于功利化地否定学习内容，同时也不要着急，不要彷徨。

二、要充分珍惜并利用好时间

培根说过："知识就是力量。"其实，时间同样也是一种力量。时间的力量可以改变我们的人生。时间对我们的改变比较公平，每天都赋予我们24小时，每天都让我们被动地慢慢成长或衰老。但我们若想主动地改变自己的人生，很大程度就看我们如何对待时间。你珍惜时间，时间也珍惜你。你让时间充满意义，时间也会将意义充盈你的生命。时间也是一种财富。但是，抓住了才是财富，抓不住就是后悔。有人说过，人与人之间最大的区别之一，就是看他的业余时间在做什么。同学们，你们正值青春大好年华，这意味着你们拥有

更多可以改变自己的力量，也拥有更多可以挖掘的财富。但是对待时间的态度不同，你们的青春也不一样。所以，希望同学们不要把美好的时间用于睡懒觉，或荒废于玩手机、游戏等。

三、要培养持之以恒、不断积累的习惯

“合抱之木，生于毫末；九层之台，起于累土。”《明朝那些事儿》的作者“当年明月”本职是公务员，他从2006年3月10日写下第一篇前言，到2009年4月10日写完最后一篇后记，在这三年零一个月里，他利用业余时间，坚持每天大概写一千字而完成了巨著。“当年明月”在书的后记中写道：“如果要问我，有个什么成功心得、处世原则，我觉得，只有一点，老实做人，勤奋写书，无他。几年来，我每天都写，没有一天敢于疏忽，不惹事，不闹事，即使所谓盛名之下，我也从未懈怠。”可见，任何学问、成就的取得都需要一点一滴的积累和沉淀，任何事业的成功都离不开一个聚沙成塔的过程。希望同学们能逐步培养起自己在做事、做学问方面持之以恒、不断积累的习惯。

四、要坚持终身锻炼，增强体能

哲学家叔本华说过：“我的幸福十分之九是建立在健康基础上的，健康就是一切。”终身学习不仅需要脑力活动，还需要体力活动。因此，必须要具备良好的体能。这样，我们才能够支持每天较长时间的学习和工作，才能确保从事较大强度的体力或脑力活动。所以，希望同学们既坚持终身学习，也坚持终身锻炼。这样，我们才能具备良好的体能，才能更好地获取本领，也才能够更好地把本领发挥出来。

五、要有“为我们最喜欢的事业头破血流但乐此不疲”的精神

这句话是凤凰电视台副台长、著名主持人吴小莉在清华大学与学生进行交流时提到的，引起了广泛的共鸣。她讲到她1993年离开了父母，离开了安逸，离开了看似特别高薪前途一片光明的职业生涯，去到中国香港从头做起，当时她不会说广东话，也没有亲戚朋友在那里。但她希望能到一个更大的舞台去实现自己的梦想，所以她走到了今天。

同学们，学习的敌人是自己，这句话在对如何提高本领的问题上尤其适

用。能不能不断地提高本领，其阻力和敌人就是自己。以上五点建议或许并不能帮助我们完全赢得主动、赢得优势、赢得未来。但是，最为关键的是我们必须通过努力学习和勤勉实践去改变，只要不断地改变，我们就能不断地增强自己的本领，就会有不一样的明天。

珍惜、用心、坚持

满怀喜悦的心情，我们迎来了新的学年。过去的一个学年，在上级领导的重视和关怀下，通过全体师生的共同努力，学校各项工作开展顺利，办学条件有了较大的提升，各方面的工作都取得了很好的成绩，多项数据均创历史新高。

成绩的取得，离不开同学们的艰苦拼搏，更离不开全体教职员工的辛勤付出，让我们以热烈的掌声，向为学校做出贡献的师生致以衷心的感谢！

新的学年，我们一起站在了新的起点。我相信每位同学都有自己新的愿景。在新学年开学的第一天，我也想对大家提几点建议，希望对大家有所帮助。

首先，同学们要学会珍惜，珍惜我们在人生起步阶段的宝贵学习时间和机会。

在加拿大，人们发现一个很有规律性的现象，那就是其冰球国家队选手的出生月份，大部分都是1、2月，很少有在年底出生的。为什么会有这个现象呢？原来，在加拿大这个对冰球运动极为狂热的国家，教练们会挑选9到10岁的小选手组成“巡回赛小组”，而分组的时间恰好是每年的1月1日，换句话说，1月1日到当年12月31日之间出生的球员会被分在一组。对10来岁的孩子来说，几个月的年龄差距还是很明显的，那些早出生的小孩发育更成熟，更容易在同组竞争中胜出，这些孩子的成绩会越来越好，其中最优秀的一部分人就进入国家队。

这一现象告诉我们，每件事情的起步阶段都很重要，一步领先，就可能步步领先。初中三年是我们人生的起步阶段，无论你是初一、初二还是初三，每一天，身边的每一件小事都可能是积累未来发展优势的机会。所以，我们要珍惜在南中学习的宝贵时间和机会，我们要在身体发育、知识学习、道德涵养、意志品质、责任意识等方面积极地提升自己，积攒自己一个一个的小优势，这样我们才可能获得更多的机会，才可能将自己的小的优势变成大的优势，今后才可能拥有更多选择的权利。

其次，要学会用心做事。中国台湾著名企业家王永庆，早年因家境贫穷读不起书，16岁时他带着仅有的200元资金，从老家到嘉义开了一家米店。当时，小小的嘉义已有米店近30家，竞争非常激烈，在新开张的那段日子里，他的米店生意低迷。那时候的中国台湾，稻谷收割与加工的技术都很落后，米中有不少沙石。店中生意冷清，王永庆就和家人拆开米袋，把米中的沙石拣出来。到店中买米的顾客发现王永庆如此为顾客着想，自然就成了米店的常客。一个选沙石的细节在顾客心中树起了一个无形的品牌，让王永庆拥有了第一批稳定的顾客。王永庆还增加了送货上门这一服务项目，每次给新顾客送米，王永庆都会细心记下这户人家米缸的容量，问一问客户家里有几个大人，几个小孩，每人饭量如何，据此估计该户人家下次买米的大概时间，记在本子上。到时候，他就主动将相应数量的米送到客户家里，而且还帮客户将米倒进米缸里。如果米缸里还有米，他就将旧米倒出来，将米缸擦干净，然后将新米倒进去，将旧米放在上层，这样旧米就不至于因放得过久而变质。王永庆精细、务实的服务方法，使嘉义人都知道有一个卖好米并送货上门的王永庆。如果没有选沙石的细节，如果没有多问一问的细节，或许王永庆至今还只是一个默默无闻的米贩。这些细节归纳起来就是用心做事，正是因为王永庆用心做事，才让他后来成了中国台湾首富。

我们的学习又何尝不是如此？学习过程的一些细节，也需要我们用心才能做好。比如，课前回忆一下前一节课的内容，集中精神听好课；听课时把老师补充的解题技巧记下来；将作业、测验、考试中出现的错题进行订正；学完一个单元知识后进行小结归类；如果要准备下一场考试，就绝不议论前面已考完的科目；进考场前15分钟，做几道基础题热热脑，保证考试时发挥正常水平；考试不能用刚刚新买的笔，应该用写过的感觉顺当的笔；答题打草稿时要标上题号，便于复查；等等。只要大家用心学习，用心对待我们学习过程中的每一个细节，我想我们一定能取得不错的成绩。

同学们，我们每天的时间是一样的，真正地珍惜时间，就在于能否在相同的时间里，真正用心做好每一件事。

再次，要学会坚持。曾有人在柏林音乐学院做过调查，无论是小提琴还是钢琴专业的学生，他们都从5岁左右开始学琴，到20岁时，那些具有成为世界级独奏家潜质的学生都至少练习了10000小时，那些被认为比较优秀的学生累计练习了8000小时，而那些被认为将来只能成为一名音乐辅导老师的学生只练习了4000小时。这就体现了所谓的“10000小时法则”，即如果一个人的技能要达到很高水准，那么他在该项技能上的练习时间通常需要超过10000小时。

10000小时法则给我们的启示就是坚持，任何的成功都需要坚持。因为没有坚持，就没有积累，即便机会到了你的面前，也很难能把握住。所以，平庸与卓越之间的差别，不在于天赋，而在于长期的坚持、持续的投入。

同学们，新的学年意味着新一轮的拼搏和奋斗。让我们珍惜在校学习的宝贵机会和时间，坚持用心踏踏实实地学好每一科知识，做好身边的每一件事情，为未来我们的学习、工作和生活创造更多的机会，为我们的终身发展打下更为坚实的基础。

最后，祝全体教职员工和同学们在新的学年工作顺利，学习进步！祝福我们的东莞中学南城学校在新的学年成绩节节高升，事业蒸蒸日上！

自律自强拥抱成功

过去的一学期，在上级部门的关怀、支持和领导下，我们全体师生共同努力，秉持“自主、和谐、共同发展”的办学理念，实现了教学相长，学校各项工作开展顺利，教育教学硕果纷呈，再次荣获市中学教学质量综合考核优秀单位。所有成绩的取得，都是我们全体南中人努力探索、不断进取的结果。

现在，摆在我们面前的，又是新一轮的机遇和挑战。在实现一流学校的目标征程中，我们全体师生仍须砥砺前行。

今天借此机会，我想与同学们分享“自律”这一话题。

《新华字典》对自律的定义是：在没有人现场监督的情况下，通过自己要求自己，变被动为主动，自觉地遵循法度，约束自己的一言一行，完善自我。比如，刷牙洗脸是我们每天必须做的事情，但是如果有一天你回到宿舍筋疲力尽，倒床就睡，那么这就是放纵自己的行为；如果你克服身体上的疲惫，坚持进行洗漱，这就是你自律的表现。自律的意义在于：为了让明天更加美好，要求自己在今天做那些可能不是你“第一选择”的事情。

自律方能自强，历史反复向我们证明，凡成功者无不严于自律。

正如美国前总统罗斯福所说：“有了自律能力，没有什么事情是你做不到的。”自律是修身、立志、成大事者必须具备的能力和条件，它能够帮助我们克服困难，实现人生的理想。

但现实生活中，我们明明知道坚持做一些有益的事情，养成一些良好的习惯，是有好处的，但要长期坚持自律却又相当困难。我们想要的是自律的结果，但是却惧怕自律所付出的代价，可如果不愿意走出心理的舒适区，就总会受到一些即时诱惑的影响。

面对诱惑，如何才能做到真正的自律？我这里有几点建议供大家参考。

第一，自律需要提高抵抗诱惑的意志力。

自律于心，然后才能自律于行。要想真正做到抵抗诱惑、约束自己，就要从约束自己的内心开始。诱惑是客观存在的，我们要靠自己来判断对与错、好与坏、是非与黑白。比如，别人聊天的时候，你能否专注于学习？别人发呆的时候，你能否认真听课？别人睡懒觉的时候，你能否起床晨跑？这一切，都是你为更好的未来所必须付出的代价。这将极大地考验人的意志力，意志不坚定的人很难做到自律。

第二，自律意味着你必须有所放弃。

如果你想保持完美的体型，健康的身体，你就必须和垃圾食品说再见；如果你想成为学霸，那你就必须舍弃被动、慵懒的学习所带来的舒适；如果你想拥有更多学习和思考的时间，那你对手机的使用，与同学间的聚会，都得加以控制。这个世界上，太多事情是不可能面面俱到的，你必须有所放弃。

懂得为人生做减法，知道哪些东西不该要，哪些东西一定要去争取，你将成为一个能真正自律的人。

第三，自律需要合理的目标规划。

无数的研究证实，只有不断地将那些任务变为现实，我们自律的行为才能得到强化。这就需要我们将大目标分解为一系列的小目标，尽可能具体、细致地规划目标的实现过程，确保任务的顺利完成。正如举重一样，如果你只能举起50公斤，那么就不要勉强自己一下能举60公斤，否则很容易让你立马崩溃，没法做到自律。有效的方法，是把要增加的10公斤分解成许多小目标，设定的每一个小目标都在可以接受的范围内，然后不断地突破一个一个小的挑战，这样，经一段时间的训练，就能实现60公斤的大目标。再如，如果体育中考想要考满分，那么你就必须有一个清晰的阶段目标和每天的训练计划，如这个学期我1000米要突破多少分多少秒，下个学期又要达到什么成绩，每天的跑步时间，等等，然后要求自己坚定不移地去执行，这样就一定可以实现中考体育满分的目标。又如，你一个学期为自己定了读10本名著的阅读目标，那么你也需要为实现这个目标做一个详细的规划，每周要读多少，每天要花多少时间阅读，在什么时间段完成阅读计划，然后再不断地提醒自己按时完成这些小目标，这样10本的阅读目标也就不难完成了。同时，这些目标的不断实现，也会正向促进自律能力的养成。

所以，那些目标越具体，规划越科学，实现过程越明确的人，更有可能养成较强的自律能力。

第四，习惯有利于实现真正的自律。

关于习惯，最了不起的事情是，一旦某件事成为习惯，它就不需要再投入太多的毅力。所以培养自律的最佳方式就是养成良好习惯，特别是对于那些需要长期的自律才能有所进展的项目。一旦你在生活中，通过有规律的行为营造了一种重复，习惯就建立起来了，惯性将会极大地减轻你自律的阻力。一些非常重要但却不一定都有趣的事情，如有规律地预习、复习、独立作业、积极思考等，就会像刷牙一样成为我们生命中很重要的一部分，成为自觉的行为，成为本能和习惯。这样，那些积极的行动就再也不会被觉得枯燥无趣了。所以，习惯有利于我们实现真正的自律。

同学们，自律和不自律的人，一天两天看不出差别，一个月两个月也许还是看不出来，但是一年两年，甚至10年、20年后，这两种人终将走上截然不同的道路。希望大家在日常生活中能时时提醒自己自律，有意识地培养自律精神。当自律成为一种本能习惯时，我们就会享受到它带给我们的自由，我们会因此变得更完美，在当下的学习成长之路上，乃至在今后的人生之路上，我们将拥有更多的选择，去赢得主动，赢得优势，赢得未来。

做一个什么样的人

今天的仪式对同学们来说，具有两个重要的意义：第一，你们从现在起有了一个新的身份——东莞中学南城学校学生；第二，从现在起，你们开启了一段新的生活，这段生活对你们的一生将具有重要意义。正因为今天的仪式具有重要意义，是一个重要的起始，所以我建议我们每个同学，现在为自己立下一个誓言，对未来许下一个承诺，用这个誓言或承诺，来构建起你内心世界中庄严的仪式，并在以后每年的这一天或某个时候，依照它来反思自己的生活，思考如何使自己的生活和生命更加充盈，更富意义。这个誓言和承诺就是你的精神信仰，就是你的人生目标。

在东莞中学的校园里有几个显著的大字：莞中为我增荣耀，我为莞中添光彩。这些是东莞中学给你们提出的一生的目标，实现这一人生目标始于今日，始于此时。这其中最重要的是学做人。所以在这里，我想代表老师，谈谈我们希望你们做一个什么样的人。

首先，你们要做一个勤奋的人。今天坐在这里的你们每个人的智商没有什么差别，甚至我可以说，你们和那些今天没有坐在这里的同龄人相比，智商也没有什么差别。你们过去和未来取得好成绩唯一的秘诀就是勤奋。莫扎特是被很多人奉为天才的典型，但其实并非如此。美国作家杰夫·科尔文在《哪来的天才？——练习中的平凡与伟大》一书中称莫扎特为“被高估的天才”，他用实证的方法说明，莫扎特在音乐上投入的练习时间要比别人多得多，据他所说，莫扎特用了18年勤奋的练习，才创作了第一部作品，而这部作品并非什么传世之作。莫扎特后来的成就来自勤奋。美国曾有人做过一项持续几十年的社会学研究，该研究跟踪调查了数千名男性由小学开始的一生的过程。这项研究结果表明，早年的智商和日后的事业成就之间几乎没有必然联系。其中有几位后来成为医术精湛、非常成功的医生的人，当年的智商数仅仅是85，也就是属于“边缘低能儿”。这项研究结果就是著名的“卡拉马祖男童报告”，这个报告后来对多元智能理论的建立有重要的影响。所以，同学们，不要鄙视勤奋，勤奋是莞中南城学校所有人应具备的美德。

其次，你们要做一个老实人。社会上不少人认为老实人吃亏，但我要告诉你们，老实人是真正拥有智慧的人。人类社会终会让老实人成功，让老实人幸福，否则人类社会的发展和进步就会出现问题。任何人都愿意和老实人交朋友，朋友不仅可以为你的事业带来帮助，还能为你的生活带来幸福。有研究表明，现代社会中人的幸福感主要不是来自物质享受，很大程度上是来自和亲密朋友的交往。几十年以后，当你们对物质生活的欲望越来越淡薄、享受物质生活的能力越来越弱化了以后，就会感到亲密真挚的友谊越来越宝贵。中学时代的朋友会是你们一生的朋友。

这里还有一点我要提醒你们，老实人不图虚荣。过去有些同学出于虚荣，总想显示自己比别人更聪明，假装上课心不在焉，假装写作业漫不经心，总想给人留下不学习还能得高分的印象，结果成绩大受影响，甚至有的在考试时搞小动作，结果吃了大亏；也有同学白天轻松潇洒，晚上挑灯夜战，结果身心失调；还有的同学，明明不懂还不好意思问老师、问同学，不敢和人交流，就怕人家说自己笨，宁愿自己回家点灯耗油，闭门造车，结果却事倍功半，成绩还不理想。其实，交流和讨论是最好、最高效的学习方式之一，也是最好的交朋友的方式。同学的几句话，可能会让你茅塞顿开，而你把自己懂的东西讲给别人，就等于又复习了一遍，而且还能让同学检验你的知识是否有漏洞。总爱炫耀自己有多聪明的人，既做不好事情，又交不到朋友。你们将来会懂得，在虚荣心驱动下去做事情，结果常常是事倍功半，得不偿失。莞中南城学校的学生不应当是追求虚荣的人。

再次，你们要做一个积极乐观、具有理想情怀和人文情怀的人。对于很多人来说，随着年龄的增长，天真、好奇和热情会渐渐褪去，用中国话来形容，就是变得老成。但我们并不希望你们也这样。你们要保持自己对世界的天真和好奇，因为这能很好地保持你们创造的活力。保持天真和好奇，才能使你有对事物、对世界的敏锐，才能使你有所发现，有所发明，有所创造。我们还希望你们是一个始终保持乐观的人，学会用乐观的态度来化解你生活中的困难、挫折、失败、打击、伤害、苦难和不幸。不要害怕这些，只要你能够用乐观的态度去对待这些，它们就能变成你人生或生命中斑斓的色彩，成为你记忆中最精彩、最有价值和最值得回味的片段。你是否具有人文情怀，不是看你说什么，喊什么，而是看你做什么——你能否主动拾起地面上的垃圾，使我们的生存环境得到改善；你能否在别人遭遇不幸的时候能表示同情和关心；你能否在别人需要帮助时施以援手；你能否在日常平淡的生活中给别人带来温暖；你能否在追求自己利益的同时想到不去伤害别人；你能否时刻想到并践行自己应当为他人、为社会应尽的责任与义务；等等。

同学们，作为老师，我们对你们充满期待。请记住我们对你们的这些期待，请记住你们今天立下的誓言和许下的承诺。这些期待、誓言和承诺会勾画出你们未来生活的道路，我们会看着你们沿着这条道路坚定地走下去。

最后，祝愿同学们在未来的学习和生活中不断进步，实现自己心中的美好理想。

第八章

寻找前行的力量

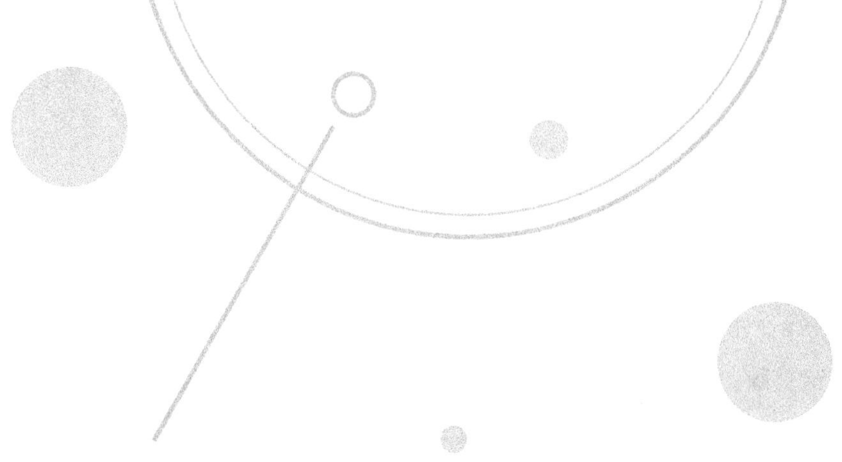

从古文经典中寻找智慧

一、为什么要做这样一个分享？

我一直崇拜古人的智慧，但由于诸多原因在相关方面的研学上花的时间不多。我佩服那些能引经据典的人，经典时常展现出强大的精神力量，这在我思考学校文化时也深有感受。

二、试读

我精读了《大学》《中庸》后，便尝试再读《论语》，在读的过程中时常感到兴奋。原因有三：

1. 基本能读懂。

2. 随处都是名章名句。

3. 有系统阅读的希望，文字量并不大，而且好些地方有重复阐述，所以真正的阅读量并不大。

三、分享感受

（一）名句常读常新

1.“大学之道，在明明德，在亲民，在止于至善。”“古之欲明明德于天下者，先治其国；欲治其国者，先齐其家；欲齐其家者，先修其身；欲修其身者，先正其心；欲正其心者，先诚其意；欲诚其意者，先致其知；致知在格物。”这是儒学的“三纲八目”。

2. 对“天地君亲师”有了更接近本源意义上的理解。短短几个字表达了中国人对宇宙自然、家园乡土、父母夫妻、兄弟朋友、师长同学以及文化传统的某种道德和超道德的情感认同和精神皈依。

3. “中庸其至矣乎！民鲜能久矣！”说的是坚持信念，做事要适可而止。

4. “君子慎其独也。”表达了慎独是修身的一种很高的境界。

5. “射有似乎君子，失诸正鹄，反求诸其身。”人要时常自我反思。

6. “君子之道，辟如行远必自迩，辟如登高必自卑。”“不积跬步，无以至千里；不积小流，无以成江海。”

7. “鬼神之为德，其盛矣乎！视之而弗见，听之而弗闻，体物而不可遗。”借鬼神之说阐明中庸之道无处不在，另外也说明那个时代也没看到过鬼神。

8. “好学近乎知，力行近乎仁，知耻近乎勇。知斯三者，则知所以修身。”三条修身之道。

9. “诚之者，择善而固执之者也。博学之，审问之，慎思之，明辨之，笃行之。”后来成为孙中山先生为中大题写的校训。

10. “人一能之，己百之；人十能之，己千之。”笨鸟先飞。

11. “君子遵德性而道问学，致广大而尽精微，极高明而道中庸，温故而知新，敦厚以崇礼。”朱熹认为这是圣贤的主要精神。

12. “《诗》曰：予怀明德，不大声以色。子曰：声色之于以化民，末也。”声色犬马应有节制。

（二）学习的总体感受

汉字的伟大。公元前五百多年孔子讲的话，当时的口头语言经文字记载后，今天其内容大都能读懂，困难不多。这可说是世界文化的一大奇迹。今天绝大多数同时期的文字记录都已失传和看不懂了。汉字在培养中国人的智力（记忆力、理解力和思维能力）上，在统一方言，形成强大稳定的经济政治局面上，在同化外来种族特别是形成华夏的文化心理结构上，起到了无可估量的巨大作用。

儒学是有关中国文化的精华所在。在塑建、构造汉民族文化心理结构的历史过程中，儒家文化大概起了无可替代、首屈一指的作用。不但自汉至清的两千年的专制王朝以它作为文人做官求仕的必修课，以及士大夫知识分子的言行思想的根本基础，而且通过各种层次的士大夫知识分子以及他们撰写、编纂的《孝经》《三字经》《千字文》《增广贤文》，以及各种“家规”“族训”“乡约”“里范”等法规、条例，使儒学的许多基本观念在不同层次的理解和解释下，成为整个社会言行、公私生活、思想意识的指引规范。不管识字不识字，不管是皇帝宰相还是平民百姓，不管是自觉或不自觉，意识到或没有意识到，儒学所宣讲、所传布、所论证的那些道理、规则、主张、思想，经过代代相传，已长久地渗透在中国两千年来的政治体制、社会习俗、心理习惯和人们的行为、思想、言语、活动中了。所以，儒家文化不仅是“精英文化”“大传统”，同时也与“民俗文化”“小传统”紧密相连，并造就中国文化传统的一个重要特点：精英文化与民俗文化、大传统与小传统，通过儒学教义，经常相互渗透、联系；尽管其间有差异、距离甚至对立，但并不存在巨大鸿沟；无论庙堂还是乡野，都可受儒家教化，相互交流。

儒学不重思辨体系和逻辑构造，孔子很少抽象思辨和“纯粹”论理。孔子讲“仁”、讲“礼”，都非常具体。这里很少有“什么是”的问题，所问特别是所答（孔子的回答）总是“如何做”。但这些似乎非常实用的回答和讲述却仍然是一种深沉的理性思索，是对理性和理性范畴的探求、论证和发现。例如，“逝者如斯夫，不舍昼夜”，是对人生意义的执着和追求，而所有这些探求、论证和发现都既不是柏拉图式的理式追求，也不是黑格尔式的逻辑建构，却同样充分具有哲学的理性品格，而且充满了诗意的情感内容，它是中国实用理性的哲学。

与其从他人的转述中寻找智慧，还真不如独居一角，静心阅读经典，与经典交流，一次次审视自已和世界。在点点滴滴中，一定会在内心对人作为个体存在的价值有更质朴、更本真的认识，随着岁月的积累，慢慢地或许能回答柏拉图的终极三问：“我是谁？我从哪里来？我到哪里去？”

四、结束语

古文经典中的智慧随处可得。比如，有一段时间一直在思考我们每一个人对于南中的真正意义这个问题，突然从偶遇的一句经典中有了这样的感悟：流水不争先——争的是川流不息。

发挥党支部的战斗堡垒作用

一直以来，在上级党委的正确领导下，学校党支部始终坚持认真学习和贯彻落实党的路线、方针、政策及党的十八大、党的十九大会议精神，全面加强党支部的思想建设、组织建设和作风建设，全体党员同志及所有教职员工爱岗敬业、努力工作，内抓管理、外树形象，创先争优，充分发挥了党支部的战斗堡垒作用，为南中的快速发展奠定了坚实的基础。

这几年，特别是最近这两年，学校工作多、任务重、压力大、困难多、期望高等，这些都是学校处于高速发展阶段必然会碰到的问题和必须解决的问题。非常令人欣慰的是我们全体教职员工，特别是我们党员同志能够果断地站出来，为了更美好的南中，主动地把任务扛在肩上，把困难踩在脚下，用实际行动来打造我们的精神家园。很多时候，我们都在想，于我们南中最宝贵的是什么？是人，是我们全体教职员工，是所有的党员同志。只要我们全体教职员工能够齐心协力、砥砺前行，南中一定会更加优秀，我们每一位积极参与的同事也都必将分享到更好的南中为我们带来的种种荣誉和骄傲。

对学校而言，党建和学校的建设是紧密联系在一起的。过去的一年多来，学校坚持“制度完善、文化引领、常规落实、特色办学”的工作思路，注重整体设计，注重抓细抓实。充分利用各种有利因素，做好制度建设，着力提升管理效能，引领教师更新教育观念，促进教师专业发展，深化课程设置改革，重视德育工作，全面推动学校发展。

一、完善制度

（一）理顺程序，完善制度

1. 加强了学校工作的计划性。

2. 建立、健全了各部门例会制度。

3. 制定、完善了各种条例、制度和程序。

制度建设（朝最好的方案靠近，自上而下，再自下而上）上打造了科学、高效、有温度的学校管理制度。例如，理顺了各种先进的评选程序，明确了教职工事假的请假程序、学生学籍管理程序、教师招聘程序，制定了《东莞中学南城学校职称申报推荐试行办法》《东莞中学南城学校级组长聘任办法》和《东莞中学南城学校食堂堂长聘任办法》《东莞中学南城学校特别绩效考核奖励分配方案（试行）》《东莞中学南城学校教学质量奖励方案》，完善了《东莞中学南城学校学生评教方案》等制度。

（二）探索新的人事制度

1. 行政、年级组长、科组长、食堂堂长的聘任。

2. 全员聘任。

3. 招聘合同制老师。

二、文化引领

1. 建立校园信任文化（信任）。

2. 推行崇尚专业发展的职业文化（德育、教学）。

3. 打造精品系列学校文化活动，增强文化育人效果。

艺术节、体育节；校园足球、篮球比赛；科技节；悦读节；隆重的开学典礼；学校首届艺术节系列活动；文明班级、模范班级、校园之星评选活动；毕业聚餐、毕业典礼、成人仪式等各种团队活动。

4. 加强学校宣传工作，及时报道师生先进、优秀事迹（宣传组、家委会，校内、校外）。

三、常规落实

（一）德育工作

1. 认真落实学生教育、管理的各项日常工作。

2. 完善分层德育系列主题班会，逐步实现系列化、课程化。

3. 强化德育工作的例会制度（年级组长会议、年级班主任会议、全校班主任会议）。

4. 逐步以课程的方式加强对学生社团的指导，打造精品社团。

5. 举办学校班主任论坛。

（二）教学教研

1. 强化教学管理，提升教学效益。

① 成立学校学术委员会。

② 以课程改革为抓手，推动学生全面发展。

③ 以教学模式的改革为突破口，提高课堂教学效率。

④ 加强学科组建设的指导，实行行政下科组制度。

⑤ 完善了学生评教系统。

⑥ 优化常规教学，提高教学成绩。

具体做法：一是强化集体备课；二是加强随堂听课；三是推行联考、联改制度，提高考试信度；四是严格监考纪律，及时做好分析；五是科学备好高考和中考。

2. 丰富教师专业提升途径，推动师资队伍全面发展。

① 用心做好“请进来、走出去”的教师培训工作。

② 落实教学反思常态化。

③ 积极推动教育科研，不断提高教师教研水平。

④ 以教学展示月的公开课为抓手，提升集体备课的质量和教研氛围。

⑤ 出版《南中教研》和校报，凝练教育教学成果。

四、特色办学

推进教学改革，探索特色办学的新途径。

1. 探索分层教学改革的模式，提升教学效率。

2. 推进信息奥赛特色课程，初显成效。

3. 继续打造体育特色学校（科技）。

4. 探索校本课程走班制。

五、部分成绩

1. 学校的风气和精神面貌正在发生积极的变化。

2. 教师的专业意识和专业能力有所增强。

这一年多来，学校老师在各级各类教育教学比赛中都取得了不错的成绩。生物科组被评为“省优秀教研组”，有12人获市教学能手，多名教师在市级教学基本功比赛中成绩突出。有近20篇论文获国家级奖励；有30余篇论文获省级奖励；有近百件论文、课例、微课、慕课获市级奖励。获得市招标课题1个，市立项课题6个。

3. 学校教育教学成绩明显提升。

学校中考、高考成绩都取得历史性突破。学校的校本课程建设取得长足进步。学校被评为“全国篮球特色学校”，荣获“2016年东莞市青少年科技创新大赛特别贡献奖”，在第26届中国儿童青少年计算机表演赛、2017年全国青少年信息学奥林匹克联赛、第四届广东省青少年环保科技创新大赛、第六届东莞市中小学无线电测向比赛中，学校都获得了非常好的成绩。

六、下一步工作的一些思路

1. 进一步加强制度文化建设，编订《东莞中学南城学校教职工手册》，提升学校管理效率。

2. 制定教师的聘任制度，完成全体教师的聘任工作，完善学校中层干部聘用机制。

3. 构建高效的校本培训体系，促进教师的专业发展。

4. 通过课程改革落实核心素养，研讨、整合课程设置，逐步实现国家和校本课程以及校园文化活动的有机结合。

5. 落实常规教学要求，推进教学改革，提升教育教学质量。

6. 探索学校特色教育的有效途径。

七、学校未来的愿景

学校未来建设的总目标是将学校建设成一流学校。

1. 课程教学有优势。

2. 特色教育有高度。

3. 艺术教育有品位。

4. 校园文化有内涵。

5. 社会认同有口碑。

6. 师生生活有温度。

回顾过去几年的工作，在全体党员的共同努力下，学校的工作作风有了新转变，党员干部的形象有了新展现，各项工作开创了新局面，取得了一个又一个喜人业绩，社会的普遍赞誉度逐步提升。这些成绩的取得，与上级党委和主管部门的正确领导、与大家的通力协作是分不开的，在此我代表党支部向大家表示衷心的感谢，并感谢大家对我个人工作的支持。新一届党支委即将产生，我们要在新一届党支部的领导下，全体党员携手共进，为实现南中的快速发展而努力奋斗。

坚守初心，面向未来

2021年，我们迎来了中国共产党成立100周年。学校党总支特别安排了这一次主题党日活动，全体党员同志共同庆祝，共同学习。今天的活动主要有以下几方面的内容：

一、重温入党誓词

我志愿加入中国共产党，拥护党的纲领，遵守党的章程，履行党员义务，执行党的决定，严守党的纪律，保守党的秘密，对党忠诚，积极工作，为共产主义奋斗终生，随时准备为党和人民牺牲一切，永不叛党。

二、学习习近平总书记关于“初心”的重要讲话

2021年7月1日，7万余人以盛大仪式在北京天安门广场欢庆中国共产党百年华诞，习近平总书记在天安门城楼发表重要讲话。1个多小时，7000多字的讲话中，出现86次“人民”、55次“民族”、54次“中国共产党”……这充分印证中国共产党的初心和使命，就是为中国人民谋幸福、为中华民族谋复兴。

“人民”86次。

“人民是历史的创造者，是真正的英雄。”百年庆典上，这句话让人印象深刻。

站在“两个一百年”奋斗目标的历史交汇点，习近平总书记强调“以史为鉴、开创未来，必须团结带领中国人民不断为美好生活而奋斗”。

走过再长的路，走到再远的未来，“人民”都是永恒的关键词。

最伟大的力量源于人民，最深刻的变化在于人民，最实在的成果惠于人民，始终代表最广大人民根本利益的中国共产党，必将把新的旅事，新的传

承，书写在新的征程上。

“民族”55次。

讲话中，与“民族”搭配出现的词有危亡、独立、发展、尊严、自豪、复兴等，简单的词组描摹了中华民族发展的百年进程。

100年前，中华民族呈现在世界面前的是衰败凋零的景象。今天，中华民族向世界展现的是一派欣欣向荣的气象。

习近平总书记反复提及“民族”，一方面是肯定中华民族是世界上伟大的民族，为人类文明进步做出了不可磨灭的贡献。另一方面是从民族复兴的高度来阐释中国共产党的使命，用我们党对民族的责任来动员全党。

“发展”34次。

“发展是硬道理”，这个简单而深刻的真理，影响了中国的历史进程。

“实现了第一个百年奋斗目标”“中华民族迎来了从站起来、富起来到强起来的伟大飞跃”……伟大的历史进步，是我国多年改革开放、不懈发展的结果。

推动人的全面发展；推动物质文明、政治文明、精神文明、社会文明、生态文明协调发展；立足新发展阶段、贯彻新发展理念、构建新发展格局，推动高质量发展；坚持在发展中保障和改善民生；坚持走和平发展道路；统筹发展和安全。

在新征程上开创新辉煌，习近平总书记给出了破解难题的“钥匙”。

“坚持”31次。

坚持，意味着不改变、不动摇，始终如一。

“坚持中国共产党坚强领导”“坚持全心全意为人民服务的根本宗旨”“坚持马克思主义基本原理”“坚持实事求是”……

初心易得，始终难守。每一个“坚持”都是百年奋斗实践和70多年执政兴国的成功经验，反复强调，就是宣示要坚定地沿着正确的道路与方向，一步一步走向更加美好的未来。

“社会主义”27次。

“只有社会主义才能救中国，只有社会主义才能发展中国”“以史为鉴、开创未来，必须坚持和发展中国特色社会主义”……习近平总书记指明了实现中华民族伟大复兴的必由之路。

走自己的路，是党的全部理论和实践立足点，更是党百年奋斗得出的历史结论。

只有沿着这条正确道路，才能最终实现中华民族伟大复兴的中国梦。

“复兴”26次。

实现中华民族伟大复兴，是中国共产党百年来带领人民一切奋斗、一切牺牲、一切创造的主题，也是中华民族近代以来最伟大的梦想。

如今，实现中华民族伟大复兴进入了不可逆转的历史进程。习近平总书记在建党百年这个历史性时刻，多次强调“复兴”，不仅是一种信念的坚定，更是一种使命的召唤。

“奋斗”23次。

人以奋斗而立，党以奋斗而兴，国以奋斗而强。

党的十八大以来，习近平总书记的多次重要讲话中，“奋斗”都是高频词。此次讲话中，“奋斗”出现了23次。

100年来，我们取得的一切成就，是中国共产党人、中国人民、中华民族团结奋斗的结果。

今天，中国共产党团结带领中国人民又踏上了实现第二个百年奋斗目标新的赶考之路。征途漫漫，唯有奋斗。共产党人只有顽强拼搏、不懈奋斗，才能创造无愧于历史和人民的新业绩。

这些重要论述不仅对一个国家和民族具有深刻意义，对一个单位、一所学校同样具有深刻意义。

三、面向未来的优势与不足

学校托管和集团化办学至今已经5年，在大家的共同努力下，学校日新月异，进步非常大，实现了第一步的预设目标。针对学校的现状，未来要着力抓好哪些工作？行动计划应该有哪些？请大家积极为学校的未来献计献策。

历经几届师生的努力，特别是托管办学以来，南城学校已成为东莞初中教育的一颗明星，我们拥有雅致现代的校园环境、全面系统的发展思路、慧臻至美的课程教学、踏实高效的管理团队、朴实上进的教师群体，在办学特色、办学成绩和学校口碑等方面都有非常好的表现，已跻身东莞市一流学校的行列。

（一）学校的优势

1. 校园环境优美。

2. 办学思路清晰。东莞中学“对每一位学生的终身发展负责”的办学宗旨、“自主、和谐、共同发展”的办学理念与南城中学原有的“刻苦勤奋，踏实坚初”的学校文化相结合，使学校的育人目标、办学目标、教师发展目标、课程与教学目标等逐渐清晰，为学校未来的发展完成了顶层设计。

3. 团队管理高效。

4. 课程初见成效。国家课程的校本化实施扎实有效，英语、数学两门学科的动态分层教学已实施4年，中考成绩逐年提升，目前已跃居全市前列。校本课程已初成体系。构建了“三层六类”的校本课程体系，每学期坚持开设70余门校本课程，初一、初二全员参与，走班授课，部分课程成了学校的精品课程。学校的办学特色日益明显。信息学奥赛课程、以“三大球”为代表的体育特色课程、无线电测向课程等已在全市具有一定的影响力。

5. 教师群体上进。拥有省级名校长工作室主持人1人，市级学科带头人6人，市级教学能手20人。近几年学校的教研成果呈现井喷状态：2016年全校教师获区级以上奖励169项，2017年全校教师获区级以上个人奖励192项，2018年全校教师获区级以上个人奖励209项，2019年全校教师获区级以上个人奖励196项，居南城街道公、民办中学之首。

（二）存在的问题

1. 学校改造尚有不彻底之处，需逐步完善。学习空间的缺口还比较大，功能室尚不完备，需逐步实施。但目前街道财政取消了专项经费，所需费用原则上从生均经费中支出，经费压力较大。

2. 教师的专业现状和专业发展存在明显的短板。教师的年龄结构存在较大压力，2005年至2016年基本上没有招聘新教师，2016年以后招聘了大量的新教师，缺乏30—40岁这个年龄段的老师，年龄断层明显。（共有教师216人，平均年龄40.5岁；其中男教师85人，平均年龄44.1岁，女教师131人，平均年龄38.2岁。托管前入职的教师168人，平均年龄44.6岁；其中男教师74人，平均年龄46.9岁，女教师94人，平均年龄42.8岁。托管后入职的教师48人，平均年龄26.3岁；其中男教师11人，平均年龄25.7岁，女教师37人，平均年龄26.5岁。教师中，高级职称46人，中级职称104人，初级职称42人。2021年7月还将有45名新教师入职。）

缺乏校内名师，目前市学科带头人仅6人，无市名师工作室主持人。老师们有专业成长的意向，但引领和落实都不够，处于专业层次不够高的工作状态。

3. 课程建设还有较大的提升空间。数学、英语的分层走班教学已实施四年，这两科在近几年中考中都有不错的表现，但尚缺乏系统的分析和总结。优在何处？哪些地方做得比较好？哪些地方还需完善？都需要认真总结。其他国家课程在这几年校本化的实施过程中，积累了哪些真经验、真教训也亟待用心梳理，如校本课开设的规模比较大，有没有陈旧课程？有没有应付课程？校本课程的考评如何实施？如何把校本课程与办学思想对接起来，真正落实有南城学校特色的“素质”教育？学校的办学特色究竟是什么？未来要从哪些地方重点打造学校的办学特色？

4. 学校的管理还需进一步完善，制度还需完善，制度流程的执行力还需进一步提高，规则意识还需进一步加强，学校行政管理的效率急需提升。

礼赞新中国70年伟大征程

——在学校国庆升旗仪式上的讲话

尊敬的各位领导、各位老师，亲爱的同学们：

大家早上好！

金秋十月，盛世欢歌。在这硕果飘香的季节，我们迎来了中华人民共和国成立70周年的伟大日子。今天，我们东莞中学南城学校全体师生，在这里举行“我和我的祖国”升旗仪式，用我们高亢嘹亮的歌声，抒发对伟大祖国的无比热爱，表达对新中国70年伟大征程的崇高礼赞！

70年披荆斩棘，70年风雨兼程，伟大祖国的面貌发生了翻天覆地的变化。回首一路走来的岁月，我们看到的是祖国腾飞的恢宏画卷，是祖国更加美好的未来。每一次回顾，都会激发起我们更加强烈的爱国主义情怀。

爱国，是坚定的民族精神，是振兴中华的责任。在走向中华民族伟大复兴的道路上，我们每个中华儿女的命运都与祖国母亲息息相关。“我和我的祖国，一刻也不能分割”，为了我们国家更加繁荣富强，为了我们的明天更加美好，在这个庄严喜庆的时刻，我们每个中华儿女，都要更加明白肩上的责任与使命。

老师们，我们作为教育工作者，我们对祖国的热爱，要落实在对教育工作的高度负责上。为了实现中华民族伟大复兴的中国梦，我们要培养一代又一代德、智、体、美、劳全面发展的社会主义事业建设者和接班人。以高尚的师德影响人、培育人，是历史赋予我们的神圣使命和责任。这就要求我们学高为师，德高为范，要把坚持以学生为本、为学生的终身发展负责，作为工作的出发点和落脚点，切实履行自己的责任，尽职尽责地对待自己的工作。这是使命，也是荣誉，更是我们对祖国的热爱。

同学们，你们作为祖国的未来，你们肩上承担着承前启后、开创未来的光荣使命。“少年富则国富，少年强则国强”，作为青少年学生，你们对祖国的热爱，就体现在与祖国共同进步、共同发展上。经过70年的艰苦建设，我们的国家已经取得了乘长风破万里浪的迅猛发展，但不要忘记，我们仍然是一个发展中国家，还有许多地方有待完善和发展，而发展的希望，就寄托在青少年身上。国家要富强，我们就必须继续努力。所以，你们要努力学习，树立远大抱负和理想，用爱国精神激励自己，用知识和汗水，以及满腔的爱国之情，拥抱希望，迎接未来的机遇与挑战，有所作为，报效祖国。

老师们、同学们，幸福都是奋斗出来的。大到一个国家，小到一个单位，细到一个人，要实现自己的梦想，都离不开努力奋斗。我们只有付出更多的努力，才能实现我们心中的理想。

梦想点燃希望，奋斗成就未来。老师们、同学们，在新的征程上，我们一定要把爱国落到实处，努力工作，刻苦学习，用我们的实际行动，用我们的奋斗成果，为更加强大的祖国添砖加瓦，为未来谱写新的华章！

谢谢大家！

未来在我少年

今天，我们在这里隆重举行庆祝建党100周年系列主题活动之“传承红色基因，灯塔领航青春”五四青年节大会。在此，我谨代表学校党总支部、学校少工委，向长期以来关心学校团队工作的上级领导和兄弟学校的德育干部们表示感谢！向受到表彰的先进集体、个人和新加入中国共青团的团员们表示热烈的祝贺！向在岗位上辛勤工作和学习的老师和同学们致以诚挚的问候！

2021年是中国共产党成立100周年。中国共产党领导中国人民走过的百年历程是矢志践行初心使命的一百年，是筚路蓝缕奠基立业的一百年，是创造辉煌开辟未来的一百年。党的每一段历史，都是理想信念的生动教材，党在各个历史时期展现的精神，都是党和国家的宝贵财富。学校团委要组织全体团员和青少年深入学习贯彻习近平总书记在党史学习教育动员大会上发表的重要讲话，教育引导广大少先队员和师生青年“学党史、强信念、跟党走”，进一步增强“四个意识”、坚定“四个自信”、做到“两个维护”。学校团委要进一步明晰共青团工作的重点，坚持立德树人，实现全程育人、全方位育人，努力为实现“两个一百年”目标而奋斗，以实际行动迎接建党100周年！

青少年是祖国的未来，是民族的希望。一百年来，在中国共产党的领导下，中国共青团团结和带领广大少先队员、团员青年在革命、建设、改革的广阔舞台上，创造了令世人赞叹的成绩，涌现了一大批可歌可泣的先进模范人物。本次活动对进一步引领教育全校广大团员青年、少先队员继承“五四”光荣传统，弘扬“五四”精神具有十分重要的意义。

一直以来，我校团委团结和带领广大少先队员、团员、青年，紧紧围绕学校党总支，开展了许多卓有成效的教育活动，帮助青少年茁壮成长。新时代新征程，希望校团委不断开拓创新，继续扎实推进各项工作，充分发挥对青少年的引领作用，助力培养德智体美劳全面发展的社会主义事业建设者和接班人。

同学们，习近平总书记说：“青春由磨砺而出彩，人生因奋斗而升华。”在共青团这个光荣的组织里，你们要以共青团员的标准严格要求自己，树立远大理想，弘扬“五四”精神，做一个有责任感的少年；坚持“勤学”，勇于“实践”，做一个不断进取的少年；不断加强自身修养，立己达人，做一个良好品德的少年。

同学们，未来之责任，不在他人，而全在我少年。衷心希望你们能珍惜青春年华，抓住机遇，在学习、成长、奋斗和奉献中领悟青春的魅力、人生的真谛和生命的价值，无愧于伟大时代对你们的殷切期望。

我们应该读什么样的书?

一、阅读的意义

阅读的意义是什么?它能赋予我们人生怎样的能量和价值?

人生短短不足百年,无论你出身何处,高贵或低贱,在浩茫的时空中,你的视野终究囿于一个狭小的领域。阅读则可以让你的认知穿越时间,驰骋无限,让你的生命超越百年寿数的厚度和深度——这就是阅读赋予我们人生的能量和价值。

阅读,是人生最幸福的一件事情。很多人都认为,阅读有三大功能,一是问术,二是寻道,三是润泽。

开卷有益。专业的书籍要读,文史类书也要读,小说、散文、诗歌等也要读。生命需要各方面营养,人生需要全方位滋润,只有如此,精彩和美好才能常常在身边绽放。

《红楼梦》,是小说中的百科全书,世事洞明、人情练达的鸿篇巨制,可以让我们了解一个社会,一个时代。《三国演义》,演绎了历史的兴衰更替,让我们可以穿越时空,感受千年前人物的悲欢离合,风尘激荡。《资治通鉴》《二十四史》,是一面面镜子,让我们更清晰地看清今朝和未来。余秋雨、汪曾祺、林清玄、席慕蓉、三毛、张晓风……无论是传世经典还是当代美文、随笔小品,都能让我们润心、悦心、清心、静心。

阅读是一个美妙的旅程,沿途风景无限。

我们不应只做风景的欣赏者,还应做阅读旅程中的思考者和记录者。

二、读什么样的书

在阅读书目的选择上,一些专家建议坚持在“有用”与“无用”之间、在

“舒适”与“恐慌”之间和在“刺猬”与“狐狸”之间这三个原则。

（一）在“有用”与“无用”之间

有些书是经验总结，读者将之结合自己的实际运用对提高业绩效果显著，这样的书就是“有用”之书；有些书是思想经典，对解决具体问题就难以立竿见影直接有用，这样的书就是“无用”之书。读书不能偏颇，要在有用与无用之间。

“有用”之书真有用。我们每天眼睛一睁，忙到熄灯。跨越不了眼前的苟且，也到达不了诗意的远方。因此，如何提高工作效率？如何提高教学成绩？这是我怎么也绕不开的问题。同行的实践经验，前辈的制胜方略，这一类的书对我来说是有用之书。

“无用”之书有大用。如何避开越教越无知，到最后就只剩下为数不多的考点了。要读一些“无用”之书，孔孟之道，西方哲学，历史变迁，宇宙星辰，无用即大用。没有人告诉你怎么办的时候，你自己就应该知道该怎么办。美国著名作家菲茨杰拉德有句名言：“检验一流智力的标准，就是看你能不能在头脑中同时存在两个相反的想法，还能维持正常行事的能力。”

“有用”之书和“无用”之书要结合起来读。“有用”和“无用”要根据个人的实际情况定义。“有用”与“无用”，搭配要合理。

（二）在“舒适”与“恐慌”之间

美国人诺埃尔·蒂奇把人的知识和技能层次划分为舒适区（comfort zone）、学习区（stretch/learning zone）和恐慌区（panic zone）。

在舒适区我们得心应手。但学到的东西很少，一旦跳出这个领域，面对不熟悉的环境及变化，你可能会觉得无所适从。

在学习区我们面临挑战。我们很少接触甚至未曾涉足的领域，充满新颖的事物，在这里我们可以充分地锻炼自我，挑战自我。

在恐慌区我们惶恐不安。在这个区域中我们会感到忧虑、恐惧、不堪重负，如在公共场合演讲，或者从事一些危险的极限运动。

一本书或一种学习内容，太容易没有挑战就没有收获；太难挑战太大就无法完成任务。有关研究表明，这个配比最优数值解是15.87%：一本书最好有大约85%的内容是你熟悉的，有15%的内容是你感到意外的。

读书，最理想的情况是书中85%的内容让你有亲切感，另外15%的内容能改造你的世界观。有一定挑战难度的书才是比较适合阅读的书。

（三）在“刺猬”与“狐狸”之间

刺猬知道一件大事，狐狸知道许多小事。

刺猬型的人才通常被人称为专才，狐狸型的人才通常被人称为通才。两者结合起来就是“T”型知识结构的人才，即既有精深的专业，也有广阔视野的人才。

我们面对的所有困扰、烦恼、成就、欢喜，在历史上是无数人都遇到过的，在宇宙中只是一粒微不足道的尘埃。但更重要的是，一个人建立了这样的时空感后，思考问题的框架才足够宏大。

在“润物无声”中传承好中国文化

——学习分享活动

今天我们在国旗下开展学习分享活动。下面，谈谈我的一些学习体会。

文化自信，是更基础、更广泛、更深厚的自信。文化兴国运兴，文化强民族强。没有高度的文化自信，没有文化的繁荣兴盛，就没有中华民族伟大复兴。

中国文化数千年绵延不绝、历久弥新，彰显出强大的生命力与创造力，究其根本，就在于中国文化无限向往光明与美好，扬清激浊，弘道养正，以兼济天下、德泽苍生为最高理想与价值追求。在波澜壮阔的历史进程中，无数优秀中华儿女砥砺前行、前仆后继，“为天地立心，为生民立命，为往圣继绝学，为万世开太平”，使中华民族勇于领潮流和时代之先，使贡献于人类社会发展的优良传统日益得到巩固与发扬。

中华民族在几千年的历史流变中遇到过无数艰难困苦，但我们都挺过来了、走过来了，世世代代的中华儿女培育和发展了独具特色、博大精深的中华文化，为中华民族克服困难、生生不息提供了强大精神支撑。数千年的文化优势让中华儿女有了持续的文化自信，有文化自信就能创造更多更大的文化优势。党的十九大报告指出，文化自信是一个国家、一个民族发展中更基本、更深沉、更持久的力量。在这21世纪，作为新时代的中华儿女，我们更应坚定文化自信，继承优秀传统文化，吸收外来优秀文化，创造属于新时代的新文化。我们要将这份自信源源不断地传递下去。

当今世界，人类文明无论在物质方面还是精神方面都取得了巨大进步，特别是物质的极大丰富是古代的人们完全不能想象的。同时，人类也面临着许多突出难题，比如贫富差距持续扩大，物欲追求奢华无度，个人主义恶性膨胀，社会诚信不断消减，伦理道德每况愈下，人与自然关系日趋紧张，等等。当今世界正经历百年未有之大变局，尤其是随着新冠疫情在全球蔓延，一些国家单边主义、保护主义、霸凌主义和抹黑政治盛行。全球治理赤字、信任赤字、和平赤字、发展赤字增多，世界面临的不稳定性、不确定性更加突出。

世界怎么了？我们怎么办？人类社会向何处去？这些成为摆在各个民族和国家面前的共同难题。这要求我们要把中华优秀传统文化的精神标识提炼出来、展示出来，把中华优秀传统文化中具有当代价值、世界意义的文化精髓提炼出来、展示出来，不断提升中华文化影响力。

我们时常为身为中国人而感到幸运。我们现在所拥有的文化，是历史的积淀，也是由一个个曾经的“现在”创造出来的，所以，现在我们也在创造着文化。我们创造天眼，我们搭起港珠澳大桥，我们迎风而上。我们应主动把握时代脉搏，承担时代使命，聆听时代声音，讲好中国故事，向世界展现真实、立体、全面的中国，进一步提高国家文化软实力和中华文化影响力，让世界更好地了解中国。

同学们，作为中学生，我们是国家文化建设的继承者和发扬者，也是思想最活跃、最易受多元文化冲击的群体，我们要时刻保持着对文化“继承和转换”的基本态度，树立文化自觉、增强文化自信，提升自我修养，肩担社会责任，在“润物无声”中传承好中国文化！

我的分享到此结束，谢谢大家！

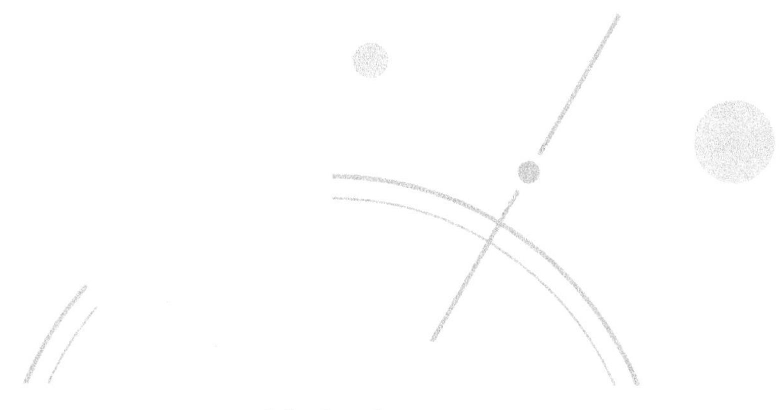

第九章

向着未来出发

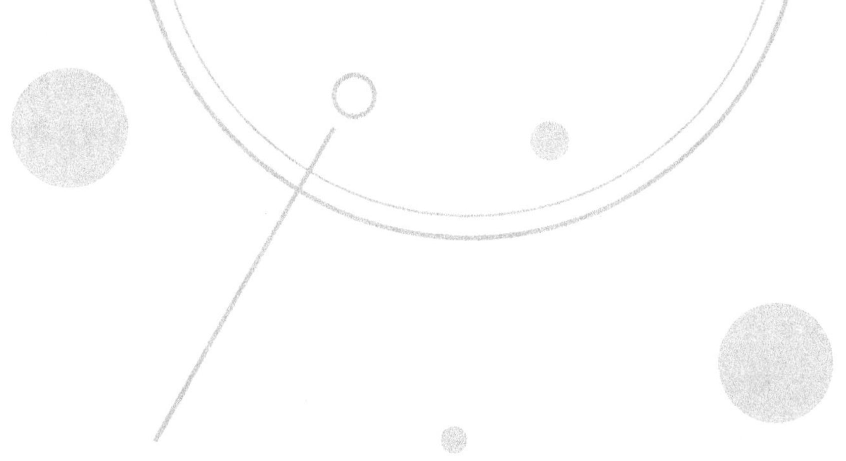

汇聚力量　共创辉煌

——2017年元旦国旗下讲话稿

老师们、同学们：

大家早上好！我今天早上演讲的题目是：“汇聚力量　共创辉煌。”

光阴似箭，岁月如歌。转眼间，我们已经挥别了2016年，昂首迈进充满希望和憧憬的2017年。

过去的一年，在上级领导的大力支持下，在社会各界的高度关注下，全校师生员工精诚团结，勤奋工作，刻苦学习，取得了可喜的成绩。2016年，我校高考、中考成绩均取得重大突破，多项数据创学校历史新高。6月，东莞中学托管南城中学，学校增挂“东莞中学南城学校”校牌，成为东莞中学系列学校中的一员。校本教育、教学教研高水平推进；校内外的交流、展示活动为我们开阔了教育的视野；体育节、科技节进一步推动了学校体育教育、科技教育的内涵；首届艺术节展现了师生高雅健康的艺术才华和积极向上的精神面貌，“高大上”的文艺晚会给了我们极大的惊喜；学校活动成了《南方日报》《东莞日报》《东莞阳光网》等省市主流媒体的常客。这一年定将成为南中历史上极不平凡的一年。

老师们、同学们，时光流转，站在新年的起点，我们都在期待更美好的南中。这需要我们以更积极的心态，谋划好将来，砥砺前行。为此，我想向大家提出学校对大家的几点希望。

一是要有积极的生活态度。养成积极的生活态度，很关键的一点是要有一颗感恩、回报的心。国家、社会、父母、师生、大自然给予了我们很多很多，我们有否想过回报、感恩？这一点太重要了。因为只有懂得回报、感恩的人，内心才能充满温暖，生活才能充满阳光。而不懂得回报、感恩的人，则只会一味索取，把别人的付出当作理所当然。希望大家能多点理解，少点猜疑；多点宽容，少点埋怨；多点回报，少点索取。这才是积极的生活态度，才是最可贵的内在美德。

二是要做好人生规划。“心有多大，舞台就有多大”，说的是人的境界对成功的决定作用。我觉得，生活在这个时代的我们，工作和学习在南中的我们，应“风物长宜放眼量”，做好自己的人生规划，定好自己的奋斗目标，这一点，也很重要。因为有了自己的境界、规划、目标，你才会有奋斗的动力。

三是要有责任担当。春播一粒种，秋收万担粮。没有春播，哪有秋收？没有付出，哪有收获？教书是这样，读书也是这样。我真诚希望全校师生，更加勤奋努力，更加乐于担当，用自己辛勤的汗水，去争取更多的属于自己也属于南中的收获。

老师们、同学们，新的起点，新的希望。虽然面对这一切并不轻松，但我们在一起。我们拥有对于变化的期待，对现实的善意，对价值的坚守，也拥有对未来的信心。我们深信，只要我们凝聚智慧，汇聚力量，南中必然向好。

长河悠远，天地常新。祝全体教职员工身体健康，工作顺利，家庭幸福！祝同学们在新的一年里学习愉快，健康成长，特别祝高三、初三的同学在2017年高考、中考中都能考取自己理想的学校！祝福我们的南中越办越好！谢谢大家！

阔步新时代　开拓新局面

——2018年迎新年讲话

老师们、同学们：

大家早上好！

律回春晖渐，万象又更新。2018年的新年钟声已经敲响，我们迎来了新的一年。

播种决定收获，刚刚走过的2017年，成为南中发展的一段重要里程。

2017年，在上级领导的大力支持下，在社会各界的高度关注下，全校师生精诚团结、共同努力，学校面貌发生了积极的变化，取得了诸多令人欣慰的成绩。我们的德育管理在务本求实上精细创新，校园之星、时事小视频、毕业典礼等活动润物无声。我们的教学工作在优质高效上引人注目，高考、中考多项数据创历史新高。我们的教师队伍在内涵发展上逐步提升，一批批教研成果不断让我们欢欣鼓舞。我们的特色办学在品牌打造上风生水起，信息奥赛突飞猛进，“三大球”成绩比翼齐飞，艺术、科技亮点纷呈。我们的后勤服务在人性高效上有序推进。我们的校园改造在品质追求上精益求精。

一年的奋进，所有的努力，都为南中的未来提供了坚实的支点。

在时间的叙事里，当下连接未来。站在2018年的新起点上，面对新的机遇和挑战，我们依然在一起期待更美好的南中。展望未来，唯有凝聚力量，才能抓住机遇，唯有砥砺前行，才能实现梦想。为此，我想向大家提出三条建议。

一、抓住机遇，努力走好上升路

走好上升路，需要付出更多的汗水，目前我们学校的教育教学处在一个上升的阶段，必须攻坚克难、努力向上，才能以较快的速度到达光辉的顶点。同学们的学习也是如此，虽然取得了一定的成绩，但要争取更大的突破，就还须付出更多的努力。面临新的机遇，需要我们全体师生凝心聚智，横下一条心，拼下一股劲，方可将可能出现的困难一个个踩在脚下，让那些困难最终成为我们前行的垫脚石，填出我们学生成长、教师成功、学校发展的上升之路。

二、坚定信心，相信明天会更好

新时代有新作为，新机遇带来新挑战。面对挑战，我们一定要坚定信心，相信自己，相信梦想，相信坚持不懈的力量。让我们一起以甜美的笑容、积极的心态、振奋的精神，弘扬正能量，寻找好方法，昂首挺胸，走向更加美好的明天。

三、脚踏实地，做好眼前每件事

幸福都是奋斗出来的。有梦想，就要追梦逐梦，就要努力奋斗。努力奋斗，需要脚踏实地，一步一个脚印，要有做好每一件事的定力，充实每一天的毅力，精彩每一刻的魄力，把我们学习、工作、管理、服务每一个环节都做实、做细、做强，这样，我们就一定能领略成功的无限风光。

老师们、同学们，2018年是南中历史上重要的一年，让我们在追逐梦想的旅程中与时间赛跑，将对未来的期许转化为求真务实的干劲，用今天的努力浇筑明天的辉煌，用一流的成绩，向建校60周年献礼！

新的一年，新的希望。愿我们每一位南中人都能在南中实现梦想，愿我们南中能在2018年续写华章！谢谢大家！

2019，我们一起努力

——2019年元旦后第一次国旗下讲话

尊敬的各位老师，亲爱的各位同学：

大家早上好！

当灿烂的朝霞映红大地，我们，已经站在2019年这一新的起点。

回望已经挥别的2018年，在上级领导的大力支持下，在社会各界的高度关注下，全校师生精诚团结、共同努力，取得了令人欣慰的成绩，学校办学品质和社会声誉逐步得到了社会各界的认可。

去年，学校高考超额完成各项预设目标，高分人数创历史新高，为学校高中教育画上圆满的句号。中考成绩创历史新高，非毕业年级教学成绩稳步提升。以大课程观统领的课程建设展现出旺盛活力：每学期超过70门的校本课程，实现了非毕业年级所有同学的全覆盖；信息课程班效果显著，47人获市级以上奖励；“三大球”均以优异的成绩进入东莞市第一梯队。教研、校园文化、艺术、科技等方面也硕果累累。这些都为南中更加美好的未来奠定了坚实的基础。“幸福都是奋斗得来的。”过去的一年，我们在学校管理、教学成绩、课程建设、队伍建设、德育管理、校园文化、办学条件等方面所取得的显著进步，得益于我们全体师生所付出的努力，所洒下的汗水。在这里，我代表学校，向在过去一年中付出辛劳的全体师生表示衷心的感谢！

2019年寄托着我们的希望，我们怎样才能迈好2019年的步伐？怎样才能实现我们心中的理想？我想唯有继续努力奋斗。

大到一个国家，小到一个单位，细到一个人，要实现自己的梦想，都离不开努力奋斗。只有付出更多的努力，我们才能获得更多选择的权利和机会。

大家知道，2018年的时事热点之一，是美国在经济、科技等方面对中国围堵而导致的贸易战。如果，中国没有改革开放40年的艰苦努力而提升的综合国力，那我们在美国的“大棒”面前就只能听任摆布。正是因为过去的几十年中，我们中国人努力了、奋斗了，在关键时刻，我们才拥有了更多的选择，拥有了更厚实的底气。正是这些努力和成绩，确保了我们实现中华民族伟大复兴的中国梦航程定能直挂云帆济沧海。

2018年，我们学校迎来了建校60周年的纪念。学校60年不平凡的发展历程也告诉我们，唯有坚持不懈地努力，才能把学校建设好，才能在当下优质教育资源竞发的大潮中，站稳自己的脚跟，站定自己的地位，获得更多的机遇。如果大家不努力，学校的教育教学成绩就不可能得到提升，“一流学校、智慧校园”的目标就不可能实现。

“没有人能随随便便成功。”在当今这个选择多元的时代，我们每个人都必须要付出努力，才能实现心中的理想。我们每一位老师，只有付出努力，才能在教育教学上引出源头活水，进而享受教育的幸福和事业的成功；我们每一位同学，只有付出努力，才能奠定发展的基础、感受知识的陶冶、领略成长的快乐。只有我们都付出了努力，在人生的道路上，我们才能让自己有更多自由选择的权利和更多美好而幸福的人生体验。

梦想点燃希望，奋斗成就未来。老师们、同学们，让我们携起手来，2019年，我们一起努力！

最后，祝老师们工作顺利、家庭幸福、事业成功！祝同学们学习进步、身体健康、生活愉快！祝福我们南中越来越好！

谢谢大家！

2020，我们一起努力

——2020年元旦后第一次国旗下讲话

尊敬的各位老师，亲爱的各位同学：

大家早上好！

今天，我们举行2020年的第一次升旗仪式，向着未来、向着梦想，我们又开始了新的征程。

回望2019年，在上级领导的大力支持下，在社会各界的高度关注下，我们全校师生精诚团结、共同努力，学校发生了催人奋进的变化，收获了一个又一个喜悦。

我们的学校管理更稳健，校园环境更美丽，在市集团化办学评估与调研中获得好评。我们的德育体系更完善，呈现出“养成教育规范化、主题教育系列化、家校合育常态化”的良性发展局面；我们的教学质量更扎实，居全市公办学校前列，多项数据创历史新高；我们的特色教学更突出，84人在2019年国家级信息技术奥赛中获奖，“三大球”战绩依旧骄人，无线电测向、科技创新等大赛捷报频传；我们的校园文化更活跃，以“悦读节、科技节、体育节、艺术节”等为主干的校园文化活动丰富了师生的校园生活，成为学校的亮丽名片。

这些令人欣慰的成绩，让学校的办学品质和社会声誉得到了社会各界的高度认可。所有的努力，都为南中的未来奠定了坚实的基础。在此，我谨代表学校，向在过去一年中付出辛劳的全体师生表示衷心的感谢！

老师们、同学们，踏上2020年的新征程，我们又将面临新的机遇和挑战。

在新的一年，我们的目标要更清晰。2020年，对于我们南中是具有里程碑意义的一年，我们将进入集团化办学的第五个年头，我们的校园改造将全面完成，方方面面的改革举措也都将进入总结完善的阶段，我们必须完成从量到质的巨变，我们必须向社会展示一个更加优秀的南中。所有的这些，都需要我们学校、学校的每一位老师和每一位同学用心思考，想清楚我们一年后、两年后、三年后应该成为什么样子，南中应该是一个怎样的南中。我们要用一个接一个的阶段性目标，让我们不断地完善，不断地成长，不断地实现自我超越。

在新的一年里，我们的毅力要更坚定。艰难困苦，玉汝于成。过去的几年，我们啃下了不少硬骨头，全面发力，多点突破，纵深推进了学校的发展，但是我们还急需争取更大的突破，因为我们要打造一流的教育品牌。我们现在所处的是船到中流浪更急，人到半山路更陡的时候，是一个愈进愈难，而又不进则退、非进不可的时候。所以，我们决不能骄傲自满、故步自封。面对这些更加严峻的挑战，我们全体师生需要凝心聚智，横下一条心，拼下一股劲，将可能出现的困难一个个踩在脚下，让那些困难最终成为我们前行的垫脚石，填出我们学生成长、教师成功、学校发展的上升之路。

在新的一年，我们的工作要更勤勉。幸福不会从天而降，梦想不会自动成真，实现我们的梦想的过程中，我们每一个南中人都是主角，奋斗是最有力的回答。努力奋斗，需要我们脚踏实地，一步一个脚印。我们要有做好每一件事的定力，充实每一天的毅力，精彩每一刻的魄力，把我们学习、工作、管理、服务每一个环节都做实、做细、做强，只有这样，我们才不会错失时代的机遇，才不会辜负历史的使命。

只争朝夕，不负韶华。老师们、同学们，让我们携起手来，以奋斗的姿态开启2020年新的征程。我们有多拼，我们的未来就会有多美。

最后，祝全体教职员工身体健康，工作顺利，家庭幸福！祝同学们学习愉快，健康成长！祝初三的同学2020年中考成功！祝福我们的南中越办越好！